CORREIO BRASIL
30 Cts
BRASIL CORREIO
1,30
BUMBA MEU BOI
CASA DA MOEDA DO BRASIL
DES. E GATO
BRASIL
CORREIO
2,00

Cartas a Alécio de Andrade

Alécio de Andrade, La Coupole, Paris, 1971 © GILLES PERESS

Cartas de
Almir de Andrade
Carlos Drummond de Andrade
Antonio Bulhões
Ismael Cardim
Roberto Alvim Corrêa
Marco Aurélio Matos
Elza Proença
Marques Rebelo
Otto Lara Resende
Fernando Sabino
a Alécio de Andrade

IMS

Sumário

9 **Prefácio de Rachel Gutiérrez**

10 **Almir de Andrade**

44 **Carlos Drummond de Andrade**
49 "O retratista de crianças"
50 "Imagens diferentes: Alécio & criança"
53 "As fotos de Alécio"
54 "Um olhar brasileiro sobre Paris"

58 **Antonio** (Fernando de Bulhões Carvalho) **Bulhões**
87 "Goya seria o autor de obras de outros grandes mestres"
100 "Quiet genius"
101 "Macho Days on the Cacao Frontier"

Cartas e postais de Alécio de Andrade a Antonio Bulhões
88, 110-111, 122, 128-131, 137, 150-153, 155, 160-161, 168-169

172 **Ismael Cardim**
253 "Diante do real"

268 **Roberto Alvim Corrêa**
271 *Itinerário da infância*

272 **Marco Aurélio de Moura Matos**

310 **Elza Proença** (da Fonseca)

316 **Marques Rebelo** (nascido Eddy Dias da Cruz)
318 *Itinerário da infância*

332 **Otto Lara Resende**

342 **Fernando Sabino**
345 "Alécio e a volta às origens"

347 **Notas de Naruna de Andrade e de Ana Maria de Bulhões-Carvalho**

359 **Notas biográficas redigidas por Sergio Flaksman**

Prefácio

Um menino de olhos grandes e sorriso sedutor morava no Leblon, em frente ao mar, no mesmo prédio em que vivia Lucio Costa. O menino mergulhava nas águas verdes daquele mar, mas também em muitos livros dos mais de 20 mil volumes da oceânica biblioteca de seu pai; Almir de Andrade, homem ilustre: pensador, escritor, professor de psicologia e advogado, e, para coroar tudo isso, ainda tocava piano. A mãe, de quem o menino herdou os grandes olhos e a alma dançarina, iria viver 100 anos de doçura e bondade. Do pai herdou, além do amor pelos livros, o prazer de tocar piano, que desde cedo estudou com o grande mestre Guilherme Fontainha. E foi num velho colégio em Botafogo, onde Fontainha dava aulas, que o conheci. Ficamos logo amigos, quase irmãos. Pouco mais moço do que eu, Alécio também amava as línguas, a poesia, e ainda adolescente sabia de cor Alfred de Vigny, Verlaine, Baudelaire. E a poesia inglesa, que recitava com britânica pronúncia, também lhe era familiar. Leu muito Fernando Pessoa e se identificava principalmente com Álvaro de Campos, o angustiado heterônimo de quem gostávamos de dizer, juntos, a "Tabacaria". Mas o jovem que queria ser pianista, que estudou direito e publicou poemas, tendo recebido um prêmio das mãos de Paulo Mendes Campos, e um outro, das de Cecília Meireles e de Vinicius de Moraes, depois que descobriu a fotografia, rendeu-se totalmente a essa arte, e a ela consagrou o melhor de si.

Entre seus múltiplos dons, Alécio Francisco Bomfim de Andrade possuía o de fazer amigos e o de, como ninguém, sentir-se *inter pares* com os mais interessantes e expressivos poetas, intelectuais e escritores de seu tempo, entre eles alguns amigos de seu pai, como o editor Roberto Alvim Corrêa e Marques Rebelo, o mais carioca dos nossos romancistas do século XX, que o tratava com paternal ternura e profunda admiração. O filho de Marques, o hoje consagrado pintor José Maria Dias da Cruz, conta-se entre seus companheiros de juventude, e Elza Proença, a segunda mulher do escritor, foi igualmente uma amiga constante e carinhosa.

Dos correspondentes que encontramos neste livro, o mais próximo da sua geração era Ismael Cardim, o das cartas longas e confidenciais. Marco Aurélio Matos, que à sua maneira pertencia ao "grupo dos mineiros", bibliófilo apaixonado e pianista amador, era, como sempre, o mais engraçado. Fernando Sabino, Otto Lara Resende e Antonio Bulhões foram íntimos e fraternalmente cúmplices, principalmente Bulhões, que, longe ou perto, lhe deu apoio e o estimulou. E Carlos Drummond de Andrade, que aqui aparece tão afetuoso, cordial, e que escreveu mais de uma vez sobre a arte do jovem fotógrafo, saudou com um belíssimo poema sua primeira exposição sobre o tema da infância.

Para todos eles, tudo indica que Alécio foi, durante os 39 anos que viveu na França, o "nosso homem em Paris". Lá, o menino dos olhos grandes e do sorriso sedutor iria se transformar no grande e original artista conhecido em muitos países, o nosso poeta da fotografia.

Rachel Gutiérrez

Almir de Andrade, Rio de Janeiro, 1973

Almir de Andrade

(1911 - 1991)

Rio, 6 de janeiro de 1965

Prezado Alécio

Recebemos os teus postais de Lisboa e Madrid. E agora o de Paris, que, finalmente, nos traz o teu endereço. O que mais impressiona em todos êles é o teu entusiasmo e a tua sensibilidade "à flor da pele", face a tudo o que vais por aí descobrindo e admirando. Surpreendeu-me, sobretudo, saber que até em Lisboa as vitrines são mais ricas do que as nossas...

Não nos deste notícias da marcha da tua exposição, para além de Lisboa. E êsse endereço, é o de um hotel ou da residência de algum amigo?

Pela primeira vez, o nosso Natal e Ano Bom foi todo fragmentado. Roberto partiu para o Nordeste de automóvel e está em Recife passeando. Dia de Natal passamos juntos -- eu, sua mãe e as meninas -- em Juiz de Fora, na casa da Nadir. Mas já no Ano Novo nos separamos: Noemi ficou na fazenda da Floresta sòzinha (pois a familia do Julinho desceu dia 27 para Cabo Frio), eu não pude nem lá ir por causa da lama e do atoledo da estrada, que meu carro não aguentaria). Eu e Andiara ficamos aqui no Rio. Naruna está em São Paulo, na Universidade, por conta dos norte-americanos. Sua mãe voltará para o Rio no próximo dia 10. Mas li para ela os teus postais, por telefone -- o que a deixou muito alegre, pois já andava preocupada por tua causa.

Escreve-nos sempre e manda notícias. Com um afetuoso abraço do teu pai.

N.- O Lúcio Costa me transmitiu noticias tuas, que lhe foram dadas pela Lili, que esteve contigo numa festa em Paris. E o Cardim tambem telefonou dizendo ter sabido de ti por uns amigos de Paris.

BRASIL
CORREIO
BRASIL
CORREIO
BRASIL
CORREIO
CORREIOS DO BRASIL
Churchill
200
CRUZEIROS
Monsieur
ALECIO DE ANDRADE
Rue Saint Sulpice, 22
(Hotel du Senat)
P A R I S - 6me.
(F R A N Ç A)
VIA AÉREA
PAR AVION

Rio, 4 de fevereiro de 1965

Meu caro Alecio

Temos recebido suas cartas, todas extravasando sensibilidade e encantamento pelas belezas de Paris. Sua mãe já lhe enviou tres cartas. As duas ultimas foram sem registro, conforme recomendação do Cardim. Recebeu-as? Eu as havia registrado para evitar que se extraviassem, como sucedeu com a Naruna nos Estados Unidos, que só recebeu as cartas registradas; as sem registro nunca chegaram às mãos dela. Enfim, agora irão todas sem registro.

O homem da revista "Life", cujo nome você indicou, está viajando, razão pela qual ainda não obtive resposta ao seu pedido. Quanto à Embaixada da Suiça, desistiu definitivamente da compra do terreno, não só pelo preço (o que se contornaria), mas sobretudo porque mudaram de planos e resolveram não mais construir naquela zona de Brasilia, e sim em terreno mais proximo do centro da cidade.

A vidinha aqui vai correndo na rotina de sempre. Andiara foi solenemente "pedida em casamento" pelo Francisco, no penultimo domingo, à mesa do almoço, ao qual êle comparecera. Sua mãe está providenciando a construção de uma casinha no sitio de Jacarepaguá para o novo casal ir residir quando casar; como sempre, ela não cessa de pensar em obras. Havendo terminado as de Petropolis, derivará agora a libido construtora para Jacarepaguá. E a vida continua...

Os seus amigos continuam vinculados à nossa casa, pois quasi todos continuaram sendo amigos da Naruna. Outro dia, o Macier amanheceu aqui para fazer horas, enquanto lubrificava o automovel num posto aqui perto. E a Naruna prossegue nas tradicionais noitadas do Zepelin. O José Olympio já me perguntou mais de uma vez se você foi bem recebido e bem tratado pelos dois amigos aos quais êle escreveu cartões de recomendação. Dê-me noticias disso, para que eu possa responder a êle.

Quando ao Adriano Gonzaga, do qual V.me pede noticias, devo dizer que, se não o "terminei", pelo menos o "entreguei" dentro do prazo, a 31 de dezembro, num record de composição a jato. Só que ele perdeu o sobrenome, ficou reduzido a "Adriano" apenasmente; aliás, todo o mundo, no livro, perdeu sobrenome, profissão, etc., ficando apenas com o nome de batismo. O proprio titulo "Crepúsculo", de que V.não gostava, acabou caindo fora por força das ultimas alterações de estrutura. Ficou o titulo de "Prelúdio e Fuga" e o pseudonimo de "João Sebastião" (mantenha o segredo a todo custo). O titulo tem dois sentidos: primeiro, porque adotei a técnica da "fuga", entremeando 2, 3 e 4 vozes contraponteadas num mesmo capitulo (temas que se cruzam); segundo, porque, no final, é também uma "fuga" noutro sentido, isto é, para a morte e, na morte, para Deus. Não fiquei nada satisfeito com o que fiz, pois, se tivesse tido mais tempo, teria feito coisa muito melhor. Precisaria, talvez, de dois ou tres anos para escrever a coisa como eu desejaria. Cheguei a hesitar entre entregar ou não. Mas, como já tinha feito o esforço e terminado a "corrida" no prazo, achei que era desafôro não entregar -- e lá foi assim mesmo. O pior é que, se os criticos partilharem da minha opinião (isto é, se também não gostarem do acabamento da obra), vou entrar pelo cano. Chi serà, serà... (O Otto Lara faz parte da Comissão)

Dê-nos noticias da marcha da sua exposição. Foi para Londres? para a Itália? Os jornais daqui publicam, de vez em quando, um telegrama a respeito. Comentarios de jornais de Portugal foram transcritos pelo "Correio da Manhã" e por jornais de outras cidades, através do noticiario da Agencia Nacional.

Abraços e muitas saudades, do teu pai

Alceu

Rio, 20 de maio de 1965

Meu caro Alécio

Esta carta deveria ter sido escrita a 29 de abril último, para te enviar o meu abraço de aniversário. Más estive várias semanas adoentado com uma gripe epidêmica que por aqui transita e a que chamam "russa". Isso tira o ânimo de escrever e de fazer outras coisas. Recebemos tua última carta de 4 de maio. Tua mãe tem-te escrito constantemente e também tem enviado coisas por vários portadores. Será possível que não tenhas recebido? Pelo último portador ~~(creio que a filha da Dinah)~~ ela te enviou carta e te confiou ainda um bilhete para a Violeta do Luiz Heitor, acompanhado de todo o material culinário indispensável à preparação de uma "feijoada" carioca -- coisa que a Violeta apreciava muito quando por aqui vivia. Entregaste a encomenda ao casal?

O Cardim andava muito sentido contigo por falta de notícias, quando lhe telefonei transmitindo o teu recado, com a informação de que lhe tinhas escrito uma longa carta. Ele diz que não a recebeu. (?)

Antes que me esqueça: providencia com urgência, junto à representação do Itamarati, a troca da tua passagem de volta ao Brasil, que é da Panair. A Panair faliu ruidosamente e todas as passagens por ela emitidas ficaram sem valor. Trata disso sem demora, ~~pois deves garantir a tua passagem de volta.~~

O representante do "Life" até hoje não deu resposta positiva, apesar de que pus o Roberto em contacto com êle. Alega que não obteve confirmação de New York e que talvez a consiga quando lá fôr, o que já deve estar ocorrendo, pois disse que viajaria em fins de abril ou maio. Manda-me o endereço do Luiz Heitor aí (não esqueças) pois quero escrever-lhe respondendo ao postal que me mandou. O Marcier chegou e trouxe notícias. Disse que abreviou a estadia em Portugal porque não aguentou a vida, nem o ambiente de lá. Naruna está fazendo teatro: representa numa peça infantil com o grupo de Orla e estão dando espetáculos de entrada paga aos sábados e domingos no Teatro de Arena da Faculdade Nacional de Economia, na Praia Vermelha. Duas vezes já apareceu na televisão. Andiara se prepara para casar, logo que fique pronta a cazinha de Jacarepaguá. Eu estou concluindo a remodelação do meu romance para enviá-lo ao prelo no mês de Junho. Dentre mais de 200 romances inscritos no concurso, tirou um 3° lugar -- o que, pensando bem, não foi de todo ruim, pois não estava ainda terminado e o prazo de feitura foi muito curto. O que vai sair é algo bem diverso do que figurou no concurso e foi reescrito de cabo a rabo.

A vida aqui cada vez mais cara e mais difícil para todo o mundo. Diz, porém, o Marcier que em Paris está mais cara ainda. Tens esperança de arranjar outros bicos, além da revista "Elle"? E a promessa do Block para "Manchette"? Queres que eu arranje por aqui algum pistolão que possa falar com êle para lembrar-lhe o teu caso? Se o quiseres, responde-me logo.

Das encomendas que enviaste pela Zelinda, só chegou o meu livro sôbre Kafka, que muito te agradeço e muito apreciei. A gravura de tua mãe não veio; ou melhor, Zelinda comunicou que a tinha trazido, mas nunca chegou a efetivar a entrega. Creio que a perdeu. Em tempo: a última encomenda de tua mãe foi-te enviada, não pela filha da Dinah, mas por uma tcheca amiga do Roberto que viajou em fins de abril e que se chama Mlle. Richter.

Avisa quando fôres para Berlim atraz da exposição, se a viagem se concretizar.

E recebe um afetuoso abraço meu e da tua mãe, com lembranças que também te enviam Naruna, Andiara e Roberto.

[assinatura]

O José Olímpio anotou teu endereço aí para, de vez em quando, mandar-te um livro. Já mandou um: "A faca e o rio" de Odilo Costa F.º Recebeste?

Monsieur
ALECIO BOMFIM DE ANDRADE
Rue Saint Jacques, 15
PARIS - Ve.
(França)
VIA AÉREA
PAR AVION
BRASIL
CORREIO
20 CTS.
CAMPOS SALLES
Correios do Brasil
500,00
D. Pedro I
BRASIL
correio
JUBILEU
de OURO
6
CENTAVOS

Rio, 6 de junho de 1965

Alécio:

Estou aproveitando o Luiz Heitor para lhe enviar novas notícias nossas. Ele se referiu com muito carinho a você e aos seus méritos artísticos; pena é que já se vá aposentar (êle) em dezembro próximo e você vá perder aí tão boa companhia.

Escrevi-lhe uma carta ha coisa de 15 dias. Recebeu?

Sua tia Maria Idalina embarcou ontem para a Europa no vapor Giulio Cesare, numa excursão da "Polvani", com destino a Nápoles, aonde chegará dia 19 próximo, com escala em Lisboa e Marselha. Deverá demorar-se quase um mês percorrendo a Itália e está programado que chegará a Paris entre 12 e 15 do mês de julho vindouro. Ha muito que ela sonhava com essa viagem a Europa, mas creio que só se decidiu animada pela sua presença aí e pela perspectiva da sua companhia por algumas semanas. Receio apenas que você esteja a caminho de Berlim quando ela aí chegar, pois, pela sua última carta, parece que será em julho a sua exposição naquela cidade e que você deverá acompanhá-la. De qualquer modo, ela ficou de lhe ezcrever logo que chegue a Nápoles e veja se dá um jeito de se encontrar com ela em Paris, para não decepcioná-la -- pois, se não encontrar você, a decepção dela será muito grande mesmo...

A gravura de Fra Angelico, que v.enviou à sua mãe, surgiu aqui pela casa a dentro ha cerca de 8 dias, inesperadamente trazida pela portadora, que, finalmente, a encontrou onde a tinha deixado ou perdido. Ainda bem. Não fique a fazer despesas de comprar coisas para a gente aí, pois sei que sua verba é curta e que os vinte francos do livro que você me mandou devem ter pesado no seu orçamento. Todavia, agradeço a delicadeza da lembrança, e sua mãe tambem.

Naruna lhe escreveu um bilhete pela Maria e Noemi também lhe mandou por ela uma carta e alguns papeis, ou coisa que o valha, não sei bem. O Roberto também lhe enviou uma lembrança, que vi embrulhada na mão da Maria, mas não apurei o que era.

Insisto na minha recomendação da última carta: trate de trocar desde já a sua passagem de volta pela Panair, pois esta empresa faliu e as passagens ficaram sem valor. O Itamarati tem obrigação de trocar a sua passagem pela de outra companhia, e convém que isto seja feito logo.

V.tem conseguido arranjar por aí alguns "bicos" que lhe dêm melhor renda? Recebeu o livro que o José Olimpio lhe enviou?

Tudo o mais vai sem novidades.

Um grande e afetuoso abraço, que lhe mandamos eu e sua mãe, e também Roberto e as duas meninas.

Aluizio

Rio de Janeiro, 29 de setembro de 1965

Meu caro Alécio

Sua tia Maria Idalina chegou ha cêrca de um mês trazendo carta e lembranças tuas. Muito obrigado pelas duas lapiseiras alemãs, que têm sido muito úteis. Para grande surpresa minha, Maria chegou calada e nada ou quase nada conta da viagem, nem pela Itália, nem pela França e outros países. Não sei que fim levou a proverbial loauqcidade dela. A gente faz perguntas e ela responde por ~~manassix~~ monossílabos. De você mesmo quase não disse nada. Só fala em voltar por aí qualquer dia. Creio que a viagem teve grande sentido psicológico para ela e talvez isto explique o inesperado silêncio em quem tanto gosta de contar histórias e fazer blague sôbre as coisas. Conversa com a gente como se nunca tivesse viajado e quem não souber que esteve na Europa jamais adivinhará que de lá acaba de vir. Secrets of human mind...

Verifiquei que tua colaboração na Elle reapareceu em Agosto, após uma interrupção de vários números. Por que essa interrupção? Interroguei Maria a respeito e ela me falou vagamente num corte que a revista faz na colaboração estrangeira durante o verão. Não entendi muito bem que tem a ver o verão com a coisa e ela também não explicou mais nada. Preocupou-nos a tua abstenção, pois isto significa diminuição de verbas. A ~~xhaxda~~ bolsa de cinema depois de outubro está mesmo assegurada? Diga-nos qualquer coisa a respeito, para deixar tua mãe menos preocupada.

Aqui tivemos na última quinzena um Festival Internacional de Cinema, que reuniu artistas de tôdo o mundo. Ontem à noite foi o encerramento no Maracanã, com show de Carlos Machado. Assistimo-lo eu, tua mãe e Andiara. O primeiro premio("Grande Premio ~~Exx~~ 4° Centenário do Rio de Janeiro") foi dividido entre o inglês <u>Help!</u> dos Beattles e o francês <u>La Femme Indigne</u>; o brasileiro <u>A Falecida</u> de Nelson Rodrigues com Fernanda Montenegro e ~~axjapa~~ um japonês obtiveram o 2° lugar. O grande sucesso popular do Festival foi Claudia Cardinale, que a todos encantou com sua beleza e simpatia e com a sua integral adesão aos hábitos praieiros de Copacabana e à comunicatividade carioca.

A política está fervendo. Teremos eleições no próximo domingo, com 4 candidatos ao Govêrno da Guanabara: Felxa Ribeiro (de Lacerda), Negrão de Lima (PTB-PSD), Aurelio Viana (PSB e juventude robertiana) e Amaral Neto (UDN de oposição). O Roberto está empenhadíssimo na campanha do Aurelio Viana e tem sido visto em várias passeatas de automóveis, coretos, barracas e porta-faixas. Como sempre, apaixonado. Preocupa-me bastante esse caráter apaixonado dos teus dois irmãos mais moços. São demasiadamente sinceros consigo mesmos e totalmente imersos nas suas próprias convicções (Naruna inclusive). Preocupa-me, porque nas horas difíceis da vida são sempre os apaixonados e os sinceros que se sacrificam pelos espertos e oportunistas. E desde que o mundo é mundo, a popularidade esteve e estará sempre com êstes últimos; e, com a popularidade, a fôrça e o comando. Roberto, especialmente, faz de suas convicções e ideais de luta razões de viver -- o que, em certas circunstâncias, pode significar também razões de morrer. Temo por êle -- como temo, um pouco menos, por Naruna -- nestes anos agitados do futuro que nos espera, pois pressinto que haverá situações incontroláveis. E os que são realmente sinceros nunca obtêm o que procuram, porque, infelizmente, o que eles procuram não é dêste mundo: é uma visão de amor, de justiça e de beleza que está em nosso espírito e em nossa inteligência, que vive e se alimenta da nossa impossível ansiedade do infinito e do eterno, mas que está sempre longe, muito longe da prática da vida, da realidade material da coexistência humana --longe, sobretudo, dêsse conflito de egoismos e de interêsses pessoais e passageiros que é sempre quem decide todas as lutas e leva os louros de todas as batalhas. Enfim, cada um de nós traz um destino que nunca depende da nossa vontade, nem está em nosso poder modificar: somos espectadores de nós mesmos, ainda quando aparentamos o contrário. Espectadores de nós mesmos e espectadores de um mundo cujas razões de ser e cujas finalidades de agir transcendem os limites do nosso próprio espírito e escapam a tôda e qualquer possibilidade humana de controle. Nunca entenderemos direito porque lutamos e porque nos sacrificamos. Nunca o entenderemos, enquanto não conseguirmos responder à pergunta elementar -- por que nascemos?

Naruna continua fazendo teatro para crianças. É isso é um bom derivativo. Está agora no Teatro Jovem, das Operárias de Jesus. Ante-ontem, dia de São Cosme e Damião, as meninas da D.Clotilde levaram-lhe bolos e doces. Não esquecer: ela é o "fantasma guloso" na peça que representa.

A casinha de Andiara está pronta em Jacarepaguá. É pequenina, porém alegre. Pretende casar ainda êste ano. Talvez no comêço de Dezembro. Falta marcar a data.

Continuamos por aqui aguardando novas notícias tuas. Maria disse-nos que pretendias mudar de hotel. Se tal suceder, avisa-nos com a necessária antecedência para orientar a nova correspondência.

Um grande abraço meu, junto aos beijos de tua mãe e às lembranças do resto da turma.

Rio, 27 de outubro de 1965

Alécio

Ha muito não temos noticias suas, apezar das muitas cartas que tem seguido, inclusive da Maria, e sua mãe já começa a ficar preocupada. Soubemos apenas, pelos jornais, que sua exposição foi inaugurada em Berlim, mas ignoramos se V.seguiu com a exposição ou não. Diga qualquer coisa, pelo menos num pequeno postal.

Mando-lhe incluso um prospecto que talvez interesse a V. ou abra qualquer perspectiva nova por aí. Trata-se de uma nova coleção de livros da série Marabout, da Bélgica, que está invadindo o mercado daqui com grande êxito de vendagem. Eles precisam de fotogrfias artísticas, pois estão lançando nada menos de 2 livros por mês só sôbre isso. Talvez o campo do "livro fotográfico" ofereça vantagens e possibilidades para Você aí na Europa, com o consequente rendimento comercial. O diretor da coleção é Albert Plecy. O editor é na Bélgica, mas os livros são visivelmente de inspiração francesa e êle tem representante aí. Será que V.conseguiria uma aproximação ou apresentação através das suas novas amizades daí? Mando-lhe o endereço completo do Editor, com o do respectivo representante em Paris:

Les Collections Marabout
Gerard & Co., éditeurs.
65, rue ~~xxxxxxxxx~~ de Limbourg, 65
VERVIERS -- Bélgique

Correspondant géneral à PARIS:

L'INTER
118, rue de Vaugirard
Paris - VIème

Directeur de la"Nouvelle Collection MARABOUT SCOPE":
ALBERT PLECY

Como V.verá pelo prospecto incluso, a coleção não visa a uma Biblioteca, mas a uma "Fototeca". Talvez seja um campo interessante para V.penetrar. Tente-o.

Alemd essa coleção, a Marabout tem lançado por aqui a coleção "Marabout Université", de livros de bolso fartamente ilustrados a côres. Uma beleza de trabalho gráfico. Já adquiri diversos volumes.

Mande notícias. Espero que V.tenha qualquer possibilidade de aproximação ou de penetração nêsse campo.

Abraços de todos os daqui.

Rio, 18 de fevereiro de 1966

Meu caro Alécio

No dia de Natal telefonámos para você, pelo telefone Danton-5348, fornecido por Maria. Sua mãe queria ouvir a sua voz e lhe falar pessoalmente. Do hotel informaram à telefonista internacional que Você tinha viajado, sendo ignorada a data do regresso. Ainda não sabíamos que V.fôra à Inglaterra, pois suas cartas só chegaram no dia 28 de dezembro.

Andiara casou-se a 8 de janeiro e Noemi já lhe contou na última carta os detalhes da festa. Está morando em Jacarepaguá e parece que tudo vai correndo bem, sem rusgas nem problemas entre os dois. Que assim continue.

Amanhã seguiremos para Petrópolis, afim de lá passar o Carnaval. Voltaremos na 5a. feira, dia 24, se o programa não fôr alterado.

Outro dia, estando eu com o José Olympio e tendo-me êste perguntado por Você, saiu à baila o seu encontro aí com o Bloch de "Manchette" e a promessa que êste lhe fizera de aproveitar a sua colaboração e que não se concretizou. Na mesma hora, por iniciativa própria, o J.Olympio telefonou para o Bloch e êste respondeu que você não estava colaborando para "Manchette" por que não mais os procurara. Pediu que V. se entendesse com o representante dêles aí, no Boulevard de Montparnasse 159, pois estava pronto a aceitar as suas reportagens. Pela conversa, notou o J.O. que êle estava magoado ou ressentido com V.. Será que houve algum mal-entendido? Enfim, estou lhe relatando o que se passou. Se V.quiser mais êsse bico para aumentar suas fontes de renda, creio que não haverá dificuldade.

Em dezembro passado tive que pôr em dia todos os terrenos de Brasília, inclusive o seu. A NOVACAP, após 5 anos de paciência, tomou medidas drásticas e intimou tôdo mundo a pagar a totalidade dos débitos até 20/12/65, não aceitando mais qualquer acôrdo, nem protelação, nem siquer pagamentos parcelados. Fiz gigantesca ginástica, mas consegui salvar no prazo todos os terrenos. O seu tambem ficou em dia e estou agora mandando pagá-lo mensalmente, até 1968, quando terminarão as prestações. A valorização será grande daqui por diante e talvez não convenha insistir, por ora, na sua intenção de vendê-lo, já que a Embaixada da Suiça não o quis. Aliás, o momento não é bom para vendas, pois andei anunciando o seu e um dos meus e não apareceu ninguém que os quisesse por preço razoável.

Os jornais do Rio publicaram fotografias da sua Exposição em Heidelberg, distribuídas pelo Itamarati. Saíram tambem crônicas do Fernando Sabino e do José Carlos de Oliveira falando em você. Sua mãe recortou-as e não sei se lhe mandou, pois tencionava fazê-lo. O resto vai correndo dentro da rotina.

Um grande e afetuoso abraço para Você e que tenham êxito os seus esforços por aí

Oliveira

P.S.:- Sua mãe encontrou entre os seus papeis um envelope cheio de fotografias do Bloch e família e endereçado a êle com a sua letra. Era para ser entregue? Te-lo-ia V.confiado à Naruna ou Roberto e ter-se-iam êles esquecido de entregá-lo? Mande instruções a êsse respeito, pois o envelope agora está comigo.

Rio, 19 de xx julho de 1966

Prezado Alécio

Escrevo-te às pressas, para aproveitar a carta e o expediente de tua mãe. Temos recebido as tuas notícias e ha muito estava eu para te escrever. Um assunto muito importante. Dia 30 de setembro termina a tua licença no IPASE. Se é tua intenção não regressar para reassumir o cargo (como tudo parece estar indicando), então é <u>absolutamente necessário</u> mandares com alguma pressa um requerimento dirigo ao Presidente da autarquia, solicitando "exoneração do cargo por motivox de interesses particulares", afim de que o mesmo dê entrada antes daquela data. Se tal não fizeres e deixares correr o prazo sem se apresentar, as consequências (no atual regime de govêrno) são gravesx e podem afetar o teu futuro emq ualquer paxix país do mundo onde estiveres. Abre-se logo inquérito administrativo, para demissão por abandono de emprêgo. O funcionário assim demitido fica impedido, para o futuro, de exercer qualquer outro cargo público e está sujeito a várias penalidades, inclusive a pena de prisão dx até um ano. Como se trata pxx de punição por crime comum (funcional), ha pedido de extradição para qualquer país onde o cidadão estiver. Essas leis sempre existiram, mas nunca se cumpriram. Agora, no regime militar em que vivemos, estão sendo levadas muito a sério. Teu irmão Roberto mesmo está em palpos de aranha, porque, tendo tido mais de 60 faltas não justificadas durante um ano na autarquia onde trabalha, foi surpreendido por um inquérito, sob a ameaça das mesmas penas supra-citadas; felizmente, teve a sorte do processo cair na mão de um procurador meu amigo, que tudo está facilitando para êle se justificar das faltas qxx ao serviço por motivo de doença, etc. No teu caso, porém, não haveria saída possível. Não esqueças que o requerimento, além de xx dactilografado, deverá ser datado e assinado "do Rio de Janeiro", com data bem anterior a 30 de setembro. Os termos serão mais ou menos êstes (em papel de ofício): "Ex.Sr.Presidente do IPASE - Fulano..., tesoureiro auxiliar, nível....., matrícula n......., atualmente em gôso de licença sem vencimentos, vem respeitosamente solicitar a V.Ex. qxxxixx a sua <u>exoneração</u> do referido cargo, visto que, por motivox de interêsses particulares, se acha impossibilitado de continuar a exercê-lo. P.deferimento. Rio de Janeiro,.... de Agosto de 1966. (assinado)". Manda dizer também exdx em que Tabelião tens firma, para que qxx eu possa reconhecê-la.

Se pretendes regressar ao Brasil a tempo (o que duvido), então fica o dito por não dito. Caso contrário, toma logo essa providência e não a deixes para última hora, pois, como deves imaginar, precisarei procurar alguem para dar entrada e acompanhar o teu papel, já que, pela minha condição de ex-presidente, não posso fazê-lo pessoalmente.

Dentro de alguns dias te escreverei com mais vagar, contando algumas coisas daqui, inclusive dando-te notícias do meu romance, que está ha dois anos sendo bxx burilado e refundido e que já é algo completamente diferente do que figurou no concurso Wxxpxxdxx Walmap de 1964. Por hoje um grande abraço amigo de teu Pai.

Rio, 24 de abril de 1967

Meu caro Alécio

Ha oito meses que lhe devo uma carta. E, nêsse período, recebi mais a cordial saudação de aniversario que V.me mandou em tres linguas e que ja lhe agradecí num bilhetinho que o Marques Rebêlo levou. Como sabe, eu preciso de "lua" para fazer as coisas. E no que toca a escrever, a minha lua anda voltada inteiramente para o livro, que tenho escrito, re-escrito, ampliado, refundido, alterado, cortado, encumpridado, retocado, etc.etc., noite e dia sem interrupçao e nao tem sobrado tempo para escrever mais nada. Felizmente agora cheguei ao fim -- ou melhor, "fui obrigado" a chegar ao fim, porque vou increve-lo no 2º Concurso Walmap de "O Globo", cujas inscrição se encerra esta semana, dia 29, aliás no dia do teu aniversario. E é justamente por causa dêste último que aqui estou hoje fazendo a saudação antecipada e lhe enviando um grande abraço. Não se esqueça de que o seu aniversario dêste ano tem uma significação ímpar, que nunca mais se repetirá: você faz 29 no 29.

A portaria de sua exoneração do IPASE "a pedido" já foi publicada e a guardei para o que der e vier. Infelizmente não havia outra solução para o seu caso, pois a lei proibe a renovação da licença sem vencimentos e exige que o funcionário reassuma o cargo e o exerça durante mais dois anos para poder tirar outra licença. No momento, aliás, eles não estão concedendo esse tipo de licença a ninguem. O que se fazia antigamente, em casos como êsse, era pôr o funcionario "a disposição do gabinete" sem assinar ponto, constando oficialmente que êle estava aqui trabalhando e fechando-se os olhos à situação real. Esta sôpa acabou, todavia, para todo o mundo, com o regime militar que se instaurou depois de abril de 1964; e, ainda que não tivesse acabado, eu jamais teria elementos de "pistolão" para a turma que hoje está mandando no governo, pois é gente de outro team que não dá bola para nenhum de nós. Assim sendo, se V.não tivesse pedido exoneraçao,seria "demitido por abandono de emprego", apos um desagradavel inquérito administrativo de que poderia resultar, alem da pena civil, uma pena criminal.

A Lili, filha do Lúcio Costa, que aqui chegou ha poucos dias, deu-nos noticias suas e disse que havia falado com V.por telefone na véspera do embarque. Outras noticias tambem recebemos de vez em quando por gente que por ai passa ou que daí vem. Enfim, se Você não pensa em regressar à "patria" é que porque as coisas vão indo bem e a estadia na França lha está sendo proveitosa. Pelo menos, é o que naturalmente se deduz. Você teria acaso garantido o direito de renovação da sua passagem de retorno, para qualquer eventualidade? teria tomado em tempo util as providencias necessarias para êsse fim? Gostaria que me informasse a respeito, ainda que, no momento, essa possibilidade esteja fora das suas cogitações. Se, por acaso, V.passar eventualmente por alguma necessidade, não se acanhe de nos mandar dizer imediatamente, porque, para casos assim, sempre se dá um jeito.

Ontem, Andiara completou 30 anos. Está uma balzaquiana que não perdeu ainda a dinamica infantil de sempre, apezar do casamento. Ela e o Francisco vivem bem e parece que "afinam" um com o outro na maioria das coisas de rotina. E isso é o que importa. Naruna fez 24 na ultima 5a.feira e está cada vez mais estudiosa, embora ja tenha terminado o curso de Psicologia. Montei para ela um consultorio aqui em Copacabana, para que se inicie na clínica especializada de "crianças-problema", que é o em que ela se especializou e o para que tem vocaçao. Inclusive teve a sorte de conseguir um telefone, pois trouxe para lá um que me sobrava no cartorio da cidade. E assim vai-se vivendo.

Não estranhe a linguagem fria e quase narrativa desta minha carta. E' a "lua". Gastei todas as minhas reservas de emoção e sensibilidade na redação do último capitulo do meu livro. Sinto-me estes dias praticamente esgotado e vazio. Talvez devesse tirar uns 15 dias de repouso no silêncio de Petropolis, mas as contingencias não o permitem. Aceite mais um abraço amigo, com os votos de que todas as suas aspirações se realizem aí na medida do possivel. Do teu pai

Rio de Janeiro, 29 de novembro de 1967

Caro Alecio

Ando, como sempre, muito atrazado com a minha contabilidade postal. Ha meses que estou para responder as tuas cartas e cartões. Creio, todavia, que tua mãe o tem feito por mim. E os mensageiros tambem te levam sempre noticias daqui. Eles são muitos; e me admira ver quanta gente vive pra la e pra cá, visitando a Oropa, França e Bahia. Eu, de mim, confesso que não tenho interesse nem desejo algum de sair do Brasil. A gente vive em qualquer lugar, e pouco importa onde se vive. Quando vejo alguem regressar, como o Julinho, quase declamando de entusiasmo por tudo o que viu e ouviu, admiro-me da minha propria indiferença e parece-me contemplar emoções que nunca me assaltarão. Muitas vezes me ponho a meditar porque, desde os tempos de rapaz, tive tão pouca curiosidade de conhecer o mundo. Talvez porque o mundo em si não tenha grande significação para mim. Tudo o que edificamos por aqui, inclusive as cidades e as civilizações, é feito para morrer. E nunca pude me afeiçoar às coisas que morrem. Exceto às criaturas, que tambem nascem para morrer, ou que, pelo menos, assim o creem, mas que, não obstante, trazem dentro de si mesmas -- quando são grandes e belas -- uma centelha de eternidade que, só esta, me inspira amor. Nunca me conformei com o transitório; e talvez por que seja o mundo transitorio é que nunca me despertou a curiosidade de percorrê-lo. O que importa são os contatos que, através do mundo, mantemos com a eternidade que nos prolonga alem de nós mesmos, no infinito e no desconhecido. Por isso preferi sempre a solidão: pelo menos um minimo "possivel" de solidão -- o maximo que logramos obter neste atribulado mundo que dia a dia se socializa mais e se uniformiza na indiferenciação das multidões. As paisagens que conhecemos, o ceu, o mar e a luz do lugar onde nascemos nos perturbam menos que as outras, interferem menos com a nossa vida interior: tornam-se banais aos nossos olhos, porque as contemplamos todos os dias, e por isso mesmo se integram no verdadeiro sentido do mundo, que outro valor não tem senão esse: o de ser mera "passagem" -- banal, indiferente, vazia -- entre nascer e morrer. O mundo é belo, sem duvida: mas por irradiação da vida que está dentro de nós mesmos e que a tudo empresta significação e fim. E as coisas somente são belas quando adquirem um sentido qualquer de eternidade, que na verdade nunca está nelas, mas em nós. Todas as maravilhas arquitetônicas e pictóricas da Europa, da Ásia e da America não valem um instante de contrição e de silencio, quando, na própria paisagem pequenina da terra onde nascemos, aspiramos o ar puro de uma manhã de luz e nos deixamos ~~impregnar~~ impregnar da paz imensa que vem do ceu, como se uma voz misteriosa nos dissesse: "Vive um pequenino instante de alegria e de beleza, porque assim participas da eternidade de Deus". Nesse instante poderiamos morrer, despreocupados e tranquilos, porque teriamos achado a razão de ser da nossa presença num mundo de coisas efemeras que não foi feito para nós, nem nós para ele.

Os amigos que vêm daí me trazem notícias da tua Caroline. Notícias e fotografias. Ainda bem que achaste uma companheira que te possa dar mais tranquilidade e conforto; e tambem alguem a quem te possas dedicar -- o que ainda é mais importante para preencher os vazios da vida.

Tudo indica que o teu regresso ao Brasil está cada vez mais remoto. E que talvez, se acontecer, será uma simples "visita" de matar saudades. Quando a gente se afasta muito tempo dos lugares e das pessoas vai, aos poucos, se tornando estranho. O tempo nada poupa -- nem os nossos sentimentos. Tambem êstes nascem para morrer; e morrem muito mais cedo quando não tem o contato diario da seiva que os sustenta. Largamo-nos em busca de outras terras e outras paisagens, impelidos por uma fôrça interior irresistível (evidentemente, não me refiro a mim, mas a ti); e um belo dia nos surpreendemos, verificando que já não somos o que éramos, nem amamos mais o que amavamos. Tudo no mundo é transitorio, sobretudo quando passamos de um a outro mundo e o novo mundo em que vivemos nos satura o espirito de emoções e de alegrias -- enquanto o "outro" mundo que abandonamos se reduz a um jogo de sombras e saudades, que lentamente vai perdendo todo o seu conteúdo emocional e tôda a sua significação de "vivência". Assim é a vida -- e contra isso não ha recurso eficaz. Mais uma prova de que o mundo em si não vale nada e pouca ou nenhuma importancia têm os contatos que com êle mantemos: importam, sim, os vínculos indestrutíveis que nos ligam ao imponderavel do nosso próprio destino. E este não depende de nós, nem dos seres a que transitoriamente nos ligamos. Parece que servimos todos a uma essência infinita que nos transcende e somos simples bonecos em suas mãos. Levamos a existência inteira acreditando que tais ou quais coisas e pessoas nos são indispensaveis, ou que estamos duradouramente amarrados a tais ou quais situações; e de repente nos sentimos sozinhos, irremediavelmente sozinhos, a dialogar com a eternidade. Quo usque tandem?

Vou ficando por aqui. Após tanto tempo sem te escrever, parece que só escrevi agora para falar demais. Pouco importa. Na verdade, nada importa...

Estamos todos com saúde -- que é coisa essencial para a nossa sobrevivência física. Naruna fazendo clínica psicanalítica em crianças, já com alguns clientes. Roberto fazendo teatro e pesquisando folclore. Andiara lavando, cozinhando e plantando no sítio de Jacarepaguá. Tua mãe na rotina de sempre, não querendo contratar empregada para poder trabalhar sempre mais, e mais, e mais, dando almoços e jantares para os parentes, e os amigos do Roberto, e os namorados da Naruna, e os adventícios. Enfim, creio que é êsse movimento constante que lhe dá mais ânimo e lhe permite desenferrujar os musculos já meio gastos pela idade e pelas emoções. Tudo o mais sem novidade.

Um apertado abraço do teu pai

Rio, 10 de abril de 1968

Alécio

Tua mãe e tua irmã Naruna viajaram ontem à noite num Boeing das Aerolineas Argentinas com destino a Madrid, onde chegaram hoje às 11 horas da manhã (hora local), segundo cabograma que recebi há poucos instantes. Foram desligadas de qualquer excursão organizada e ùnicamente com as passagens de ida e volta e mais outras passagens intermediárias entre Madrid e Paris e entre Paris e Nice, Veneza, Roma, etc., tudo incluido no preço das referidas Aerolineas Argentinas. Levaram, pois, a cara, a coragem e alguns dólares para o gasto, dentro de um orçamento módico. Creio que passarão o resto da semana na Espanha, pois não só Naruna quer ver as tradicionais procissões espanholas da Semana Santa, mas também levaram várias cartas de recomendação para diversas famílias de várias cidades espanholas (Barcelona, Sevilla, Madrid, Málaga, etc.), fornecidas pelo Manolo, um rapaz espanhol conhecido da Naruna e frequentador aqui de casa. Deverão seguir para Paris talvez na 2a, 3a. ou 4a.feira da semana vindoura; não sabiam a data nem a hora, mas o certo é que irão na rota dos aviões da mesma companhia argentina, pois a passagem Madrid-Paris já está paga e consta do talão.

Convém reservares desde já um hotel bom e modesto para ambas, com diárias acessíveis, numa rua de Paris próxima à tua casa, conforme desejo de tua mãe. Deverão estar de regresso ao Rio de Janeiro dentro de uns 60 dias, mais ou menos. Pelo menos foram com essa intenção. Como intenções e ações nem sempre se casam, voltarão quando fôr o tempo, e a curiosidade viajora durar, e o dinheiro permitir...

Espero que em Paris lhes dês assistência e orientação, para que tudo corra da melhor maneira possível.

Um abraço para ti e outro para Caroline.

Rio, 6 de junho de 1968

Meu caro Alécio

Após estas tres semanas de interrupção de comunicações da França com o mundo me animo a lhe escrever porque os jornais já estão dizendo que a greve dos correios terminará dentro de 48 horas, e, assim, é possível que quando esta carta chegar aí, já haja distribuição postal domiciliar. Muito obrigado pelo cuidado de me enviar uma carta tranquilizadora sôbre Noemi e Naruna. Sua carta, datada de Paris de 29 de maio, foi posta no correio em Lisboa no dia 31 de maio e chegou aqui na manhã de 2 de junho. Belo record de rapidez! Noemi e Naruna me têm escrito da Itália. Saíram daí via terrestre para a Suíça, andaram por Zurich, Basiléia, Genebra, passaram à Itália, escreveram-me de Roma, Florença e Veneza. De Veneza data a última carta que recebi, enviada de lá no dia 28 de maio. Diziam-me que seguiriam a 30 para Milão e Gênova (Riviera italiana) e que iriam a Londres no começo de junho via Paris. Via Paris! As duas andam muito longe do mundo e não devem ter lido jornais na Itália. Naruna pediu-me inclusive que mandasse algum dinheiro. Mas nunca me dão o endereço de onde estão, nem de para onde vão E' sempre o mesmo refrão: "responda-me para St.Jacques 15, Paris". Acontece que para Paris não há cartas, nem telegramas, nem telefones. Como poderia eu remeter dinheiro para elas via Paris, se os bancos não aceitam nenhuma ordem de pagamento para a França, nem há possibilidade de enviar radiograma? Assim tenho estado na desagradável situação de quem recebe uma carta após outra, sem qualquer possibilidade de lhes responder, nem de lhes enviar qualquer mensagem telefonica ou radiotelegráfica. Se, por acaso, Você tiver qualquer contacto com elas antes de mim , por favor, explique-lhes que me devem enviar um endereço qualquer, mesmo transitório, pois até um telefonema internacional eu lhes poderia dar por 24 horas se soubesse onde achá-las, ou tivesse pelo menos um ponto de referencia. Quanto ao dinheiro que a Naruna pediu, explique-lhe que me deve remeter o endereço de Londres e esperar nesse endereço pelo menos uns 4 ou 5 dias, para me dar tempo de providenciar uma "cable order". Mas isto para Londres, nunca para Paris. A você enviei no dia 5 de maio um radiograma urgente via Western, com resposta paga, pedindo notícias delas. Desse radiograma não recebi até hoje nenhuma resposta, nem a resposta paga foi utilizada. Não me deram, inclusive, qualquer explicação do que sucedeu. E' claro que perdi a confiança nas comunicações telegráficas via Paris e creio que, com a sua viagem às Antilhas (que só soube depois, graças a um "telex" dos Bloch que tiveram a gentileza de passar a meu pedido) a sua residência aí de St.Jacques 15 ficou sem ninguem para receber correspondencia. Foi isso, ou foi outra coisa? Ainda continuo no ar e sem qualquer esclarecimento. Estava até disposto a processar a Western Telegraph pois tinham a obrigação de me avisar do não recebimento do radiograma, tanto mais quanto foi com resposta paga.

Pelas reportagens de Manchete tenho acompanhado a sua atividade aí. Vejo que você se tem exposto a perigos. Cuidado, muito cuidado. "Cautela e caldo de galinha não fazem mal a ninguem" já dizia o nosso bisavô. Lembre-se de que nenhum patrão merece o sacrifício da nossa integridade física. Lembranças a Caroline. Um grande abraço (e mande-me noticias da dupla feminina quando as tiver).

Dénis

Rio, 11 de novembro de 1968

Meu caro Alécio

Foi uma grata surpresa a lembrança do seu telefonema dia 5. Temeridade sua, financeiramente falando; mas, de qualquer modo, um gesto de delicada sensibilidade de quem, ausente quatro anos dos seus e da terra natal, quis mostrar que ainda se lembra de nós, dos nossos problemas e do nosso barco flutuante do Leblon. Noemi ficou bastante contente e eu também. Pena que Naruna não tivesse podido enviar-nos a sua voz, juntamente com V.

São poucas, muito poucas mesmo, as notícias que daí nos chegam. As mais freqüentes são as reportagens de Manchette, onde de vez em quando V. está presente. Fora isso, uma ou outra pessoa que chega e que pouco ou nada nos diz. Assim é o efeito das distâncias, que parecem aumentar menos no espaço do que multiplicar-se no tempo. A proximidade corpórea das criaturas tem muito mais influência do que julgamos no intercâmbio dos espíritos. Não é à toa que as religiões nos fazem ingerir simbolicamente o "corpo" de Deus, para que possamos de perto assimilar-lhe o espírito -- como no sacramento da comunhão cristã. Somos todos feitos de sangue e de carne e nem sempre a identificação espiritual consegue superar o vazio deixado pela ausência material. Temos quase uma dúzia de sentidos (pelo menos dez) que são tremendamente exigentes e que não raro se rebelam contra tudo o que se conserva em nossa memória ou que vive dentro de nós sem que êles participem. Por isso é bom, uma vez por outra, a gente olhar a imagem, tocar, ou escutar a voz das pessoas que estimamos. Dá mais realidade, concreta e viva, à realidade abstrata das coisas do espírito. E se nada de novo se ajunta à sinceridade e constância dos nossos sentimentos, pelo menos aplaca a nossa inquietude e diminui a tensão gerada pela insatisfação dos sentidos. E' como um bálsamo aplicado à irritação cutânea: acalma e alivia.

Sua voz estava eufórica, o que indica tranqüilidade, pelo menos relativa, e significa que as coisas vão correndo bem por aí. Noemi tem saudade da convivência de vocês e com freqüência rememora os belos dias da "tournée" parisiense, que nem as preocupações da greve geral, que isolou a França do mundo, impediram se gravassem com doce alegria na sensibilidade dela. De vez em quando descobre, nas moças daqui, semelhanças físicas com a sua Caroline; outro dia, descobriu numa "a mesma voz". Andiara enfrenta alguns problemas de família -- da família do marido, que de vez em quando se mete no sítio de Jacarepaguá e transtorna a quietude do casal. E Noemi tem que se meter, valente como sempre, para acabar com o abuso. Roberto anda "vacante": perdeu os dois empregos, o do Instituto e o do teatro, o primeiro por demissão em massa, ha tres anos, o segundo por falta de peças novas em que possa trabalhar. Mas como, para o gênio dele, a vida nunca tem problemas, "vai levando" tudo com jeito, entre os banhos de mar e o "bon couché" com as garotas de Ipanema. O resto vai seguindo a rotina. Um grande abraço em Caroline e Naruna e lembranças do velho pai.

Rio, 15 de abril de 1969

Meu caro Alécio

Um grande abraço de aniversário pelo dia 29, que espero transcorra por aí com bastante saúde e todas as desejadas alegrias. A Naruna lhe dará, nesse dia, uma pequena lembrancinha nossa.

Estou aguardando que confirmes a visita ao Brasil em julho ou agosto proximo, como anunciaste. Espero também que possas trazer de volta a Naruna, nessa ocasião. Assim seria duplo o nosso contentamento.

Escreva-nos, dando noticias e falando sôbre a planejada viagem -- se é que ainda está de pé. E recebas mais uma mensagem brasileira de saudade de tôda a troupe da Delfim Moreira.

Rio, 13 de fevereiro de 1970

Meu caro ALECIO

Recebi a esplêndida e rutilante gravata parisiense que V.me enviou pelo Papai Noel Contreiras. Pondo-a ao pescoço, creio que rejuvenesci vinte anos. Ainda bem. Além de viva na côr -- o que muito agradou ao meu sangue de origem espanhola via Maria Amália -- ainda é avantajada na largura (viva as gravatas francesas!), o que também combina com as dimensões da minha massa corporal. Aliás, vi ha poucos dias um filme francês com Jean-Paul Belmondo, onde o cara tinha paixão por gravatas, possuía uma coleção de 372 e como, por acaso, era um criminoso, o espertalhão do comissário de polícia armou-xx uma cilada para prendê-lo, atraindo-o com um anúncio falso de belíssima gravata! Isto é apenas um comentário à margem da potencialidade afetiva e emocional das gravatas parisienses...

Que tem feito V.por aí? Suas reportagens em Manchette & Cia. saem regularmente e sua mãe as compra todas. Quanto a outras notícias, todavia -- neca! Você e Naruna são um bocado duros para escrever! Sua mãe já me disse que não lhes escreve mais enquanto não forem respondidas as cartas dela e acusadas as encomendas que tem mandado... Enfim, como ela nem sempre faz o que diz, é possível que de vez em quando cheguem xx por aí alguma dessas cartas desgarradas que ela não "pretendia" escrever...

A vidinha carioca vem fluindo regularmente, ociosamente, carnavalescamente, apesar de já termos entrado na Quaresma. Estamos esperando a sua prometida visita, para o mês de Agosto de qualquer ano próximo... Creio que era para Agosto, não? A sorte é que existem Agostos todos os anos... e que todos os Agostos têm 31 dias.

Vou ficar por aqui, pois maiores detalhes já foram dados na carta anexa, diriga à Naruna. Um abraço na sua Caroline e outro bem forte para você. Escreva-nos qualquer dia de qualquer ano. Mas pelo menos uma vez, antes de renovar-se o ciclo solar dos 365...

Do Pai.

Aluízio

Rio, 2 de abril de 1970

Meu caro Alécio.

Qual não foi a minha surpresa quando, na semana passada ou atrazada, folheando no barbeiro uma das novas revistas do Bloch, encontro o teu retrato fantasiado de Carnaval, com peruca loura e tudo o mais... Claro que, à primeira vista, não o reconheci. Só depois que li a legenda e vi o teu nome é que verifiquei que a cara era conhecida, e a mesma que foi daqui do Rio; só os óculos é que não sei se são os mesmos.

O Sr. Trajano da Livraria Nova Galeria de Arte me tem pedido com muita insistência que V.mande os retratos que tirou com êle. Quer ver, certamente, a cara dêle em Paris e guardar como lembrança. Como êle é sempre gentilíssimo comigo e se desdobra em mesuras, seria um prazer satisfazer-lhe o pedido. Você poderia remeter para mim os retratos que eu mesmo entregaria a êle pessoalmente. Perguntou-me também se V.havia recebido um recado por escrito que êle deixou na Manchette de Paris antes de partir, dando conta das providências que tomou para aproximar você de Mr.Daudy da "Nouvelle Encyclopédie Française", o qual se mostrou muito interessado pelos seus trabalhos e disse que precisa muito de material fotográfico. Insiste o Trajano em que V.procure Mr.Daudy levando as melhores fotografias do seu arquivo, que a coisa dará certo. Como tôda vez que me vê êle repete a mesma pergunta : "Alécio já procurou Mr.Daudy?", gostaria também de saber o que lhe devo responder, pelo menos para que êle sossegue e pare de me perguntar.

Tudo o mais vai bem. O meu livro, no prelo, deverá sair em meados do ano, lá para fim de agosto, pelo José Olympio. Escreva-nos. Diga-nos algo também sôbre a Naruna, pois, na falta de carta desta, que tem a proverbial preguiça de escrever, seria bom que alguem falasse por ela.

Lembranças à Caroline. Vou encerrar aqui, pois está na hora do Márcio sair para pegar o avião de Paris e êle só me avisou que ia hoje de última hora. Sua mãe mal teve tempo de comprar uns comestíveis, que está enviando por êle.

Muitos abraços pelo próximo dia 29 de Abril.

Rio, 16-julho-1970

Caro Alécio.

Recebemos dois cartões seus: um de Dublin, outro da Bélgica. Quanto a notícias, temo-las tido de vez em quando pelos amigos que chegam. Alguém me disse que você vai publicar um album de fotografias numa editora de Paris. Será na "Nouvelle Encyclopédie Française" de que tanto me falou o Trajano da Nova Galeria de Arte? A propósito: você não me mandou, nem deu qualquer resposta, ao pedido de remessa das fotografias do Trajano (pelo menos êle diz que você as tirou). Seria conveniente que V.dissesse qualquer coisa a respeito, pois êle é excessivamente gentil comigo e 4 ou 5 vezes por mês tenho que enfrentá-lo na livraria, não havendo vez em que êle não me pergunte por V., pela sua resposta e pelas fotografias. Também me pergunta com insistência se deu resultado a apresentação que êle lhe deu para Mr.Daudy, etc.etc. E de tôdas as vezes tenho que responder lacônicamente: "ainda não sei, o Alécio quase não escreve... anda viajando..." e assim por diante. Vocês quase nunca escrevem, quando escrevem nunca respondem às perguntas -- e não imaginam que, muitas vezes, as respostas são necessárias para a manutenção dos inevitáveis contatos humanos.

Esqueci-me de dizer, na carta que ha pouco escrevi à Naruna, que o presente de aniversário, anunciado por telegrama, não chegou a seguir, pois houve dificuldades no correio e fiquei aguardando outra ocasião. Não o levaram os vários portadores, pois, como já expliquei naquela carta, quem mantém contato com êstes não sou eu, mas sua mãe; e quando sei da viagem de um, já está em cima da hora e não ha tempo de preparar nada. De mais a mais, não gosto de me valer de portadores, pois eles entram e saem exatamente nos momentos em que a gente não está disposto, nem psicologicamente preparado, para escrever,nem para embrulhar encomendas...

Um domingo dêstes lhe telefonei à noite, 21 horas Rio, 1 hora-madrugada Paris, para saber notícias da dupla viajeira. Mas o seu telefone não respondeu e a ligação foi cancelada. Desejaria que você e Naruna me telefonassem nos proximos dias, mandando <u>a cobrar-Rio,</u> sempre, o mais tardar, até as 15 horas Paris ou <u>11 horas Rio,</u> na parte da manhã <u>(nunca aos domingos, nem às segundas-feiras</u>), mas , de preferência, numa 3a., 4a., 5a. ou 6a.feira. Nessa hora, costumeiramente me encontro em casa, e sua mãe também (exceto quando está em Petrópolis, Brasília, Campos do Jordão, Juiz de Fora e outras plagas, pois ela agora anda com bicho carpinteiro e não pára mais...).

Em tempo: fica esclarecido que o "Congresso" que levou sua mãe a Brasília foi, simplesmente, o Congresso Eucarístico dos Bispos e Cardeais, que lá se realizou. Claro que o Congresso foi mero pretexto; o que ela queria era passear e rever a cidade que ambos assistimos a fundar, e eu a construir...

Fico aguardando notícias, e, especialmente, à espera do telefonema internacional para os proximos dias, para o qual V. convocará a Naruna. E um grande abraço do pai

Rio, 15 de julho de 1971

Meu caro Alécio

Quando esta chegar aí, já deves ter recebido a carta do Bulhões de Carvalho, bastante elucidativa. Em aditamento ao meu radiograma de ontem, explico o seguinte: O problema todo é V.agir de cabeça fria. Temos a impressão (eu, o Bulhões e o Antônio de Pádua, com quem falei ao telefone ha poucos minutos, após dois dias de pesquisa, pois êle se mudou e até o telefone que o Narceu de Almeida forneceu já não é mais o mesmo...) temos a impressão de que o Adolfo está jogando com a tua emotividade, usando a velha astúcia de raposa experimentada. Quer despedir-te ou sabe que pretendes sair da Manchette por causa da Magnum; sabe também que, se continuares na Manchette, o teu trabalho já não poderá mais dar o mesmo rendimento, pois tens agora outras ocupações. Por outro lado, conhece a fundo o teu temperamento. Conhece-o -- e posso dar disso testemunho pessoal, pois, no almoço de fins de junho dado pelo José Olympio ao escritor português Ferreira de Castro conversei longamente com o Adolfo, falamos a teu respeito (côm êle e D.Lucy) e, pelas poucas palavras que me disse de ti, vi que êle te julga um romântico temperamental, talentoso e meio boêmio, amante das belas artes e das belas mulheres, etc.etc. Ora, êsse conhecimento lhe servirá, no caso atual, de ponta de lança. Envia por telefone, sem qualquer documento, uma ordem sumária de demissão. Não ha papel escrito nem prova de que êle te demitiu. Sabe que V.se irritará muito com isso e que passará a agir como demitido. Sabe que em virtude disso o teu temperamento criará um estado de espírito que lhe será duplamente vantajoso: agindo "como demitido", embora não o tenha sido (pois não ha provas...), V.precipitará as coisas no sentido de êle poder amanhã dizer: "Não, não demiti ninguém; apenas fiz por telefone severa reclamação sôbre serviço e êle se melindrou, não quer mais trabalhar para mim..." Nesta altura, tua resistência já estará diminuída, pois êle sabe que, por aquêle simples telefonema, você curtirá algumas noites de máu sono e algumas madrugadas de doses reforçadas de whisky... Êle te sabe aborrecido, maguado, irritado... e é isso o que êle quer. E quando digo "êle quer", não me refiro à "pessoa" Adolfo, que, no fundo, é o que se chama "um bom sujeito"; mas ao "negociante" Adolfo, que, nessas horas, põe o coração de lado e só pensa na economia do negócio... V.precipitando as coisas, será muito fácil e cômodo para o "bolso" dêle caracterizar a tua situação como a de "saída voluntária"..."Não, não demiti ninguém; apenas falei um pouco zangado, um pouco aborrecido com isto ou aquilo e êle se irritou e agora não quer mais trabalhar para mim..." E ainda pode acrescentar: "Ademais, tôda a gente sabe que êle agora arranjou de entrar para a Magnum e, certamente, tudo isso é um pretexto para sair da minha revista levando indenização..."

Esta é a situação, clara como água, tal como eu a vejo, o Bulhões a vê e o Antônio de Pádua a vê. Em conversa telefônica com êste último, ha poucos minutos, êle disse que é sistema do Adolfo "quebrar a resistência" do sujeito, especialmente num temperamento como o teu, onde tôda a gente percebe no rosto, nos gestos e atitudes o fator emocional falando alto, gritando mais do que a própria voz... Mas a situação dêle, Antonio de Pádua -- disse-me -- foi completamente diversa da tua. Ele era empregado "registrado", "legalizado" na empresa, etc. Mas êle sabe que V.não é e que a Manchette não tem nada legalizado em Paris. Assim, sendo, êle te aconselha a "falar grosso" com o Adolfo, quando êste chegar aí. Falar grosso, dizendo claramente que o processará judicialmente no Brasil para pedir indenização, caso êle não entre em acôrdo. Não convém a êle a ação judicial, pelas razões que se sabe; não convém tãopouco a XXXX ti, pois terias que vir ao Brasil e aqui permanecer durante o processo, para prestar depoimentos pessoais, etc.etc. (é o que diz o Padua). Assim, êle Pádua acha fácil o Adolfo entrar em acôrdo; certamente, não na base que pretendes (pois -- agora é o Bulhões quem esclarece -- os copyrights do tipo fotografias, aque te referes, não são reconhecidos pela jurisprudência brasileira, embora se saiba que o são na Europa).

Os motivos pelos quais o Bulhões não quis entender-se aqui por telefone "antes " da ida do Adolfo a Paris, já te expliquei; xxxxxxxxxxxx e a carta dêle, que já deve estar em tuas mãos, deve ter esclarecido ainda melhor. E' nossa opinião que um entendimento direto teu aí com êle em Paris será mais proveitoso, pelo menos para "começo de conversa". Ele chegará desprevenido, sem saber ainda das tuas disposições e das providências já tomadas aqui no Rio. Se chegasse sabendo-as, logo de entrada negaria a demissão xxxxxxxxxx e não consumaria o ato. Pagar-te-ia caladinho o salário do mês, que, certamente, tambem <u>não podes recusar receber</u> (e êle conta xxxxxx com a probabilidade desta hipótese, tratando-se de um temperamental como você...), pois a recusa caracterizaria imediatamente a <u>saída voluntária</u>, sem direito a qualquer indenização. O único jeito de obter prova da demissão, num caso como êste, em que não ha nada escriturado, nem registrado, será (opinião do Bulhões) aguardar <u>a suspensão do pagamento de salário</u>. Como sempre deste recebido do que recebeste (pelo menos é o que esclareceste ao Bulhões por telefone), deixando de pagar-te o Adolfo não terá mais o teu recibo. E, então, não poderá mais negar que te demitiu.

Esta a situação concreta. Recebi o radiograma da Naruna pela Embratel, complementar da conversa telefônica que ela teve comigo. Tua carta expressa tambem chegou, com as fotocópias. Apenas te esqueceste de uma coisa: de "autenticar", em tabelião francês, as fotocópias das duas cartas da Manchette, xxx o que só pode ser feito por você aí, pois terá que ser exibido ao tabelião o "original" das cartas. Sem autenticação, a fotocópia não tem valor jurídico. De qualquer maneira, isto é assunto para uma eventualidade remota, caso haja necessidade de entrar na justiça. Não havendo, a simples fotocópia serve de elemento informativo e de guia para a argumentação verbal...

Um grande abraço do Pai.

P.S.- Continua trabalhando. Que o Adolfo te ache aí comparecendo à redação, sem tomares conhecimento da "demissão". <u>Exije o teu salario mensal</u>, caso êle não o dê. <u>Exije falando grosso. Se êle te negar, abre o jôgo</u> e fala na ação judicial para indenização. Estas serão as medidas preliminares...

Rio, 24 de dezembro de 1971

Meu caro Alécio

Boas festas para Você e Caroline, para a pequenina "enteada" e, também, para a já muito falada gata Gertrudes. O Carlos de Araujo Lima escreveu nos jornais do Rio e dos Estados (rêde "Meridional", dos Diários Associados) dois ou tres artigos, "cartas da Europa", falando a nosso respeito, o primeiro dêles contando o encontro e o almôço que teve com Você. Creio que sua Mãe deve ter-lhe enviado recortes dos mesmos. Dona Noemi, no momento, está ... ando para os lados de Campos do Jordão, a 1.400 metros de altitude, respirando o ar fresco da serra. Deve regressar dia 30, para passar o Ano Novo aqui .

Recebi de Tel-Aviv o seu telegrama dia do meu aniversário, e, também de Israel, dois inspirados cartões com vistas judaicas. Até que enfim chegou algo escrito por você. Você e Naruna só nos escrevem quando estão em viagem... Mas, pelo menos, escrevem....

Muito obrigado pelo raro exemplar setecentista do "Télémaque" de Fenelon, com que Você e Naruna me presentearam no aniversário dos 60 redondinhos. Foi-me entregue pela Maria Idalina, que muito lamentou não ter podido quase estar com você, pela coincidência da ida dela a Paris com as tuas viagens no eixo London-Tel Aviv

Com vai a fotografia? Já consolidou o seu ingresso na Magnum? Temos visto, sempre que sai, as suas reportagens na Manchette e, tambem, nos Fatos & Fotos dos Irmãos Karamabloch. O Adolfo, que estava presente na noite de autógrafos com que o José Olympio comemorou, o mês passado, o 40º aniversário da Editora, foi abordado por sua Mãe, que, apos dois ou tres whiskys bem ingeridos, resolveu abordá-lo a perguntar por você. Resposta dêle: "Ah! o Alécio é muito bom menino!" O Aloysio Teixeira, tendo estado em Paris em outubro último, conversou a respeito de você com o nosso embaixador aí, o General Lyra Tavares, do qual ouviu sôbre você os maiores elogios, embora com algumas ressalvas acêrca da tua "cabeleira", que êle acha muito engraçada na tua figurinha "mignon"... De qualquer forma, disse-me o Aloysio ter ficado surpreendido pelas palavras de admiração e carinho que o Lyra dedicou a você em alguns minutos de palestra informal.

Estou quase chegando ao fim do meu regime de emagrecimento. Pretendo chegar calmamente aos 95 quilos e parar aí. No momento, já estou pesando apenas 102 -- o que representa a perda total de 20 quilos em 6 meses. O remédio inglês que eu estava usando, mandado vir diretamente de Londres, "Ponderax", já começou ha 3 meses a ser fabricado aqui, com o mesmo nome que tem na França, "Mini-phage". Isto facilita a minha tarefa, pois, para Londres, nem sempre se tem portador e, lá, uma caixa com 1.000 comprimidos custa a bagatela de 28 £...

Escreva-nos sempre que puder. Naruna está aí em Paris, ou viajou para um year-end nas costas da Normandia? Escrevi-lhe uma carta dia 16 de novembro, enviando documentos, etc., e até hoje ela não me respondeu.

Aguardando notícias, renovo os meus votos de fim de ano, desejando a vocês aí muita saúde e muitas alegrias. Do pai

Aloísio

P.S.
Quando V. nos escrever, de hoje em diante, ponha no endereço os seguintes números do novo Código Postal: Av. Delfim Moreira n. 1212, aptº 401 -- ZC-20 Leblon -- 20.000 Rio de Janeiro. Assim, a carta chegará muito mais depressa. As que não trouxerem os ns. do novo Código, o Correio está encostando para depois...

Rio, 26 de julho de 1973

Meu caro Alécio

Recebemos tuas duas cartas de Nova York. Eu estava esperando o teu regresso a Paris para responder, afim de que a resposta não se extraviasse.

O Bulhões disse-me que vai começar a agir. Para tanto, naturalmente, ele precisa de uma procuração tua com poderes ad judicia, etc. Como estás de viagem marcada, poderás fazer essa procuração aqui no Rio quando chegares. Ele mandou-me cópia da carta do teu advogado francês, aconselhando a que movas a ação no Brasil. Sendo assim, a pretenção de direitos autorais sobre as fotografias está afastada, por não ser reconhecida pelas leis brasileiras. Perante estas, tudo o que o empregado produz na vigência do contrato de trabalho e em função deste é propriedade do empregador: assim todas as fotografias que enviaste a Manchette pertencem aos Bloch e, legalmente, já se acham pagas pelo salário mensal. O que as leis brasileiras reconhecem é o direito a indenização por tempo de serviço, férias, aviso prévio e 13º salário. A indenização por tempo de serviço é de um mês do último salário recebido por cada ano de serviço. Se serviste aos Bloch 8 anos, tens direito a 8 salários, ou sejam, 48.000 francos, mais um mês de aviso prévio, isto é, 54.000, além das férias. Se não te pagavam em dezembro o 13º salário, tens direito também a este; se nunca o recebeste nos 8 anos, podes pedir agora os 8 meses de 13º salário atrazados, com juros de mora e correção monetária -- o que já faz subir a tua conta para 54.000 + 48.000 = 102.000 francos. Mais as férias que não gozaste. Essa é a base do que podes legalmente pretender. Pagtº de viagem ao Brasil, só se houvesse cláusula express no contrato. Aguardamos confirmação da data da tua chegada. Ficarás, juntamente com a Brousse, hospedado aqui em casa, no teu antigo quarto. A moça filha do Picasso também poderá ficar aqui, no quarto da Naruna. Quanto ao casal norte-americano que te hospedou em Nova York, porei à disposição dele um apartamento qu e tenho vazio em Botafogo, com luz, gás e telefone ligados, numa ruazinha transversal à Av.Pasteur, onde fica o Cinema Veneza. E' um conjugado térreo, de quarto-saleta, banheiro e kitchenette. Desde que comprei, nunca foi habitado. Quanto à possibilidade desse casal ficar aqui em casa no Leblon, é nenhuma, pois não temos espaço, nem estrutura doméstica para hospedar estranhos. A Brousse é diferente, pois vem como tua mulher e fica sendo da família. Mesmo que fosses para a casa do Bulhões em Santa Tereza (o que não será preciso), não resolveria o caso; pois, convocês ou sem vocês, seria muito difícil acomodar aqui um casal estranho. Como sabes, não temos empregada, tua mãe é quem faz todo o serviço da casa; além disso, o banheiro é comum e imprensado entre os quartos, tirando toda a liberdade de movimentos dos hospedes e dos anfitriões, etc. Mas podes ficar certo de que, hospedados no meu apartamento vazio em Botafogo, ficarão esplendidamente acomodados, com telefone à disposição e num ponto central para todas as conduções. Só é necessário é que confirmes a vinda deles com antecedência, para que o apartamento possa ser devidamente limpo e provido de roupas de cama e mesa.

A Naruna vai por aqui matando as saudades do Brasil e passeando muito. Em Maio, ela e tua mãe fizeram uma viagem ao Nordeste, visitando Bahia, Pernambuco e Ceará. Levaram um mês inteiro badalando e voltaram cheias de balangandãs do artesanato nordestino.

Aguardamos a data da tua chegada. E um grande abraço do Pai

Rio, 13 de janeiro de 1976

Meu caro Alécio

Recebi o livro e os discos com que me presentiaste. Todos excelentes, especialmente as gravações do Maurizio Pollini. Espero que tenhas oportunidade, de vez em quando, de dedilhar um pouco em algum piano francês, para não esqueceres as músicas que tocas e que conseguiste conservar tão bem na ponta dos dedos.

Aproveito a ida do Pedro para te enviar uma lembrança de Natal. Seguem Cr$ 2.000,00 em espécie, para comprares o que te for mais útil, já que, para nós aqui, é difícil saber o que realmente estás necessitando. Não consegui trocá-los em francos, nem em dólares, dadas as drásticas exigências que vigoram agora aqui, relativamente às remessas cambiais; mas é possível que o nosso portador, o Pedro, consiga fazê-lo, utilizando-se dos mil dólares de viagem a que tem direito -- se por acaso ele não precisar trocá-los todos para uso próprio. Em último caso, não te será difícil trocar aí em Paris os cruzeiros em francos.

Espero que a Naruna venha ao Brasil em julho próximo. Por que não vens com ela? Manda notícias, pelo menos de vez em quando. Abraços e saudades do pai

Rio, 21 de junho de 1985

Meu caro Alécio

Segue junto uma carta para V.entregar à Patrícia. Vai com grande atrazo. Mas V.bem sabe como eu custo a escrever cartas (aliás, V. nesse ponto ainda é bem pior...). O que eu conto ali é, literalmente, o que se passou naquela noite da "chegada da cegonha" trazendo o Florêncio -- com todos os detalhes que eu não lhe pude dar por telefone.

A propósito: o xxxxxx registro que V.fez no Consulado do Brasil está errado e precisa ser retificado o quanto antes. Seu nome aparece ali simplesmente como "Alécio", em vez de "Alécio Francisco" (o registro no cartório francês está certo). Ora, perante a burocracia brasileira, "Alécio Francisco" não é a mesma pessoa que "Alécio". No dia em que o Florêncio estiver ou vier ao Brasil para qualquer negócio (inclusive para habilitação em herança, o que será inevitável), essa falha do registro de nascimento vai-lhe criar dificuldades. Lembre-se de que, quando lhe pedi a procuração para vender o terreno de Brasília, pedi que o seu sobrenome viesse escrito com "N", Bonfim, ao invés de "M", Bomfim, que seria o certo. E' que, quando comprei o terreno em 1960, a Novacap registrou o seu nome errado, com "N", e se a procuração viesse com "M", que é o correto, os cartórios de Brasília não a aceitariam, pois entendem que Bomfim Com "M" é outra pessoa diferente de Bonfim com "N". Até que ponto vai a estupidez humana...

Convém pois que, no interesse do Fulgêncio, V.se apresse em retificar o seu nome no Consulado, para que não haja complicações futuras para o garoto.

Estou resumindo o meu livro em francês. Já cheguei à metade. Como a obra tem 650 páginas e a metade já foi condensada em apenas 26, creio que o resumo inteiro dará umas 50 ou 60 páginas. Junto com a sinopse dos capítulos, estou fazendo também a transcrição literal de algumas passagens mais importantes, para dar idéia clara das conclusões e também do estilo -- conforme, aliás, V.mesmo sugeriu. O mais curioso é que eu não sabia que escrevia tão bem o francês.. Dei ao Cardim para ler o resumo da metade já concluída, e ele só de longe em longe fez algumas mudanças superficiais de expressões e "modos de falar" típicos dos filhos da Nova Gália. Mas a gramática estava toda corretíssima, inclusive as próprias "tournures de phrases" que me ficaram gravadas no ouvido através das minhas infindáveis leituras da literatura francesa. De resto, V.pode fazer um exame crítico da carta <u>en français</u> que escrevi para a Patrícia e dizer-me depois se achou algum "gato" vocabular, sintático ou de outro tipo qualquer de solecismo (o que eu gostaria muito de saber, caso exista, pois essa carta é assunto "privé" e não a mostrei a ninguém).

Os retratinhos do Florêncio foram muito apreciados aqui por todos. E todos comentam o "pai coruja" que V.está se revelando. Sua sobrinha Marta manda lhe pedir encarecidamente que ensine o Florêncio a falar português desde pequenino, pois ela pretende conversar muito com ele quando aqui vier e quer não sòmente entendê-lo mas também ser entendida...

O produto da venda do seu terreno de Brasília, que já está praticamente efetuada, dará o necessário para, adicionado ao que a Maria Idalina já juntou com as economias dela, alcançar o total dos 15.000 dólares que, segundo ela diz, constitui o mínimo indispensável para que V. possa comprar um pequeno apartamento em Paris, com financiamento bancário do Crédit Foncier para a parte restante do preço.

V. está mesmo decidido a visitar o Brasil no verão parisiense? Mande notícias e confirmação. Beijos no Florêncio e um afetuoso abraço na Patrícia.

Saudades do pai

Carlos Drummond de Andrade, Rio de Janeiro, *c.* 1964

Carlos Drummond de Andrade
(1902 - 1987)

Conheci no mesmo dia Alécio de Andrade e suas fotografias - o homem e a obra de arte que êle vem criando. Não pude fugir à admiração que me inspiraram , de tal modo o artista se espelha em sua criação, e esta constitui um poderoso, delicado e inesquecível comentário lírico do mundo.

Jovem amadurecido pelo estudo,pela consagração silenciosa aos valôres de arte, pela contemplação e pela meditação, Alécio tem muita coisa a realizar, com seu talento excepcional, que soube tão cedo ajustar bom-gôsto e sensibilidade.

Suas virtualidades encontraão no cinema um campo adequado de expansão. Não é todos os dias que encontramos uma tão perfeita vocação artística.

Rio de Janeiro, 28 de fevereiro de 1964.

Carlos Drummond de Andrade

Carlos Drummond de Andrade

Olha, descobre êste segrêdo: uma coisa são duas - ela mesma e sua imagem.
Repara mais ainda. Uma coisa são inúmeras coisas. Sua imagem contém infinidade de imagens em estado de sonho, germinando no espaço e na luz.
E as criaturas são também assim, múltiplas de si mesmas.
A variedade de imagens revela o mundo que nasce a cada instante em que o contemplas: formas, ritmos, ângulos, expressões, impressões, fragmentos, sínteses.
A imagem é um ser vivo, como os demais sêres. E quer penetrar em teu espírito, habitá-lo como hóspede afetuoso.
Se a recolheres com tôda a pureza da vista e completa simpatia da mente, ela te enriquecerá.
Estas imagens vão mais longe do que os meios intersiderais de comunicação. Insinuam-se na profunda região da vida. Conversam daquele assunto que carregas contigo como baú nostálgico. O baú abre-se, e tua infância te saúda, com inocência de fonte.
Não pode haver melhor uso da fotografia do que êste de alimentar-nos da porção perdida de nossa alma.
Uma arte vinculada com a mais fugitiva e perene das realidades poéticas, eis o dom sublime de Alécio de Andrade.

Carlos Drummond de Andrade

O RETRATISTA DE CRIANÇAS

NA PETITE GALERIE o rapaz com cara de menino abriu uma exposição de fotografias. Aconselho meu leitor, se é que existe, a ir espiá-las. O rapaz chama-se Alécio de Andrade e não é meu parente; numerosos como gôtas d'água no oceano são os Andrades na terra, porém não revestem êsse ar de família fechada e única, próprio das gôtas. Portanto, não estou fazendo promoção de nenhum tio ou sobrinho. Acontece que vale mesmo a pena ver as fotos de Alécio. Se você não sair de lá com uma especial ternura pela vida, então, meu caro, desista de considerar-se gente; o provável é que você seja apenas objeto falante, e mesmo isso...

A exposição chama-se "Itinerário da infância" e leva-nos de passeio pelas fisionomias e pelos gestos das crianças: as que vemos todo dia, nos parques de recreio, nas praças, mas vistas outra vez e com olhos mais demorados e compreensivos por Alécio (não tivesse êle cara de menino). Não com essa melosidade com que se costuma olhar para os garotos quando se trata de nossos filhos ou dos filhos de nossos amigos, desde que não nos lambuzem a calça. Melosidade que apenas disfarça a vaidade da autoria ou exprime a nossa lisonja, no fundo indiferente. Esta não é a maneira correta de ver criança. Se quisermos penetrar um pouco no segrêdo infantil através do semblante e captar essa imagem fugitiva, há de ser com um misto de carinhosa paciência e ardilosa simpatia. A experiência de Alécio foi além: atingiu o momento em que as crianças se revelam sem mêdo, naturalmente, apenas curiosas pelo que o fotógrafo está fazendo. No encontro com o refolhado mistério que se torna simples, acessível, está a preciosidade destas imagens em que a poesia não é elemento externo, ajuntado, mas a própria essência da coisa. Daí a felicidade que nos transmite. Ó descoberta, ó reencontro de nós mesmos!

Tentei dizer de minha emoção em algumas palavras oferecidas a Alécio e que aqui reproduzo:

"Olha, descobre êste segrêdo: uma coisa são duas — ela mesma e sua imagem.

Repara mais ainda. Uma coisa são inúmeras coisas.

Sua imagem contém infinidade de imagens em estado de sonho, germinando no espaço e na luz.

E as criaturas são também assim, múltiplas de si mesmas.

A variedade de imagens revela o mundo que nasce a cada instante em que o contemplas: formas, ritmos, ângulos, expressões, impressões, fragmentos, síntese.

A imagem é um ser vivo, como os demais sêres. E quer penetrar em teu espírito, habitá-lo como hóspede afetuoso.

Se a recolheres com tôda a pureza da vista e completa simpatia da mente, ela te enriquecerá.

Estas imagens vão mais longe do que os meios intersiderais de comunicação. Insinuam-se na profunda região da vida.

Conversam daquele assunto que carregas contigo como baú nostálgico.

O baú abre-se, e tua infância te saúda, com inocência de fonte.

Não pode haver melhor uso da fotografia do que êste de alimentar-nos da porção perdida de nossa alma.

Uma arte vinculada com a mais fugitiva e perene das realidades poéticas, eis o dom sublime de Alécio de Andrade."

"O retratista de crianças", *Obra completa*, Aguilar Editora, Rio de Janeiro, 1967, pp. 1007-1008

Imagens diferentes

Alécio & criança

C. D. A.

Na Petite Galerie um rapaz com cara de menino abriu uma exposição de fotografias. Aconselho meu leitor, se é que existe, a ir espiá-las. O rapaz chama-se Alécio de Andrade e não é meu parente; numerosos como as gôtas d'água no oceano são os Andrades na terra, porém não revestem êsse ar de família fechada e única, próprio das gôtas. Portanto não estou fazendo promoção de nenhum tio ou sobrinho. Acontece que vale mesmo a pena ver as fotos de Alécio. Se você não sair de lá com uma big ternura pela vida, então meu caro, desista de considerar-se gente; o provável é que você seja apenas um objeto falante, e mesmo isso...

A exposição chama-se "Itinerário da infância" e leva-nos de passeio pelas fisionomias e pelos gestos das crianças: as que vemos todo dia, nos parques de recreio, nas praças, mas vistas outra vez e com olhos mais demorados e compreensivos por Alécio (não tivesse êle cara de menino!) Não com essa melosidade com que se costuma olhar para os garotos quando se trata de nossos filhos ou dos filhos de nossos amigos, desde que não nos lambuzem a calça. Melosidade que apenas disfarça a vaidade da autoria ou exprime a nossa lisonja, no fundo indiferente. Esta não é a maneira correta de ver a criança. Se quisermos penetrar um pouco no segrêdo infantil através do semblante e captar essa imagem fugitiva, há de ser com um misto de carinhosa paciência e ardilosa simpatia. A experiência de Alécio foi além: atingiu o momento em que as crianças se revelam sem mêdo, naturalmente, apenas curiosas pelo que o fotógrafo está fazendo. E nesse encontro com o refolhado mistério que se torna simples, acessível, está a preciosidade destas imagens em que a poesia não é elemento externo, ajuntado, mas a própria essência da coisa. Daí a felicidade que nos transmite. Ó descoberta, ó reencontro de nós mesmos!

Tentei dizer de minha emoção em algumas palavras oferecidas a Alécio e que aqui reproduzo:

"Olha, descobre êste segrêdo: uma coisa são duas — ela mesma e sua imagem.

Repara mais ainda. Uma coisa são inúmeras coisas. Sua imagem contém infinidade de imagens em estado de sonho, germinando no espaço e na luz.

E as criaturas são também assim, múltiplas de si mesmas.

A variedade de imagens revela o mundo que nasce a cada instante em que o contemplas: formas, ritmos, ângulos, expressões, impressões, fragmentos, síntese.

A imagem é um ser vivo, com os demais sêres. E quer penetrar em teu espírito, habitá-lo como hóspede afetuoso.

Se a recolheres com tôda a pureza da vista e completa simpatia da mente, ela te enriquecerá.

Estas imagens vão mais longe do que os meios intersiderais de comunicação. Insinuam-se na profunda região da vida.

Conversam daquele assunto que carregas contigo como baú nostálgico.

O baú abre-se, e tua infância te saúda, com inocência de fonte.

Não pode haver melhor uso da fotografia do que êste de alimentar-nos da porção perdida de nossa alma.

Uma arte vinculada com a mais fugitiva e perene das realidades poéticas, eis o dom sublime de Alécio de Andrade."

"Imagens diferentes: Alécio & criança", *Correio da Manhã*, Rio de Janeiro, 30.9.1964

Rio, 8 de agosto de 1973.

Alécio:

A bela gravura.

A generosa lembrança do meu aniversário, a tantos quilômetros, águas e pensamentos: em Paris.

Recolho tudo isto no melhor depósito de felicidades, escondido de mim mesmo: para ficar perfeito.

Obrigado, Alécio. E boas horas para você, no Rio.

O abraço amigo do seu

Drummond

O QUE ALECIO VÊ

A voz lhe disse (uma secreta voz):
— Vai, Alecio, ver.
Vê e reflete o visto, e todos captem
por teu olhar o sentimento das formas
que é o sentimento primeiro - e último - da vida.

E Alecio vai e vê
o natural das coisas e das gentes,
o dia, em sua novidade não sabida
a inaugurar-se todas as manhãs,
o cão, o parque, o traço da passagem
de pessoas na rua, o idílio
jamais extinto sob as ideologias,
a graça umbilical do nu feminino,
conversas de café, imagens
de que a vida flui como o Sena ou o São Francisco
para depositar-se numa folha
sobre a pedra do cais
ou para sorrir nas telas clássicas de museu
que se sabem contempladas
pela tímida (ou arrogante) desinformação das visitas,
ou ainda
para dispersar-se e concentrar-se
no jogo eterno das crianças.

Ai, as crianças... Para elas,
há um mirante iluminado no olhar de Alecio
e sua objetiva.
(Mas a melhor objetiva não serão os olhos líricos de Alecio?)
Tudo se resume numa fonte
e nas três menininhas peladas que a completam,
soberba, risonha, puríssima foto-escultura de Alecio de Andrade,
hino matinal à criação
e à continuação do mundo em esperança.

Carlos Drummond de Andrade

☐ JORNAL DO BRASIL ☐ Rio de Janeiro, sábado, 21 de abril de 1979 ☐ PÁGINA 5

Drummond

AS FOTOS DE ALÉCIO

Falar em foto, as mais cativantes são as de Alécio de Andrade (não é meu parente), à mostra na Petite Galerie, do Rio. Flagrantes colhidos em Paris, Londres e Nova York, fixam menos uma realidade local do que o ser humano e seu comportamento em qualquer parte do mundo: o universal das criaturas. Alécio acredita na vida e presta-lhe seu tributo de simpatia e compreensão. Contemplando a magnífica série de imagens, arranhei estes versos livres (como livre é Alécio) no papel:

A voz lhe disse (uma secreta voz):
— Vai, Alécio, ver.
Vê e reflete o visto, e todos captam
por teu olhar o sentimento das formas
que é o sentimento primeiro — e último — da vida.

E Alécio vai e vê
o natural das coisas e das gentes,
o dia em sua novidade não sabida
a inaugurar-se todas as manhãs,
o cão, o parque, o traço da passagem
de pessoas na rua, o idílio
jamais extinto sob as ideologias,
a graça umbilical do nu feminino,
conversas de café, imagens
de que a vida flui como o Sena ou o São Francisco,
para depositar-se numa folha
sobre a pedra do cais,
ou para sorrir nas telas clássicas de museu
que se sabem contempladas
pela tímida (ou arrogante) desinformação das visitas,
ou ainda para dispersar-se e concentrar-se
no jogo eterno das crianças.

Ai, as crianças... Para elas,
há um mirante iluminado no olhar de Alécio
e sua objetiva.

(Mas a melhor objetiva não serão os olhos líricos de Alécio?)
Tudo se resume numa fonte
e nas três menininhas peladas que a completam,
soberba, risonha, períssima foto-escultura de Alécio de Andrade,
hino matinal à criação
a à continuação do mundo em esperança.

Carlos Drummond de Andrade

JORNAL DO BRASIL □ sábado, 20/6/81

Drummond

UM OLHAR BRASILEIRO SOBRE PARIS

DE repente este crocolunista (é isso mesmo, não sou uma nova espécie de crocodilo, apenas um cronista às vezes colunista, às vezes não) sumiu do Rio, seqüestro? fuga? escondido por dívidas ou malfeitos? Nada disso. Está vivendo em Paris, e pede que não lhe telefonem, não lhe escrevam, deixem o velhinho curtir sossegado a alma de Paris nas pequenas-grandes coisas parisienses, em companhia de um amigo.

O amigo é Alécio, também de Andrade, embora não parente: amigo. A gente não precisa explicar os sobrenomes. O Alécio e eu nos entendemos. Quero ver Paris sem ser à maneira turística. Me interessa o lado menor das coisas grandes. O Louvre é demasiado universal para mim. Então o Alécio espera que três freiras gravemente encapuzadas à moda antiga parem para contemplar as Três Graças peladinhas de Renault, e me chama para ver. O museu enorme tornase casa da gente: humanizado.

Pont-Neuf. Lá estão o pintor, a tela, o cavalete. Mas este pintor que Alécio me mostra não está pintando. Cabeça baixa, mão no queixo, ele talvez pinte para dentro (a palheta ficou na pasta aberta, no banco). Esse gênero de pintura dispensa materiais. E como a tela não pintada é bela! O Sena, fundo de quadro, desliza suas memórias. O pintor absteve-se, muito sensatamente, de acrescentar qualquer pormenor ao conjunto.

No cais de Conti, o homem sem cabeça passeia com o seu cãozinho. Sem cabeça, digo e repito. Ele cobriu-a com a jaqueta. No Grand Palais, o que a vista recolhe com agrado é a grande curva da escadaria de pedra, e a garotinha subindo os degraus. As formas ritmadas parecem criar música, ou

Alécio espera que três freiras gr
encapuzadas à moda antiga parem pa
As Três Graças peladinhas de Re

20-6-81.

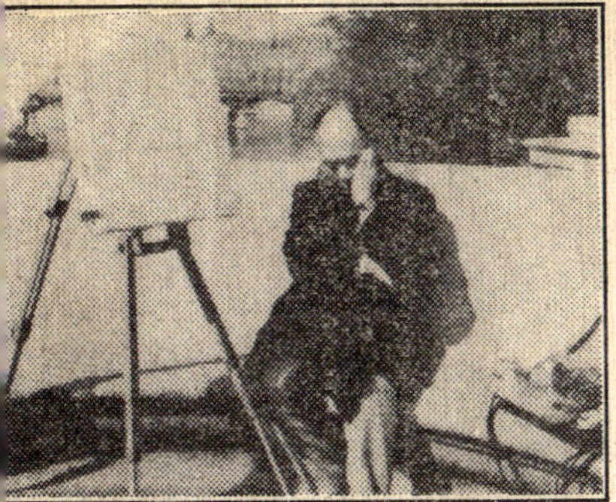

...á estão o pintor, a tela, o cavalete (...) ...abeça baixa, mão no queixo, ele talvez pinte "pra" dentro

No Cais do Conti, o homem sem cabeça passeia com seu cãozinho (...)

No Grand Palais, o que a vista recolhe com agrado é a grande curva da escadaria de pedra, e a garotinha subindo o degrau (...)

estou ouvindo demais? Alécio vê o mínimo e extrai dele uma emoção visual.

Assim parisiamos, sem guias e referências, e não é de admirar que a gente encontre, aqui, Darius Milhaud em sua cadeira de paralítico, mais adiante Salvador Dali fazendo um dos seus números, e o nosso Otto Lara Resende em papo ameno com o nosso Claudio Melo e Sousa. Ou Mário Pedrosa. Paris, se bem que não conste do mapa, é também, seguramente, uma cidade brasileira. Não devemos sentir-nos esmagados diante do seu esplendor histórico e belezas de cultura clássica. A cidade dá para sentir o riso dos adultos, a naturalidade dos bichos, a crueldade também universal dos açougues, o comportamento milenar e sempre novo da juventude. Alécio conseguiu captar o lado Barra do Piraí de Paris, sem comprometer a graça peculiar de uma cidade que resume a ilustração de toda uma cultura, a luz de toda uma civilização.

Já agora, vamos deixar de mentir. Minha estação parisiense é fundada em 127 fotos de Alécio, editadas em álbum na Suíça, com estudo de Júlio Cortazar em alemão. O volume permite ir a Paris, ou ao cotidiano de Paris sem sair dos nossos cômodos: expô seletiva do bizarro, do lírico, do imponderável da névoa e das águas de Paris, que envolvem memória, tradição e vida comum. Alécio, o peralta, não arregalou de espanto os olhos brasileiros para fotografar Lutécia; conservou-os bem serenos, com atenta sensibilidade, para recolher aspectos que traduzem o ser humano desfrutando ou cumprindo sua vida num cenário cheio de referências históricas; afinal, uma cidade onde se ama e trabalha e sofre e paga imposto e se chateia como nas outras.

Ele não desmascarou nem alcandorou Paris. Deu uma das versões da cidade, acessível ao entendimento, ao humour *e à fantasia do "leitor" de fotos, e assim nos aproximou a todos desse monstro-sagrado que já despertou tantos sonhos pelo mundo a fora. O modo de Alécio ver e interpretar Paris, sem deixar de ser intelectual ou intelectualizado, é nitidamente humano. Isto honra e ilumina a sua arte de fotógrafo.*

Carlos Drummond de Andrade

APT-AVENIDA ATLANTICA
23 XII 85
DR-RID
BRASIL
CORREIO
=46 00
M. 5862
F. 7695
M. Alecio de Andrade
19, rue des Rosiers
Paris 95004 França
VIA AÉREA

Rio, 23 de dezembro, 1985.

Querido Alécio:

Não quero terminar o ano sem bater rudemente no peito: <u>mea</u> <u>culpa</u>, <u>mea</u> <u>culpa</u>, <u>mea</u> <u>maxima</u> <u>culpa</u>... Não me avistei com você quando de sua viagem ao Rio; não lhe agradeci o presente do lindo álbum sobre <u>affiches</u>; não lhe mandei até agora uma palavra amiga depois de tanto silêncio. Tudo isso constitui um comportamento lamentável, que só saberia explicar pelas coisas desagradáveis, saúde e desânimo, que ocuparam grande parte do ano em minha vida. Bem que seria conveniente compensá-las com uma coisa agradável, como o papo com você, mas as circunstâncias foram mais fortes, e não aconteceu o papo. Gostaria de saber como você está vivendo, impertérrito, essa vida parisiense que eu só conheço de livros e filmes. Depois de tantos anos, não pensa em regressar de vez para o Brasil? Que pensa a respeito o Florêncio Coutinho (cujo retrato muito apreciei)? Afinal, francês de nascimento, é também 50% brasileiro e da estirpe dos Andrade, a que me honro de pertencer.

Por aqui, estamos vivendo com o devido barulho e confusão a fase natalina do ano, que positivamente não é a mais linda. Observamos a nova República, em seus tímidos movimentos e nos preparamos para uma luta presidencial braba, entre Brizola e Jânio Quadros. Praza aos céus que eu esteja errado, e que o atual poeta Sarney seja substituído pacificamente por outro poeta, [illegible] seja eu na idade mais do que venerável em que me encontro.

Querido Alécio, abraços e saudades muitas para você, do seu amigo

Carlos

Antonio Bulhões, Rio de Janeiro, 1973

Antonio Fernando de Bulhões Carvalho

(1925 - 2009)

Rio de Janeiro, 28 de Outubro de 1978

Alécio querido:

Tantas vezes temos conversado sobre as transformações econômico-políticas deste nosso Brasil que não resisto à tentação de escrever sobre algo que vem de ocorrer (vide recortes de jornal anexos), mais importante, como evidência dessa trabsformação, do que a própria revogação, a 1º de Janeiro de 1979, do Ato Institucional n. 5. Trata-se da sentença de Juiz paulista, declarando que o jornalista Wladimir Herzog foi torturado e assassinado no II Exército, e responsabilizando consequentemente a União, o que importará inclusive em indenização à família da vítima.

Creio que dois conceitos sociais não foram nunca assimilados adequadamente pela Oposição (especialmente a turma da esquerda), aqui:

1. O de que, a partir de 1964, instalou-se neste País um regime autoritário, mas não autocrático. A diferença é fundamental. Ensina a experiência histórica universal que do primeiro se emerge por transição não violenta, e que do segundo só se sai via de ruptura cirúrgica, isto é, de movimento revolucionário - o que frequentemente deriva em sucessões de golpes encadeados que, na melhor das hipóteses, arruínam a nação.

2. A de que a transição não-violenta atravessa duas fases: a da liberalização, que se caracteriza pela abolição da censura à imprensa, pela devolução à Justiça de sua integridade, e pelas restrições ao arbítrio do Poder Executivo; e a da legitimação, que se caracteriza pelo restabelecimento da representatividade nacional, por eleições livres. Mas essas fases não podem ocorrer simultaneamente, porque é preciso que, durante a primeira, o esteio autoritário preserve sua implantação, e que a segunda, ao sobrevir, a encontre já inabalável, o que permite que passem, de então em diante, a servir de esteio uma à outra.

Acontece que, nesse desdobramento por etapas não paralelas, estamos nos aproximando do climax da liberalização, para ingressarmos na campanha da legitimação. Tratando-se de processo dinâmico e complexo, em que o representante do autoritarismo abdica e se retira (ao contrário do regime autocrático, em que seu representante é deposto), tudo depende muito da competencia do líder e liderados. A bem da verdade, o Presidente Geisel portou-se até agora, sob esse aspecto, com louváveis inteligência, capacidade e firmeza de propósitos - tanto mais de admirar porquanto, na condução dos setores da administração e da economia, revelou-se um desastre. Os resultados negativos que daí advieram, aliás, quase derrubaram todo o seu bem planejeado projeto político. Vamos a ver é se o João Figueiredo tem garra e é eficiente para vencer os mares tempestuosos daquela segunda fase, em que ingressaremos o ano que vem, e em que a meta consistirá em criarmos os instrumentos legais e as estruturas de voto necessárias a uma representatividade nacional melhor (perfeita, é impossivel; digamos, aceitavel, em termos de certos padrões mínimos, que a própria opiniao pública precisa estabelecer, dispondo da liberdade de se esprimir).

Estará a presente inteligivel?... Acho importante transmitir a você a sensaçao do que se passa, no momento, ressalvando que a teoria que tentei resumir acima nao é bolaçao minha, é de Juan Linz. Lembranças muito a Heitor, Leslie, Michele (como vai o livro das escadas?) e Michele (diga-lhe que comecei *Le Coup de Grâce* hoje de manhã), Chantal (a quem escrevi domingo passado carta lindíssima), a turma da *Balzar*. Recebi os volumes sobre Deus. Nao é preciso mais. Não pretendo virar teólogo. Quero apenas sustentar, com certa base, o ponto de vista de que êle explodiu faz tempo. Isso é parte do ensaio, inserido em *As Quatro Estações*, onde ponho em dúvida a racionalidade do homem enquanto animal integrado na coletividade. Deixei para um pouco mais tarde o Sacher-Masoch, pelo qual entretanto já passei os olhos, e que me parece essencial a algumas coisas que pretendo dizer em *As Filhas de Maria*, no ataque a determinados mitos da sexualidade. Vai-se assim, aos poucos, completanto o ciclo: desmascarada a hipocrisia da conjugalidade (*Outra terra, outro mar*), do encadeamento moral das gerações (*Estudos para a mão direita*), penso em outra obra (que antevejo ainda enevoada, difusa), sobre a inópia da realização subjetiva (chamar-se-á talvez *Era o amante, e sua amada*). Abraço carinhoso, saudades. Teu

Rio de Janeiro, 14 de setembro de 1986

Alécio querido:

As provas finais de "As Quatro Estações" acham-se em revisão, paginadas. Ficará um livro bonito, com capa extremanente simples, tipográfica, apenas uma espécie de mancha retangular verde pálido dando relevo as letras do nome do autor e do título. Sai em Outubro. Agora que o sevrei, comecei dois outros. Se posso, no escritório, cuidar de mais de um assunto, simultâneamente, por que não o faria, em casa, em termos de literatura? Assim, descanso reciprocamente de ambos: este me fatiga, passo para aquele; e vice-versa. Trata-se, em primeiro lugar da biografia, antes literária do que pessoal, porém com inúmeros aspectos da vida e da personalidade dele, do Rebelo. Chamar-se-á "Marques Rebelo e A Arte da Prosa". "Marques Rebelo" é a primeira parte, versando principalmente sua existência e a obra, a partir de "Oscarina" até "O simples Coronel Madureira". "A Arte da Prosa", de inspiração bachiana óbvia, trata, no essencial, de "O Espelho Partido", com os aspectos biográficos ao romamce inerentes ou dele nitidamente resultantes. Em segundo lugar, decidi produzir o "Elogio da Corrupção", confessadamente a contra-partida atual do "Elogio da Loucura", de Erasmo. Você sabe, melhor do que ninguém, o quanto sou erasmiano. De repente, dei por mim entendendo porque. Em rápida síntese, no alvorecer da Renascença viveu-se a transição do universo dogmático para o universo racional. Estava-se destruindo uns tantos mitos e a construção dos que o substituiriam não terminara. Era inevitavel o choque de concepções. Ao satirizar a oposição ao novo, que surgia, Erasmo o fez, magistralmente, sob a aparência de louvar precisamente o irracional. Hoje, fim do século XX, vivemos a transição de uma ética no essencial da classe média para a ética da sociedade tecnológica, em que tudo será diferente: as fortunas se fazem e desfazem em poucos anos, a paz depende de um equilíbrio de forças bélicas antagônica, a genética cria seres vivos quase artificiais, não cabemos mais no mundo terrestre, estilos e escolas duram l'espace d'un matin, o espaço se transmuda em tempo, por aí além. A tônica dissonante do processo, em que há indiscutivelmente harmonia global subjacente, é a corrupção, da cabeça de touro de Picasso (feita de um selim e um guidon de bicicleta) ao príncipe consorte da Holanda recebendo comissões excusas da Lockhedd. Resolvi entrar fundo no assunto. Estarei escrevendo um livro reacionário? Não creio. Creio que posso entender o que surge de bom como inovação mesmo inesperada (a máquina Xerox), sem precisar denegrir o que já houve (a Bíblia de Gutenberg). Veremos o que nasce dessas idéias, em minha cabeça bem nítidas, mas que não consigo, ainda, expor com a clareza desejada. Deduza, por si, do que disse acima - o resto! Telefonei há dias e deixei, no gravador, mensagem de aniversario para Patrícia. Espero que tenha chegado a teus ouvidos. Nunca sei quando minha voz soa direito ou não. Como vai Florêncio? As noticias dele que Maria Silvia trouxe foram entusiásticas. Não seria mau atualiza-las. Maria Paula faz dezesseis anos amanhã. Está uma mulher. Em Janeiro e Fevereiro irá a Alemanha, perto de Colonia, em um desses programas habituais de intercâmbio social e cultural: além de frequentar curso diário de alemão, bastante intenso, se hospedará em casa de uma família local, o que ajuda muito para o domínio da língua. Eu pretendia viajar, com Gilda, em Outubro, para percorrer a Normandia e depois estagiar em Paris. Tenho, entretanto, negócio de trabalho a finalizar que me obrigou a adiar as férias. Planejamos, substitutivamente, sair daqui a 26 de Dezembro, passar o Ano Bom e alguns dias de sossego em uma estação de esqui suiça, voltar pela Alemanha, fazendo uma rápida visitinha a Maria Paula, sejournando a seguir aí, contigo. Avisarei em tempo. Sexta-feira próxima, jantam conosco Beatrice Tanaka, Flavio Shiró, Gilda e

Ismael Cardim, José Maria, Elza, Gastão, Gonçalo Ivo e a mulher, e Kate Sherpenberg, uma pintora brasileira, de extração holandesa, estupenda, que começa a aparecer nos meios artísticos nacionais. Não sei como você anda de disponibilidades financeiras, e se poderia me procurar alguns livros: "Le Vieux Gringo", de Carlos Fuentes, Gallimard, romamce sobre a morte de Ambrose Bierce, traduzido, mas que prefiro, francamente, em francês; "Oeuvres Complètes", de Villiers de l'Isle Adam, Pleiade, que nunca li e me deu curiosidade de conhecer; e "L'Un et l'Autre", da Elisabeth Badinter, editions Odile Jacob, de quem tracei "L'Amour en Plus", e gostei. Ah, acabo de adquirir, via Nova York, em inglês, "The Brothers Duchamp", de Pierre Cabanne, excelente. Se Ismael Cardim souber que ando lendo, no idioma de Shakespeare, textos originais do idioma de Racine, terá um ataque de cólera santa. A mim, entretanto, pouco me importam esses purismos linguisticos. Acontece é que José Maria anda querendo essa obra e só entende francês. Será que se consegue? Por via das dúvidas, vou providenciar a remessa de uns cobres para você, o mês que vem, de modo a não sobrecarrega-lo com meus pedidos. Mais um, aliás: assinei, desde o começo, a revista "FMR", do Franco Maria Ricci, de que recebi treze números. Depois, nada. Terá acabado? Você pode verifica-lo para mim? Quando é que sai "Enfances"? Como vai o piano? O Eduardo, filho de Gilda, passou seis meses em Boston, de onde trouxe para mim três discos de um pianista americano, Keith Jarrett, compositor, que me deixou perplexo. Gostaria que você tentasse ouvi-lo. Escutei-o duas vezes: a principio, acheio ótimo; depois, pareceu-me um pouco mistificador, misturando reminiscências de tudo e de todos, de Scriabin a Eric Stie. Meu conhecimento musical, porém, não chega, para defini-lo, para distinguir entre o sério e o agradavel nesse caso específico. A patota de cá, bem, sem exceção, Elza inclusive.

- "Le Thé au Harém d'Archi-Ahmed", Mehdi Xharef, Mercure de France (*)
- "La Pouce du Panda", Stephen Jay Gould, Grasset
- Mallarmé, "Oeuvres Complètes", ~~Flammarion~~ Pléiade
- "Souvenirs Indiscrets d'un Voleur d'Images", Alain David, Sycomore, (*)
- "Art et Figures d'Esprit", Balthasar Gracien, Seuil (*)
- "Un Temps pour Embrasser, aux Origines de la Morale Sexuelle Occidentale" (VI-XI siècles), Seuil (*) Flandrin
- "Marthe", cartas familiares de Marthe de Montbourg (1892-1902), Seuil
- "Jesus Christ Rastaquoère", Picabia épuisé
- "Le Dit de Genji" (sec. XI), Murasaki Shikibar, Jouffroy (*)
- "Romans terrifiants" (volume compreendendo "Le Chateau d'Otrante", de Horace Walpole, "L'Italien ou le Confessionel des Pénitents Noirs", de Ann Radcliffe, "Le Moine", de Matthew G. Lewis, "Les Elixirs du Diable" de E.T. Hoffmann, e "Melmoth", de Charles Mathurin), Laffont, Collection Bouquin,
- "Les Mystères du Chateau d'Udolphe", Ann Radcliffe, José Cort
- Alphonse Karr, "Sous les Tilleuls"
- "L'Amour en Plus", Elizabeth Badinter

(*) Selecionados a partir de resenhas e noticiários de revistas. Se, ao adquiri-los, te parecer que não prestam, não compre.

Obs. Já desisti de certo purismo, no sentido de só ler, dos idiomas que conheço, nos respectivos originais. Meu tempo remanescente de vida é curto demais para esses bizantinismos.

Alécio querido:

Já te escrevi sobre meu projeto do "Elogio da Corrupção", no qual, aliás, tenho trabalhado bastante, em parte escrevendo, em parte (por enquanto, a principal) recolhendo certos materiais, na fase atual em que me encontro mitológicos, religiosos e de costumes antigos. Para esse efeito, peço que você veja se me consegue uma edição em francês ou inglês, já que não pesco patavina do hebraico, do "Talmud". Deste, só consegui até agora, sob o título "Le Talmud", uma "exposé synthetique du Talmud et de l'enseignement des Rabins sur l'éthique, la religion, les costumes et la jurisprudence", por A. Cohen (docente de Filosofia na Universidade de Londres, rabino da sinagoga de Birmimgham), traduzida por Jacques Marty, edição Payot. Dá para quebrar o galho, porque evidentemente as citações que contém são fidedignas. Mas como o estudo não se endereça ao objetivo que me proponho, posso estar perdendo, ao me utilizar somente dessa fonte, elementos valiosos. Além do que sempre é util, quando não indispensavel, ir às origens. De modo que eu apreciaria ver o próprio livro sagrado dos judeus, se você o encontrar.

Outro ponto, sobre o qual ainda não disponho senão de idéias vagas é o capítulo musical. Aqui, como estarei saindo de meus domínios usuais, a roca fia mais fino. A título de pesquisa (detesto a palavra, e a utilizo unicamente <u>faute de mieux</u>), queria que você pensasse no seguinte: a) os "Catulli Carmina" de Carl Orff, a par de sua mediocridade (o que não vem ao caso), são ou não são uma contrafação, parcial ou total, do "Gloria" de Poulenc? b) qual o concerto (25 ou 30) de Mozart que contém a frase inicial da Marselhesa, a frase dos acordes que acompanham o verso "Allons, enfants, de la patrie, le jour de gloire est arrivé"? Destaco que essas duas observações nascem de reminiscências radiofônicas e não podem, portanto, ser lançadas no papel sem prévia verificação, para ver se são corretas. Será que você localiza discos que contenham as peças ora indicadas? Outra volta no parafuso: Meu plantel feminino aguarda ansiosamente refills da agenda Hermès no tamanho da folha anexa, São cinco ao todo, por incrivel que pareça. Ensaiei compra-las o mês passado em Nova York, já estavam exgotadas. Tente adquiri-las, por favor. Isto pertence ao rol das imporantíssimas lembranças ingnificantes... Finalmente, como ando te pedindo um ror de encomendas, anexo cheque de mil dólares, para colaborar na despeza. Escreva. Dê notícias! Recebi fotos do Florêncio, excelentes; uma delas, já se acha devidamente entronizada em nossa sala de visitas, dentro de moldura antiguinha, gênero teu e meu. Deveremos passar uns dias em Paris nos meiados de Janeiro próximo. Hotel Bristol. Avisarei. O "Talmud" e os discos, se obtidos, você pode deixar para me entregar nessa oportunidade; os recheios (preciosos) das agendas (admiráveis), envie-os por favor, o quanto antes, via aérea. Beijos a Patrícia e ao menino. Abraço nosso - coletivo, e meu em particular - com saudade e carinho do seu do coração

Rio de Janeiro, 16 de Novembro de 1986

Rio de Janeiro, 7 de Junho de 1987
(expedida a 9)

Alécio querido:

Carta de saudade e de interesse. Já verá porque. Ontem trabalhei o dia inteiro, foi sábado, no segundo capitulo de meu livro sobre Rebelo. Intitulei-o "Mundo, mundo, vasto mundo" (o capítulo, não o livro, que se chama, creio que te disse em Paris, "Marques Rebelo e a Arte da Prosa"). Capítulo em que procuro delimitar o período de formação intelectual dele, que fica entre 1918 e 1930, e a seguir comenta-lo à luz do que então se passava no exterior e no Brasil. Foi uma época tempestuosa, o universo humano parecia que ia explodir, as turbulências ocorriam em todos os setores, e se atropelavam, o cosmos, aparentemente, regredia ao caos. Nesse contexto, Rebelo, com "Oscarina", nasce pronto e nasce clássico, em 1931. Daí o interesse fundamental do assunto, em si e relativamente à biografia literária rebeliana. Para abordá-lo andei catando e lendo os seus escritos primordiais, aproveitados ou não posteriormente, renegados ou não, andei relendo entrevistas que deu em várias oportunidades, depoimentos de terceiros, por ai além. Fui me deitar, custando enormemente a conciliar o sono, em estado de espírito deplorável. Por que você não estava aqui para conversarmos? Não te perdôo essa ausência, não me perdôo não ter previsto que deveria viajar em seguida para te ver, não perdôo às forças naturais que supostamente organizaram o planeta a distância interposta entre o Rio de Janeiro e Paris. Não telefono para não te passar a angústia, a vazio, a saudade! é isso, que tomaram conta de mim, e que ficariam depois pendentes, sem ter me feito bem transmiti-las e tendo provavelmente feito mal a você por have-los transmitido. Gilda foi hoje, piorando as coisas, para Nova York, onde ficará dez dias, tratando de compras destinadas à loja. Chove. A tarde é cinzenta, obumbrosa, decadente. Por feliz coincidência, viajo logo mais, no início da noite, para São Paulo, na rotina habitual, porém levando comigo uma gata fulva, de torso ondulante e astral montante, nem tão jovem quanto meus ardores mereceriam ou tão passada que deixe de me trazer momentos gozosos inefáveis, e que me ajudará a puxar a alma, do calcanhar, onde se encontra, bem mais para cima. Chegando à coxa, é bastante. Deu para Zeus partejar Baco. E eu? que ser egrégio no leito dela depositarei? alguém crepuscular ou auroreal? ou ninguém, simplesmente a projeção de meus sonhos e frustrações, o que é certamente a unica hipótese a considerar? Conheço-me. (Conheço-me?) Se isto é verdade, a verdade de que me conheço, ao entrarmos no avião sentir-me-ei outro homem, a alma subindo à cabeça, e então, é bom lembrar, Zeus partejou Palas. De modo que não se preocupe com esses desbafos. Quando você ler a presente, estarei em maré esfuziante, completamente recuperado. Acontece é que, agora, escrever tudo isso me alivia. Vamos aos temas relevantes. Quais as notícias de Patrícia e Florêncio? Do teu trabalho? De "Enfances"? Em preparo a segunda edição, ou até na rua? Direitos autorais recebidos? Pelo menos, demonstrados? Você precisa urgentemente ficar rico! Sacuda a inibição e me dê informações. É tão chato não saber direito do que se passa com você, em grandes linhas tanto quanto em pequenos detalhes! Almoço vez por outra com Cardim, a cada momento mais complicado, não obstante nos entendamos estupendamente. Apurei que tem pouco senso de humor. Como levei tanto tempo para descobri-lo? É que eu confundia a jovialidade que alusões sarcásticas ou engraçadas provocam com a pitada, o grão britânico de loucura joco-séria que lhe escapa. Foi a propósito, et pour cause, de espichada conversa fiada a respeito de Swift. Não me decepcionei, nem entristeci, ao verificá-lo. Apenas o constato. Só. E naturalmente me precaverei, para evitar, em terreno tão delicado, futuros desencontros possíveis. Chegaram, direitinho, "Le vieux gringo", as obras completas (Pleiade) de Villiers de l'Isle Adam, a Badinter ("L'un et l'autre") e, de Pierre Cabanne, "Les frères Duchamp", que passei direto ao José Maria. Carlos Fuentes andou por aqui. Deu declarações inteligentes à imprensa. Fui convidado, pelo Pedro Paulo Senna Madureira, a jantá-lo e conhece-lo. Recusei. Não aguento, a essa altura da vida, ficar tentando criar novas relações, principalmente quando sua perspectiva é, como as rosas de Malherbes, de durarem "l'espace d'un matin". Estou avançando, em paralelo com a obra sobre Rebelo, na elaboração do "Elogio da Corrupção". Acabei a abordagem das mitologias e religiões. Será que você me consegue algo de Cknfucio e Lao-Tse, em textos confiáveis, preferentemente deles e não tanto sobre eles, mas estes últimos servindo também? Creio que será importante não deixar de fora a cultura ancestral do Oriente, não te parece? Enquando espero, vou atacando, doravante, a História, através de três grandes exemplos de ação da corrupção aliada à burocracia: o fim do Império Austro-Húngaro, a queda do Império Romando e a impossibilidade total de o Brasil se tornar o país do presente, não unicamente o do futuro - que não chega nunca. Se você tiver a oportunidade, compare, serve através de reproduções, o "Menino conduzindo cavalo", de Picasso, com o "São Martinho e o mendigo", de El Greco, e depois me diga se houve ou não houve plágio. Por falar em pintura, ando atráz de algum texto bom, interpretativo, sério, não-turistico nem fosfórico, sobre Cezanne e sobre Masaccio. Veja se descola algo, para mim, a propósito. Na última vez que estivemos juntos, você me perguntou que livros estava me "devendo", e eu fiquei de consultar minhas anotações. Ainda me interessariam, pedidos ou não anteriormente: Alphonse Karr, "Sous les tilleuls" (se existir unicamente em obras coligidas ou completas, serve), Stephen Jay Gould, "La pouce du panda" (Grasset), e Strindberg ("Les salles gotiques" e "La chambre rouge", que se encadeiam com "Drapeaux noirs". Anexo cheque, por via das dúvidas. Há algo sobre minha assinatura da revista "FMR"? Desculpe tanto pedido, tanta apoquentação! Beijos a Patrícia, a Florêncio. Elza, Maria Paula, Maria Silvia - bem. Abraço carinhoso do seu do coração e de sempre

```
ZCZC TPI040 033 1456
XBB252 BRF604 RXD0844
FRXX CO BRSV 070
TLX RIODEJANEIRORJ 70/62 02 1146 PAGE 1/57/50


ALECIO ANDRADE
19 - RUE DES ROSIERS
45004PARIS
PA1



JANTAMOS SEXTA-FEIRA ULTIMA CHEZ ISMAEL.  PECO ENVIAR-ME
IMEDIATAMENTE VIA AEREA EXPRESSISSIMA DE PREFERENCIA
POR AVIAO SUPERSONICO
DRAPEAUX NOIRS DE STRINDBERG, EDICAO ACTES SUD, ENCONTRAVEL NA
EXCELENTE LIVRARIA LA HUNE.  ELE NAO TEM E NUNCA LEU O LIVRO.
PRETENDO IMPOR-LHE A SUPREMA HUMILHACAO


COLL 19 45004PARIS


RXD0844  PAGE 2/13/12


DE O RECEBER DE MINHAS
MAOS COMO CADEAU ALECIANTONINO.
ABRACO CARINHOSO
     BULHOES



NNNN
```

Rio de Janeiro, 30 de Junho de 1987

Alécio querido:

Chegaram "Les Drapeaux Noirs", "La Leçon de la Sainte-Victoire" (Peter Handke) e "Le Pouce du Panda" (Stephen Jay Gould). Não entendi o primeiro: mais um exemplar? Trouxe o meu de Paris; pedi outro, para humilharmos o Cardim, o que foi plenamente conseguido, e objeto de almoço na cidade em que êle teve que reconhecer nossa eventual, conquanto esmagadora, superioridade; agora, outro ainda? De qualquer maneira, não se perde. Salvo contra-indicação tua, dá-lo-ei a minha sobrinha, Ana Maria, que anda metida em altos estudos literários. Sempre é melhor do que Guimarães Rosa, que os professores volta e meia lhe impingem. Quanto ao segundo, que você remete espontâneamente, não sei o que é. Vou ler, proximamente. Talvez aliás o comece ainda hoje, no avião noturno para São Paulo. Escreverei depois. O terceiro já entrou na linha de montagem, em termos de estudo para verificação e possivel correção de enganos incorridos em "As Quatro Estações".

Recebi também o primeiro volume das "Oeuvres Complètes" de Blaise Centrars, linda edição Denoël, papel macio, gostoso de folhear (implico um pouquinho com o bíblia, da Gallimard). Respigando coisas, aqui e ali, não há dúvida: não li e já gostei. Remeta o resto, conforme é oferecido em tua dedicatória. Não conheço muita coisa dele. "L'Or", "Anthologie Nègre", "La Perle Fièvreuse". Emcanta-me. Mas "en ce temps-là j'étais en mon adolescence". Como reagirei hoje? Remeta o resto, urgente.

Beijos a Patrícia e Florêncio. Para Baltasar, por enquanto

inevitavelmente apenas nossa amorosa expectativa. Que a mãe tenha - era assim que se dizia antigamente, quando a linguagem coloquial era mais esmerada - uma boa hora. Abraço muito afetuoso, e saudoso, do seu

Rio de Janeiro, 6 de Julho de 1987

Alécio querido:

Escrevo algo às pressas apenas para acusar uma porção de livros que chegaram ao longo da semana que ontem findou. As livrarias de Paris mudam-se para o Rio de Janeiro?... Refiro-me a coisas novas, que recebi depois do que já explicitei em minha carta de 30 de Junho último. Trata-se de:

André Chastel, "L'art italien", Flammarion

Raymond Jean, "Cézanne, la vie, l'espace", Seuil

Cézanne, "Correspondance", Grasset

Élie Faure, "Histoire de l'art", Livre de Poche

Lawrence Grobel, "Conversations avec Truman Capote", Arcades (Gallimard)

Marc-Edouard Nabe, "L'âme de Billie Holliday", Denoël

"Du bon usage de la photographie" (antologia), Centre Nationale de la Photographie

Alberto Amaducci, "La Chapelle Brancacci et l'oeuvre de Masaccio", Saverio Becocci.

Li em ponte aérea, ida e volta a e de São Paulo, o Peter Handke, "La leçon de la Sainte-Victoire", que a princípio não sabia o que era. É bom, talvez algo literário demais para atuar como compreensão técnica da obra de Cézanne. Vou recorrê-lo de olho nas pintiras a que se refere, e depois provocar para debate a respeito o José Maria, que domina magistralmente o tema. Atacarei imediatamente o Grobel, o Nabe e a antologia sobre fotografia, que você enviou expontaneamente e que me recomenda em particular. Também chegaram os números 7 (Março/Abril 1987) e 8 (Maio/Junho 1987) de

FMR, que me deixaram algo perplexo porque, se não me engano, eu já tinha até o 12 ou 13, mas nada deste ano. Fiquei portanto meio confuso. Irei nos próximos dias ao apartamento-biblioteca que tenho em Botafogo (Oswaldo Cruz), onde guardo essas publicações, para conferir o que já possuo e o que provavelmente me falta, e logo em seguida escreverei. Fiquei, é claro, contentíssimo com tudo, mas não gaste demais com minhas encomendas, a menos que sua caixa pessoal folgue o suficiente. Não esqueça Confucio e Lao-tse. É, no momento, o que mais preciso, para poder prosseguir no "Elogio da corrupção". Da biografia do Rebelo, termino agora o capitulo segundo em que situo o periodo de informação intelectual dele (1918-1930) e dou uma panorâmica do que era o mundo, então, como idênticamente o Brasil.

Até breve, meu querido. Beijos a Patricia, Florêncio, e, por metaprojeção afetiva, Baltasar. Abraço muito carinhoso. Seu saudoso

PS - Telegrafei há dias pedindo três exemplares de obra que Maria Sílvia solicitou. É para cliente dela. Ela está abrindo uma livraria! - que também venderá graviras, desenhos, aquarelas (arte sobre papel)e discos. Desta feita, sòzinha, sem Analucia.

Rio de Janeiro, 3 de Agosto de 1987

Alécio querido:

Acabei ontem "Le Pouce du Panda". É bom. Confortou-me verificar que o darwinismo não estagnou e que sofre revisões construtivas que o impedem de dogmatizar-se e portanto decair. Já se admite, o que não é lá muito novo, mas eu não tinha consciência de que estivesse ocorrendo, que a evolução também pode ocorrer através de saltos. Confirmei, por outro lado, que devo ter sido o primeiro a destacar que à amplíssima aceitação da "Origem das Espécies" seguiu-se, décadas depois, fortíssima rejeição da "Descendência do Homem", sendo esta obra, porém, apenas a aplicação ao pseudo *homo sapiens* da anterior. Recebi "Lao Tseu et le taoisme", de Max Kaltenmark, "Confucius", de Etiemble, "Le Taoisme et les religions chinoises", de Henri Maspero, e "La Pensée Juive", de Abecassis. Creio que são subsídios mais do que suficientes. Vou meter-lhes o dente imediatamente. O "Elogio da Corrupção" anda meio parado, precisamente à espera de tais publicações. Em compensação terminei o segundo capítulo de "Marques Rebelo e A Arte da Prosa", sobre o período (de vida) da formação literária dele (1918 a 1930), do qual cortei, deixando-o para o terceiro, os comentários relativos ao que ia pelo mundo nessa época. O que, uma vez pronto, pretendo mandar a você para uma releitura crítica. Estou com um medo danado de soltar alguma bobagem a respeito, e gostaria que sofresse, o que estou escrevendo, severa análise prévia. Talvez o submeta a Cardim: o que acha da idéia? Êle é um bicho danado para saber coisas, e, se topasse a revisão de que preciso, eu ficaria tranquilo. Ainda não decidi nada a respeito. Me ajude a pensar. Quanto à revista "FMR" a situação é a seguinte: a) recebi regularmente, como assinante, do primeiro número até o 13, de 1985, texto em inglês;

b) você me mandou os ns. 7 e 8 de 1987, texto em francës. Eu preferiria ter os exemplares do 14 (inclusive) em diante, de 1985, até agora, em inglês, e voltar a assina-la regularmente, doravante. É possível? Ricardo, filho de Gilda, deve ir a Paris em fins de Setembro próximo. Gostaria que você o acompanhasse a duas visitas que reputo importantes: o Louvre e o d'Orsay. Visitas didáticas, em que você evitaria que êle se perdesse naquela multidão de quadros e o faria ver, instruindo-o um pouco, o realmente essencial. O rapaz estuda arquitetura, é bom <u>stuff</u>, quer aprender, mas não tem nenhuma base, nenhuma. Levará roteiro meu, que você revisaria e completaria, se necessário. Como só vai ficar ai uma semana, não adianta sobrecarrega-lo demais. Gilda e eu devemos pintar nos teus arraiais entre 15 e 20 de Outubro. Avisarei, claro. Depois, seguiremos para a Espanha, em férias, regressando diretamente de Madrid. Para quando é Baltasar? Telefonarei um dia destes, para ter a resposta, porque já sei que se aguardar que voce me escreva só tomarei conhecimento antecipado, talvez, da formatura do menino no curso universitário. Ciao, querido amigo. Bati esta às carreiras. Ando, para variar, cheio de trabalho. E com essa mania de escrever livros, não sobra tempo rigorosamente para nada. Rompi com a gata fulva a que me referi em carta anterior e que cheguei a levar a São Paulo em inesquecivel <u>week end</u>. Estava se sentindo apaixonada, e eu começava a detectar indícios de vir quem sabe a corresponder. Não posso permitir que isto me aconteça agora. Seria um desastre e uma asneira! O que não quer dizer que não tenha deixado cicatrizes. Doeu bastante. Sou bravo, sou forte, sou filho de D. Ernestina, valente tupi, por aí alem, aguentarei o tranco. E você, meu patriarca em potencial? Um beijo, a Patrícia, Florëncio, Baltasar..., um beijo carinhoso, de toda a galera e especialmente o abraço muito afetuoso do seu, de coração

Rio de Janeiro, 8 de Agosto de 1987

Alécio querido:

Estou chateadíssimo com o episódio do "Jornal do Brasil". Na tarde em que você me telefonou, se não me engano uma sexta feira, não localizando o José Antonio e como na segunda-feira seguinte eu me acharia em São Paulo, dirigi carta a êle, pedindo que esclarecesse o assunto. Depois disso, desencontros sucessivos devidos a viagens internas de nós ambos, distanciaram-me do tema. Voltei a reiterá-lo há dias e soube da versão do jornal, e de que o Marcos Sá Correia ficara encarregado de transmiti-la a você. Em síntese, as encomendas das fotografias foram feitas por Josué, por iniciativa pessoal, cabendo-lhe, ao ver do editor, a responsabilidade por toda essa confusão desagradavel. Não pude ir além disso, por enquanto. Deixei recado no teu gravador a respeito, avisando também da morte, por efeito de câncer, da Maria Julieta, filha de Drummond, de quem anexo entrevista algo melancólica, embora justa, que você talvez goste de ler. Venho de deparar, em livro documentário excelente, "The Indignant Eye", que se reporta à crítica social através de artes graficae e desenhos, do século XV a Picasso, uns crayons de Van Gogh ("Sorrow", "La Paysanne Creusant le Sol" e "The Potato Eaters") simplesmente notáveis. Gostando apenas moderadamente, ou quase não gostando, da pintura dele, esses trabalhos, da mais alta desnidade, me renderam. Sobre o último, diz o livro que Van Gogh escreveu ao irmão Theo: "Tentei enfatisar que tais pessoas, comendo batatas à luz do lampião, cavaram a terra com as próprias mãos que levam ao prato, o que fala de trabalho manual, e de como ganharam honestamente seu alimento." Honestamente e dramaticamente. Comoventes, os três. Creio que você pode me enviar a sequência do Abecassis, "La Pensée Juive", cujo primeiro volume já mandou. Não o li ainda, mas percorri com atenção os trechos fundamentais do livro para perceber que vale a pena ter o resto. Não creio que ainda venha a ser aproveitado no "Elogio da Corrupção". Será util, porém, a outro futuro projeto meu, se tiver fôlego de vida e talento literário para o desenvolver. Penso em algo, talvez uma peça de teatro, com o Cristo como pivot e instrumento de trama revolucionária de Pilatos e Herodes tentando solapar o poder de Cesar. A visão e a mentalidade religiosa judias me serão indispensáveis. Com o que já tenho lido e guardado, e o que ainda conseguirei, creio que disporei de elementos suficientes para o pano de fundo histórico e social que necessitarei. Voltando ao "Elogio da Corrupção", localizei em Confúcio, até agora, pelo menos um gancho para ligar a corrupção do pensamento filosófico e religioso à da linguagem, em clara antecipação de proposição enunciada por Octavio Paz, que passa por original dele, segundo a qual quando a linguagem se corrompe é sinal de que o resto vai por água abaixo. Pois o conceito, saiba-o Octavio Paz ou não, é confuciano! Fomos a semana passada, Gilda e eu, assistir à Orquestra Filarmônica de Nova York, regida por Zubin Mehta. Houve um Mozart melífluo e outro admiravel, um Villa Lobos bom, dois Ravel ótimos e Bruckner - aquela sinfonia enorme, que dura hora e meia, em que entra tudo que é possivel, em matéria de instrumentos musicais. Que chatice! Os melômanos deliravam. Achei o tipo da xaropada boba, em que a música não tem origem nem propósito, como que precisando justificar-se a si mesma. Só a você me atrevo a confessar tais heresias, esperando não estar incidindo em asneira muito grossa. Até breve, querido amigo. Ricardo, filho de Gilda, deve aparecer em Paris por volta de 10 a 12 de Setembro, como te disse em minha última carta. Nós chegaremos provavelmente a 16 de Outubro depois do almoço. Beijos: Patrícia, Florência, o potencial Baltasar. E o abraço muito carinhoso do seu saudoso

ANTONIO FERNANDO DE BULHÕES CARVALHO
Advogado
M. Alecio de Andrade
11 Rue de la Harpe
Paris, Vème
France
Via aerea
VIA AÉREA
PAR AVION
BRASIL
CORREIO
30
BRASIL CORREIO
1,30
BRASIL
CORREIO
2,00

Rio de Janeiro, 7 de Outubro de 1987

Alécio querido:

Estou muito chateado, mas precisei adiar a viagem a Paris, do próximo dia 15, em função de dois problemas: a) meu sócio, José Luiz, se encontra no momento em Cleveland, USA, cuidando das coronárias; achou-as irrazoavelmente entupidas; teve de fazer tratamento corretivo, que consiste em introduzir um cateter pela artéria, na extremidade do qual há um balão que é inflado e esmaga o(s) coágulo(s) - e eu não sei em que estado de espírito ou disposição para o trabalho voltará, só sei que lhe fará bem encontrar-me aqui, a postos; b) pintou no escritório determinada negociação, que nos interessa enormemente, a ambos, e que deverei conduzir pessoalmente, na dependência do ânimo dele, ao regressar. Pretendo, agora, ao mudar os planos, preparar-me para passar aí, com vocês, o 31 de Dezembro, chegando em torno de 28 e partindo, provavelmente para Nova York, a 3 ou 4 de Janeiro. Vou amadurecer o projeto. Escreverei em seguida. Venho de ler "Nausée de Céline", de Jean-Pierre Richard, que você me mandou em Julho de 1983 (!) e em que não tivera oportunidade de pegar, veja como o tempo galopa. É extremamente interessante. Creio que principio, lentamente, a entender o dificil, espinhoso, agressivo, convulsivo universo celiniano: diarréia, calor, lachage excrementiel, odores infames, a osmose da permeabilidade vil, anti-semitismo, sem falar na náusea do titulo do livro, no vômito, o ato de escrever como la si maternelle continuité du grand boyau cosmique. Começo, comecei hoje, "Le Temps, ce grand sculpteur", da Yourcenar, que de você ganhei em Janeiro de 1984. Quando acabar, direi. Vou avançado no quarto capítulo do Rebelo: "No contexto, os textos" - chama-se. Dou o panorama do Brasil histórico, político e cultural de

1918 a 1938, analiso "Oscarina" (que é de 1931) e comento as críticas que o volume produziu, no lançamento. Ao terminá-lo, enviarei, para tua repasse, o que até aqui me saiu da cabeça e da máquina. E enquanto descansarei um pouquinho dessa biografia, retomarei o "Elogio da loucura", que ficou parado no princípio da abordagem da filosofia chinesa, e a que necessito dar seguimento. Comprei casa em Santa Teresa, perto da que lá tive e que você tão bem conheceu. É maior do que aquela, embora em terreno menor. Menos imponente. Mais funcional e completa. Parece haver sido projetada sob medida para a atual família que me cabe modestamente chefiar. Tem de um tudo, como se diz na Bahia. Biblioteca, ateliê para Gilda, salão de jogos que os meninos e Maria Paula curtirão, piscina, por aí além. Terei que dar um jeito de embutir-lhe uma garage, o que já verifiquei ser possivel. Recebo as chaves em Janeiro do ano que vem. Conto que nos mudemos antes de Junho. Já notei, é claro, que a hipótese de você me responder um dia é bastante remota. Não faz mal. Continuarei a te epistolar sempre que me der na telha. Se perco, irremediavelmente, o prazer de tuas cartas, nem por isso devo agrava-lo, privando-me do prazer de endereçar as minhas a você. Por isso, não pergunto nada. Registro apenas meus votos de que não te falte trabalho, de que a infecção de Patrícia ceda, de que Florêncio continui ovante em marcha luminosa para o porvir, que Baltasar lhe siga os passos, rente, acrescentando que, em colóquio emocionado com meu próprio umbigo, decidi adota-lo como afilhado (além de neto), queira você ou não. Afilhado espiritual, simbólico ou efetivo, não importa. O coração vem em primeiro lugar, a liturgia em segundo. Elza, estupenda. Radiantes, ambos, com as notícias tuas pianísticas. Nunca é tarde para começar, sabia? Ou, no caso, para continuar, ou recomeçar, ou – que importa o verbo – simplesmente seguir em frente. Mas isso é tema para conversa pessoal, bem sei, que logo, logo, manteremos. Ganhei dois video-não-sei-o-que, éssas fitas gravadas que passam na televisão, do Horowitz, em casa dele e na visita que fez recentemente a Moscou, onde atacou um repertório meio (ou todo) convencional, mas com que categoria! De Gilda e de todos nós, beijos carinhosos a Patrícia e aos meninos, e a você o abraço saudoso e afetuoso do seu do coração

PS – Será viável conseguir o *Libération* a que se refere o recorte anexo?

O GLOBO

• O MUNDO

Terça-feira, 6 de outubro de 1987

Goya seria o autor de obras de outros grandes mestres

PARIS — Várias obras de grandes mestres mundiais, como "A Vênus ao espelho", de Velázquez, que está na National Gallery, de Londres, ou "Virgem sobre a rocha", de Leonardo da Vinci, que faz parte do acervo do Louvre, seriam na verdade criações de Goya, como assegura o pesquisador canadense Rolph Medgessy em artigo publicado ontem no jornal "Libération".

Medgessy, que localizou minúsculas assinaturas do pintor espanhol em diferentes pontos dessas obras, encaminhou o resultado de suas pesquisas ao especialista francês em Goya, Didier Pouech, o qual confirmou sua tese. Esta diz que durante sua estada na Itália, de 1771 a 1776, Goya pintou inúmeras obras ao estilo dos grandes mestres, assinou-as por eles, mas para não passar por falsificador marcou tais trabalhos com sua própria e bem conhecida assinatura. E durante esse tempo houve uma sensível diminuição de sua própria produção.

Outras telas que tiveram tal origem seriam "O homem do elmo de ouro", de Rembrandt, e "As três Graças", de Rafael, baseada em um motivo de Pompéia, que Rafael não conheceu.

Goya: usando nomes alheios

O pesquisador canadense diz ter encontrado as assinaturas em cerca de 30 óleos e gravuras dos pintores citados e também de Rubens, Andrea del Sarto e Corona. Assinaturas ampliadas de Goya, constantes de obras de Rembrandt expostas no Museu Britânico, de Leonardo da Vinci, em Florença, e de Rafael na National Gallery, de Washington, foram reproduzidas pelo "Libération".

Re. 5.12.87

Paris / XI · 987
19, Rue des Rosiers 4ème

Meu querido Bulhões,

Acabo de receber o manuscrito sôbre o Rebelo. Após a leitura imediata do 1º capítulo, parou-me o espírito deslumbrado, e em estado de graça deixei o corpo agatizar-se na poltrona tosca, o pensamento em forma de gôndola ou puro aeroplano, ficou limpando espaços, entorpecido momentâneamente por águas de outras terras, de outros sonhos. Como assim pode ser, quem ama — e tudo é muito claro — escrever sôbre o ser amado. Que profunda e irrevogável beleza, que momento de plenitude é êste que só o amor na sua transparência inicial nos confere, legando-nos o Real: a verdade naquele seu momento de inadvertência, submissa anunciando a vocação do outro. Que exemplo é este — de onde vem e para onde vai — que gratificado pela própria gênese dá o grito de vida e morte, e posiciona o homem _lá_, naquele _onde_ de onde nunca devera ter _trans_mutado, na sua verticalidade original, terra sonho e sol e oceano materno. Que exemplo é êste exemplo, meu querido Bulhões, de tão intransigente beleza! — Louvado seja! em que se casam amor ternura e esperança, e a talentosa espada que propulsa o verdejante cavalgar do ser eleito, conciliador de verdades, à inequívoca hypérbole deitada pela própria voz em pensamento, ou pela simples respiração — força da verdade e do destino!

Após a leitura do texto, um grande silêncio. Enquanto a noite escurecia, fui guardando dentro de mim a lágrima retida, o horizonte entumecido e o meu rebanho de sonhos sem porvir. E na poltrona clemente e tosca, adormeci.

um carinho eterno meu na eterna Elza

teu do coração

Alécio,

P.S. Tomo I (segue carta outra amanhã.)

Rio de Janeiro, 7 de Dezembro de 1987

Alécio querido:

Creio que posso imaginar como você se sente, com a perda de James Baldwin. Embora esperado o desfecho final, em face do mal de que padecia, a indesejada das gentes sempre o é, nunca se aceita: é por definição inoportuna, é feia, é a inimiga. Se eu, que não cheguei a conhecê-lo, a não ser por tuas referências, fiquei triste!... Pensei em te telegrafar: achei que não seria eloquente, ou seria meloso. Pensei em te telefonar: achei que ia te comover demais. Optei por escrever: acho que agora não sei direito o que dizer. Deduza. Tua carta sobre o primeiro capítulo de "Marques Rebelo ou a Arte da prosa" chegou ontem. Paguei um vexame, ao lê-la, porque não me contive e chorei como um bezerro desmamado. Estava em casa, Gilda entrando da rua, quando a recebi, entre papéis que vieram do escritório. Homem não chora?... Fica conbinado assim, como dizia o tio Milton. Realmente o que você diz, e como o diz, me tocou muito de perto, muito. Emoções à parte, preciso saber se o resto saiu direito. Meu medo é cair em alguma bobagem, naquelas considerações sobre o meio ambiente, universal e brasileiro, histórico, político e cultural, de 1918 a 1930. Como, aí, me refiro a assuntos que não domino bem, música e pintura, preciso, mesmo, do crivo de leitores tipo você. Cardim já me sugeriu alterações extremamente úteis: mudar a denominação do segundo capítulo, para "Tempo de plantar, tempo de colher", e enxugá-lo um pouco, despojando-o de gorduras que atropelam o texto principal; cortar certos cacoetes jurídicos, a exemplo de "sob a égide de" e "<u>erga omnes</u>"; acrescentar à prova negativa da qualidade rebeliana, não convulsivo em tempos de convulsão, a prova positiva das afirmações do que foi, enquanto clássico, em termos literários. Luiz Paulo Horta me diz que o livro é "sinfônico", e o faz elogiosamente.

José Maria propõe coisas novas, para trechos que ainda não escrevi, a partir do que observou no já produzido. Falta você. Se não se pronunciar antes, conversaremos em pessoa. Trabalho, neste momento, na transformação que se operou em Rebelo, pela incorporação personalissima do pseudônimo, e simultâneo arquivamento definitivo do nome civil. Creio que esse momento da obra ficará bom, modéstia de lado. Pretendemos, Gilda e eu, chegar a Paris no dia 27 do corrente, saindo para Nova York a 3 de Janeiro. O que faremos no 31? Para nós, nada de especial é requerido: só a companhia de Patrícia e de você. Uma ou duas garrafas de vinho ou de champanhe, que providenciarei, patê, queijo, pão francês, <u>ça suffit</u>, <u>ça c'est tout</u>. Queremos estar juntos, nada mais. Não fazemos nenhuma questao de lugares públicos, abrimos mão prazerosamente de festanças, bailes, o que for. Pode ser Rue de la Boissonade ou Bristol. Combinarmos in loco os detalhes. Maria Paula estará presente. Virá de Nice, a 28 de tarde. Retifico informação errônea anterior, que te dei. Octavio Paz cita Confúcio, a propósito de deterioração da linguagem e da sociedade. Levarei cópia do princípio de "Elogio da corrupção", para que você também o leia. Plínio Doyle me emprestou a correspondência de Rebelo ao Chico Peixoto, que este, antes de falecer, deu ao arquivo da Casa de Rui Barbosa. Do ponto de vista informação, é valiosa; do ponto de vista saudade, arraza-me. Li-a hoje, a maior parte do dia. Deverei recorre-la paciente, completa, exaustivamente, selecionando o que tem de util para a biografia. Não vai ser facil! Cada linha é uma dor aguda, cada frase uma recordação a sufocar. Disse acima que estava em casa quando tua carta veio. É que passei a semana de molho, com uma infecção de garganta, chatíssima, fruto de velhice, enfraquecimento, abuso. Durante vinte e dois dias, não houve um único em que eu não houvesse voado! – entre Rio de Janeiro,

São Paulo, Paraná (Piraí do Sul, Ponta Grossa, Jaguariaíva), Brasília, Washington DC e Nova York. Não foi mole. Amanahã estarei novo. Retomo São Paulo, como de rotina semanal. Aproveitei para me deliciar com "Du bon usage de la photographie", que você me enviou em Maio deste ano, e que é ótimo. A propósito, o Museu de Arte Moderno comprou uma coleção de fotografias brasileiras antigas, graças a doação de empresa privada, a White Martins, simplesmente de cair o queixo. Tambem digeri "Laurence Sterne and the origins of the musical novel", de William Freedman, americano, professor da Universidade de Haifa(!), que mandei vir dos Estados Unidos, e que é simplesmente notavel. Notavel, e acabrunhante, pois, ao terminar o volume, foi impossivel deixar de pensar, com melancolia, que não há críticos nem ensaistas, no Brasil de hoje, capazes de algo à altura. E que "As quatro estações" nunca será pareillement estudado... - embora pudesse perfeitamente constar dessa esplendida análise, lado a lado com os romances a que o autor de reporta: "Tristram Shandy", claro, principalmente, além de, en passant, Proust, Counterpoint, Mann, Joyce e Gide. Se tiver tempo, hei de ainda escrever algo nessa linha, a respeito de Machado de Assis. Se você encontrar o volume não deixe de o comprar e ler. A edição é da University of Georgia Press, Athens, USA. Ate breve, querido. Beijos: Patrícia, Florêncio, Baltasar. Abraço muito carinhoso do seu do coração

PS Levarei pessoalmente notícias de Elza, José Maria, Maria Lídia, et al.

Rio de Janeiro, 20 de Dezembro de 1987

Alécio querido:

Esta carta vai chegar aí depois de mim. Não resisto, porém, à necessidade de escrever sobre o falecimento da Yourcenar, a que não ganhou o Prêmio Nobel, não obstante concedido, entre outros igualmente medíocres, a uma nulidade literária como Elias Canetti. Senti sua perda como se a tivesse conhecido e fôssemos grandes amigos. Creio que, desde a leitura de "As memórias de Adriano", que conheci graças a você, fiquei achando inconscientemente que um dia nos encontraríamos e nos tornaríamos excelentes camaradas. Mais uma que se vai. Felizmente, com ela posso prosseguir meu diálogo mental, na medida em que produzo, em que a leio, em que medito. Zaluar também morreu. De desastre de automovel. Era um ano mais velho, em relação a mim, era de 1924. Bom companheiro, estupendo pintor, com belissimos trabalhos no campo da abstração geométrica. Tenho várias telas dele, das quais pelo menos uma é obra prima. Não sei se você o conheceu. Mais um que se vai.
O Suplemento Literario do "Jornal do Brasil" de ontem comenta a crise de racionalidade que o mundo atravessa, em extensa matéria, de página dupla, na qual não há nenhuma referência a "As quatro estações", no entanto o primeiro livro que, modernamente, entre nós, abordou o assunto, versado logo em seguida por vários outros. Andei lendo a correspondência de Rebelo ao Peixoto, que este preservou e doou ao Arquivo Literário da Casa de Rui Barbosa. Fiquei tristíssimo, do que custo a me recuperar. Até breve, amigo. Carinhosamente, o seu

PS – Veja a indigência intelectual nacional na matéria anexa, do "O Estado de S. Paulo", sobre Marguerite Yourcenar. Tratá-la de modo menor, jornal, editado na terceira ou quarta cidade do mundo!

Rio de Janeiro, 24 de Janeiro de 1988

Alecio querido:

De volta ao batente, desde 18. Chegamos a 17. Pegamos em Nova York frio intenso, embora com sol e sem vento. Variou, nos oito dias que lá passamos, de menos dez a menos vinte e cinco centígrados. Não foi mole. O corpo da Leica M6 de que voce me falou custa, em loja da Rua 46, US $ 1,975.00; a lente pesquisada ("viseur à miroir 28 mm"), US $ 1,034.00. Compro? Avise. Guardo, por enquanto, o catálogo. Assistimos a espetáculo da New York Philarmonic, regida por Zubin Mehta, com André Watts ao piano (um Yamaha!). Medíocre. Lembrei-me de você, muito, porque o primeiro número foi Liszt ("Concerto n. 1 para piano e orquestra em si maior"), que certamente não é o teu Liszt. Muito menos o meu, claro. (Ainda não ouvi os compact disc que trouxe, por tua recomendação, porque falta instalar o aparelho.) Seguiu-se Beethoven ("Concerto n. 2, op. 19"), melhor, bem melhor. Não falo da execuçao, apenasmente sofrivel. Depois veio o dó de peito: Rachmaninoff ("Concerto n. 2, op.18"), aquele do tipo lasca teclado, que virou canção americana nos anos 40, "Blue moon and empty arms", lembra-se? que aliás é melhor assim. Blefe completo, caça-niqueis, para uma platéia basbaque, que pagou caríssimo (nós inclusive) e aplaudiu freneticamente (nós, não). Não sei o que você pensa desse André Watts. Eu nao o conhecia. Achei-o bobo, embora a agilidade digital. Na véspera, assistimos ao musical "Les Miserables". É lindo, Alécio! Solução cenográfica estupenda; músicas (letras e melodias) muito boas; direção notavel. Valeu a pena. Deixou-me, como ficcionista, entupido. Sera importante escrever um romance supostamente memoravel, ou ser capaz de escrever um romance que meio século após está tão vivo? Voltei ao Metropolitan, o museu, com Gilda, e, ao longo de várias horas, lentamente, pacientemente, calmamente, apaziguadamente, meditadamente, recorri os pre-impressionistas e impressionistas da coleção Meyer, como há muito não fazia. De repente, descobri que Manet é uma brincadeira, é uma ilusao dos sentidos, ou algo que apreciamos por vício de formação cultural distorcida. Dou exemplo. No "Cantor espanhol" (reprodução anexa), êle evidentemente procura o flagrante, no sentido fotográfico do vocábulo. Basta ver a boca aberta o pé direito suspenso, a posição das mãos no violão, a expressão do olhar do guitarrista. Só que não consegue! Compare-se isso com a mão que salta da tela, no Leonardo da National Gallery, em Londres, e deduza-se o resto. Por um lado, fiquei triste. Perder uma admiração antiga, é como descobrir a traição da mulher amada. Dói. Por outro lado, senti alívio. Livrei-me de um mito, mais um mito. Saí de lá de alma leve. Não deixe de me mandar a Maria Nimier! Em livro, claro. Gilda vai procurar, amanha, a foto de Florêncio em vermelho, que você pediu. Por incrivel que pareça, não houve tempo ainda. Esta roda gigante dentro da qual nos movimentamos com aparente liberdade é uma cadeia diabólica. Mal arribamos, já fui duas vezes a São Paulo, onde regressarei terça-feira próxima. Hoje jantaremos com Elza, que completa 70 anos, gloriosos, mansos, sobretudo acalentadores de tantas amizades e dedicações. Não consegui retomar, por enquanto, a biografia de Rebelo. Só me sobrou tempo, é terrível, para uma página da corrupção, em que faço Thomas More interpelar o professor. A qualquer momento telefonarei, para saber se você já leu o texto que deixei contigo e o que pensa. Por falar nisso, veja se me consegue edição recente do "Popol Vuh", livro sagrado dos aztecas, Le Castor Austral, 52 Rue des Grilles, Pantin 93.500. Cito-o de passagem. Li-o há quase trinta nos. Perdi meu exemplar nas inúmeras mudanças de casa, de vida e de mulher pelas quais passei. Seria bom reve-lo, em vez de o referir tão somente de memoria. Mandei-te,

3.

de Nova York, cinco mil dólares: quatro para o livro do mulherio, mil para minhas encomendas. Espero que tenham chegado. O que é a "Bibliothèque Oulipienne" da editora Ramsay? Ciao, querido. Tenho pressa, hoje. Beijo a Patrícia, XXXXXX Florêncio, Baltasar. E a ti o abraço saudoso, a carinhosa amizade do

PS – Os livros que vieram por via aérea (os teus, o catálogo "Modernidade" e o "Criticón") chegaram. Já os encontrei, me esperando.

Rio de Janeiro, 28 de Fevereiro de 1988

Alécio querido:

Os dois telefonemas que trocamos a respeito do "Elogio da corrupção" me desnortearam. Desde o início, tentei fugir ao monólogo porque o "Elogio da loucura", meu modelo confesso, é assim vasado. Érasmo valeu-se de discurso, pronunciado pela Loucura, sobre si mesma. Auto-elogio, portanto. Além disso, eu queria marcar bem o sentido de sátira de meu texto, e me pareceu que a forma quase teatral facilitava as coisas, nessa direção, comportanto intervenções de outros personagens, gozações intermediárias, marcações de gestos e inflexões, por aí além. Vem você, agora, e me desmonta do cavalo, com duas afirmativas fundamentais: o ensaio é, nas suas palavras, sólido, granítico, o que não deve ser perturbado por nenhum fator externo; a sequência dialogal o enfraquece (o vulgariza?...), em vez de o valorizar, desviando o leitor da crítica essencial. Se bem te entendi, é isso. Acontece que você tem carradas de razão nas observações que me transmitiu - e eu caí do cavalo. É claro que, se me inspiro reconhecidamente em Erasmo, não há porque me preocupar em utilizar, ou não, forma idêntica à que ele adotou. Preciso é escolher a mais adequada ao que pretendo. Por que não simplesmente o pronunciamento corrido, direto, eu de meu lado o leitor do lado que lhe cabe? Posso evidentemente me dirigir a quem pegar o livro na primeira pessoa do singular, e ponto final. Semelhante direitêza de endereçamento é - talvez - o ideal, sem chegar a copiar o "Elogio da loucura" e sem também me afastar demais do mesmo, como se o tomasse por paradigma, mas simultaneamente me envergonhasse, e buscasse disfarça-lo. Nesse pronunciamento corrido, entretanto, conseguirei preservar ao menos o humor com que o tema deve ser tratado? Não estou, afinal de contas, tentando um ensaio alemão, daqueles que descem às profundezas do inferno do conhecimento, e não deixam nada para ninguém mais sequer pensar, depois de lê-lo. Busco algo meio russelliano, até certo ponto leve, sem prejuizo da densidade que nasce da abordagem contemporânea do assunto, e que este reclama. O que não pode ser confundido, reconheço, com brincadeira, em banalidades, no que - talvez - o trabalho venha a desembocar, se prevalecer o tratamento que venho lhe dando. Talvez, talvez... Perco-me em cogitações! Hei de achar a saida, não duvido. No interregno, leio, redijo, adianto. Não quero é deter-me, ante a perplexidade formal. Voltarei ao tema. Lembra-se do que te disse, em minha creio que última carta, sobre Manet e o tocador de violão em flgrante de execução? Pois veja se encontra uma reprodução do "Le bouffon au luth" de Franz Hals, e compare! Quaisquer divergências de pontos de vista, se as houver, desparecem imediatamente à simples contemplação dos dois quadros. Anexo a nota do "Time" sobre Jorge Amado. É uma descalçadeira federal. E um artiguinho ótimo, que saiu em "The Spectator", sobre Carl Philipp Emannuel Bach, ótimo. Tenho ainda muita coisa a abordar, mas a preguiça me derruba. É domingo, faz sol, ouço Haydn por Serkin, a máquina me cansa, vou parar. Beijos a Florêncio, Baltasar, Patrícia. E o abraço muito carinhoso do seu

PS - Gilda e eu havíamos guardado a noite de 4 de Fevereiro para Noemi, e assumido compromisso para 6. No dia 5, Naruna telefonou, dizendo que a comemoração seria precisamente a 6. Não pudemos ir. Fiquei triste. Mas não tivemos culpa na ausência.

boiled the lovable lagomorph.

What is interesting is the way the audience's sympathies are manipulated. Alex is a siren, then she is sick and mad and dangerous; she has no human feelings that we need take into account, and when Glenn Close manifests them, with a haunted and poignant face, she is acting against the drift of the direction. But when — at an early date — Dan sets the law on the troublesome harpy, and when he suggests she abort her child, and when he half-strangles her, we must somehow sympathise with him. It is the casting that sets this up. A policemen tells Dan that he has made his bed, and must lie in it; but how should a hamster know?

The film's climax is bloody and, like the rest, derivative. The style is glossy and banal, with the air of an advertisement for some product which is never named; but we know what it is. The final sequence finds Dan and Beth safe in each other's arms, and the golden lighting gone up a notch; we are left with a family snapshot, basted in marmalade. The audience, who had tittered and shrieked throughout in a manner which would gratify the film-makers, were unconvinced by this ending. They saw that Dan had got away with it. But 'do you know,' said one young girl on the way out, 'I don't think their relationship would ever be the same again.'

Music

Quiet genius

Peter Phillips

The anniversarians of 1988 are not going to give festival planners much help this coming summer, unless endless performances of *Carmen* are their idea of fun (Bizet was born in 1838). But among the names of those we might remember this year is one genius: C.P.E. Bach (1714-1788).

Carl Philipp Emanuel Bach never set the musical world alight, but then neither did his father, Johann Sebastian. In fact C.P.E. was the most successful, in worldly terms, of the entire Bach clan. He is not much of a gift to concert-givers today because of an unusual decision to write his most heartfelt music for an instrument which is almost inaudible: the clavichord. The intimate sound of this keyboard instrument carries about five feet from its strings, which was acceptable enough in the days when performances were never given to more than a few friends gathered round, but is impossible in the modern concert hall. It is also a difficult instrument to record, since the microphone has to be placed inside the frame where it will pick up as much noise from the action of the keys as from the vibrating of the strings. The most popular modern use of the clavichord is by music students who wish to practise their scales without driving their neighbours bananas. Indeed if excessive piano-playing is a problem in your locality you may be pleased to know of the existence of the clavichord.

However, C.P.E. chose this instrument for a good reason: he wanted to express the most gentle emotions of mankind; those that are so ill-formed, so slightly perceived, so fleeting that one has only a vague apprehension of them. Goethe, who was a friend of Bach's and who also in his youth

wanted to describe in words this kind of feeling, referred to their attempts as being in a 'sentimental style' (*empfindsamer Stil*). In modern speech this title makes one feel rather uncomfortable, but the word 'sentimental' has significantly changed its meaning since the 18th century: Bach's clavichord fantasias are never cloying, and they do explore a world of emotion which is not commonly touched upon.

The next period in European thought — that of the early romantics — shows a kind of opposite to 'sentimentality', in which large-scale emotional states needed to be expressed extravagantly. For these composers the grand piano was an ideal medium, and from this comparison one has an idea of how much is lost when C.P.E.'s keyboard music is played even on a forte-piano of his own time. The harpsichord, with its brilliant mechanical tone, is even less suitable. There is no easy answer to this problem, and it is a pity that there are no thoroughly satisfactory recordings of this repertory to recommend. The only possibility is to find an enthusiast who will invite you to his house.

C.P.E. Bach is mostly remembered now for his flute music, for his *Magnificat* and for writing the most important treatise to come from the whole of the 18th century: the *Essay on the True Art of Playing Keyboard Instruments*. He would have regretted our emphasis on his flute music, since he had a wretched time composing it. It was written for King Frederick the Great of Prussia to play, tolerably well, at his thrice-weekly soirées. Bach was employed in Berlin for nearly 30 years, in all of which time his genius was never properly recognised, and he remained inferior in rank to Quantz, Graun and Benda, with no hope of advancement. As a young man he seems to have found the very active musical life in Berlin stimulating, but it soon wore thin. He was reluctant to end up like Quantz, as the author of 300 flute concertos and little else, or, like Benda, as the keyboard player whose proudest boast was that he had accompanied the King 'at least ten thousand times'. In 1768 he finally and with great difficulty secured his release from Frederick, which enabled him to move to Hamburg.

It was in Hamburg that Bach came to grips with the difficulties posed by writing church music at a time when the tradition was in sharp decline in the Lutheran world. The challenge was made all the more piquant for him by the fact that he, alone in the whole of Europe at that time, had some realisation of what his father had really achieved. Yet he did not want to resurrect an old style, especially not the old reliance on counterpoint, despite knowing that it would bring dignity and substance to an art which had become superficial. If the celebrations of this anniversary achieve anything, I hope that they will lead to the performance of some of C.P.E.'s sacred music, since he found an intriguing balance between the old and the new. The famous *Magnificat*, which was actually composed in 1749 in Berlin, gives us an idea of what he was capable in this repertory: some reference to his father's world (the fugue at the end), but also some entirely individual movements ('Fecit potentiam'), strengthened by his own melodic sense ('Esurientes'). In addition to this he wrote several oratorios (*Die Israeliten* has some extraordinary chromatic language), a large number of Passion settings (one of St Matthew was probably his last work), and similar numbers of cantatas.

C.P.E. had to produce so much church music by the terms of his employment in Hamburg that he resorted on occasion to borrowing from other composers. Many commentators have shaken a metaphorical finger at him for this. However, do we not in the end always forgive Handel for this little weakness, because he had the knack of turning what was in the first place tedious into something resplendent? C.P.E. was quite possibly capable of the same transformations. Now is the time to find out.

of nations that had previously mismanaged or squandered their resources. Kennedy does not subscribe to the "Great Man" theory of history. He acknowledges that his account of the Napoleonic wars tends "to downplay the more personal aspects of this story, such as Napoleon's own increasing lethargy and self-delusion." But the author insists that inspiring leaders or brilliant generals can at best cause momentary glitches in the relentless "dynamic of world power," which entails constant change both within and between nations. "Those are not developments," Kennedy warns, "which can be controlled by any one state, or individual."

The Rise and Fall of the Great Powers is sure to generate considerable discussion and debate among professional historians. Amateur spectators will probably concentrate on what the coming decades are supposed to hold. Americans, specifically, have noticed over the past few years that wide swatches of the rest of the world are turning from obedient clients into uppity competitors. Trade imbalance, budget deficits, falling currency, skyrocketing military expenses now conspire to trouble the American dream. There is a nagging fear that things are coming unglued, and Kennedy does little to allay it.

He argues that the combination of the U.S.'s declining rate of industrial growth and its extensive military commitments spells trouble: "Decision-makers in Washington must face the awkward and enduring fact that the sum total of the United States' global interests and obligations is nowadays far larger than the country's power to defend them all simultaneously." Even aside from this dilemma, American dominance is on the wane, not because the nation is growing poorer or weaker but because others are becoming richer and stronger. Kennedy expects both China and Japan to improve their shares of world power; if the European Community can submerge national disputes and agree on common goals, then it too will find its wealth and influence increasing. The Soviet Union possesses a vast military machine and a stagnant economy; uh-oh for the U.S.S.R.

America's comparative decline in the international pecking order will not imply a lapse of national drive or purpose: "It simply has not been given to any one society to remain *permanently* ahead of all the others." Furthermore, enlightened leadership should be able to detect changing realities and thus prevent a slide from turning into a crash: "The only serious threat to the real interests of the United States can come from a failure to adjust sensibly to the newer world order." Not everyone will welcome or accept Kennedy's bittersweet verdict that the U.S. may become healthier in the long run by accepting its diminishing status gracefully. But until it is convincingly refuted by other theorists or the years ahead, *The Rise and Fall of the Great Powers* stands as a fascinating response to ancient questions about the life-span of nations.

—***By Paul Gray***

Macho Days on the Cacao Frontier

SHOWDOWN *by Jorge Amado; Bantam; 422 pages; $18.95*

At the beginning of this Brazilian pageant, a colonel surprises his rivals in a violent encounter known thereafter as *tocaia grande*, the big ambush. It is an overriding metaphor, not only for events in Jorge Amado's novel but also for those outside it. There the ambushees are bookstores, critics and the public. The firepower comes from an arsenal of hype.

Bantam, Amado's new publisher, seems uncomfortably aware that its author is not a brand name. His 21 previous novels (among them *Gabriela, Clove and Cinnamon* and *Dona Flor and Her Two Husbands*) have been translated into 46 languages in 60 countries, but in North America he has never been able to break from the shadows of such Latin American celebrities as Gabriel García Márquez and Mario Vargas Llosa. Moreover, the portly *mestre* is 75 and unlikely to produce many more epics. The Amado boom has to be detonated now or not at all.

MARIO RUIZ

Amado in New York: an ambush by hype

Accordingly, Bantam, which paid the unusually high price of $250,000 for the English-language rights to *Showdown*, has engineered an elaborate promotional campaign. It commissioned the "big-book look": a dust jacket with an original painting, featuring the author's name in print nearly as big as the title. Last month Amado and his wife were flown to New York City for interviews, receptions, book signings. Now a national advertising campaign is under way, complete with a mailing of 8,000 postcards to bookstore owners. Inscribed on each one is an encomium from Vargas Llosa: "Not only is Jorge Amado one of the greatest writers alive, he's also one of the most entertaining."

The merchandise Bantam is pushing is a romantic evocation of Brazil's cacao region circa 1900, when it was a lawless frontier powerfully reminiscent of the American West. The land surrounding the settlement of Tocaia Grande, as it becomes known, is peopled with archetypes: gunslingers and half-breeds, fortune hunters and wanderers, gypsies and whores. They are placed under the authority of Captain Natário da Fonseca, a macho gunman with grand appetites for sex and violence. But then nearly everyone in the cast has a grand appetite for sex and violence. Surrounding Natário are men like Fadul Abdala, a gigantic Turk who talks to God in Arabic "since he wasn't sure that the Almighty knew Portuguese," and the black Castor, a former serf turned free spirit. Their loosely plotted exploits are augmented by a series of women identified principally by their breasts and buttocks. In the beginning, all is fornication, feasts and braggadocio. But the blessed time grows short, and soon the arena is visited by catastrophe. Flood and plague are followed by lurid murders; imperialism prevails, and the notion of honor is buried with the men who upheld it. In its ultimate tragedy, the city of Tocaia Grande is ambushed by history. "What happened afterward," says Amado with bitter irony, "progress, emancipation . . . the church, the bungalows, the villas, the vicar, the prosecutor, and the judge . . . isn't worth mentioning, holds no interest."

Throughout his picaresque, Amado displays an acute sense of place and a profound social conscience. These attributes have characterized his work since its beginnings in the early '30s, when the author, the son of a prosperous cacao plantation owner, broke from his family traditions and became a radical. But if his humane ideals are unchanged, so, alas, is his approach to fiction. Between the softcore interludes and the bloody skirmishes, men grunt portentous lines ("Anything can be done this side of death") and women entice them with dialogue right out of a Dolores Del Rio movie: "If I lose my head, what will become of me later? Poor me, even in love I have to control myself."

The cacao people may be new to U.S. readers, but the language that describes them is not. *Showdown's* translator, Gregory Rabassa, who is also the premier translator of Latin American literature, has remarked that to convey Amado's original intent he had to find as many as a dozen synonyms for sexual organs. He was unable to enliven the rest of the author's narrative. Fadul finds that a prostitute "cost him a pretty penny"; a woman, "body and heart well-hardened . . . had the ways of a child, full of laughter and fantasy." It may be that these bromides exert the hoped-for appeal; after all, Westerns are not famous for fresh rhetoric. But it seems fair for consumers to receive accuracy in advertising. The awestruck promotion implies that *Showdown* is the work of a potential Nobel laureate. The book itself suggests Louis L'Amour with a Portuguese accent.

—***By Stefan Kanfer***

Rio de Janeiro, 14 de Março de 1988

Alécio querido:

Ouvi dezemas de vezes os Liszt que você me indicou. Gota a gota, em fluxos continuos, movimento a movimento, ou as peças inteiras, de todos os modos e sob os mais diferentes estados de espírito. Não é facil transmitir minhas impressões, em carta principalmente. Observo inicialmente que não me parece que haja um único Liszt, e que me convenci de que se não é justo dizer, como antigamente eu dizia, "não gosto de Liszt", é igualmente impossivel a afirmação oposta, em abstrato. Em paralelo apenas exemplificativo, e não comparativo, o "Navio negreiro", de Castro Alves, é um lixo, não obstante a qualidade poética formal, mas o "Adeus de Teresa" é imortal. Em segundo lugar, tenho que registrar, em relação aos Liszt que comprei ai em tua companhia, e sob tua orientação, que alguns são tremendamente literários, por iniciativa dele, que os titula "Sposalicio", "Il penseroso" ou, ainda mais, "Soneto n. 47 (ou 104 ou 123) de Petrarca" ou "Après une lecture de Dante", e isso me vicia originariamente a reação mental ao ouvi-los. Para mim, talvez não para alguém muito mais musical, como você, fica dificilimo despojar-me, ao escutar esses _morceaux_, das alusões à literatura que, por intenção clara do compositor, encerram. Resumindo, e tentando a síntese, sem me deter em análise trecho a trecho: "après la lecture de Dante" não tem nada a ver com _meu_ Dante, nada, absolutamente nada. Até me irrita um pouco. Na medida, entretanto, em que consegui me deixar levar exclusivamente pela apreciação auditivo-emocional, rendi-me aos sonetos de Petarca (curiosamente, e talvez porque não me elmbrasse dos mesmos!), à sonata em si-menor e à invocação, das harmonias poéticas e religiosas. Não se trata de julgamento definitivo, que signifique a exclusão do resto. Pelo contrário. Continuarei a ouvi-lo, e até pretendo trazer, de próxima viagem, os outros "Années de pélérinage", que desta última vez não vieram, a fim de prosseguir nessa reciclagem do doravante nosso Liszt. Você tem toda razão na observação sobre a perda que os CD apresentam, do ponto de vista estritamente música, em relação aos discos de 33 rotações. Gilda e eu fizemos o teste, colocando ao mesmo tempo os "Impromptus" de Schubert, por Brendel, na vitrola e no aparelho a laser, e fazendo-os soar alternadamente. A diferença existe. Gilda a clasificou bem: no CD é como se a tampa do piano estivesse fechada. A vantagem é grande, porém, do ponto de vista da comodidade da execução e da qualidade do som. Vale a pena. De tanto me atucanarem os gênios locais, consegui travar conhecimento com o "filósofo" franês Cioran. <u>Disgusting</u>! Os "Syllogismes de l'amertume" não são silogismos nem são amargos. Se você passar perto, não perca tempo. É claro que, em um volume de pensamentos soltos, com duas centenas pelo menos de conceitos, meia duzia se salva. É pouco, em termos de relação custo/benefício, como gostam de falar os economistas. Permaneço desarvorado quanto a como fazer o "Elogio da corrupção", depois de teu telefonema criticando-lhe a expressão dialogal. Para ver se me desatolo, estou agora produzindo um longo trecho em narrativa linear, tipo machadiano, eu me dirigindo ao leitor, e só, e depois vou comparar o anteriormente escrito com o doravante. Só então decidirei. Você me abalou até os alicerces, o que - é claro! - só posso agradecer, ó saudavel inquietude! ó dúvida memorável! <u>By the way</u>, não esqueça o "Popol-Vuh" e veja se me consegue, de Julien Benda, "La trahison des clercs", bem como Bertrand de Jouvenel, não importa qual obra, a que pintar. Desejo conhecê-lo.

Acho que comentei com você em Paris, que o "Jornal do Brasil" publicara reportagens sobre escritores brasileiros modernos que versaram o tema da racionalidade, e sobre nossa literatura nos anos 80, em que não mereci nem uma linhasinha. Pois a semana passada, saiu outra, versando os ficcionistas que não são citados nunca, e eu também dansei. De modo que me torno, lenta, gradual e firmemente, um autor que desponta para o anonimato, o que, posso te garantir, não chega a me ferir e muito menos me induz a pensar em renunciar a qualquer dos meus planos de escriba desconhecido. Há pouco recorri, de cabo a rabo, amorosamente, encantadamente, gratificadamente, "Un certain Robert Doisneau", que você me deu. Obrigado, Alécio, foi uma revelação estupenda. A pirâmide de cristal do Louvre ficou bonita? Estou ansioso por vê-la: o projeto me choca e me atrai. Vou te ligar ao longo dos próximos dias para transmitir idéia sensacional que me ocorreu. Quero, queremos (sem exceções!), muitíssimo, que você venha passar o cincoentenário aqui, o que não significa sair badalando revelações indiscretas... - mas apenas contar com tua presença entre nós, na data. Proponho te mandar uma passagem de ída e volta. Já que não se cogita, por motivos óbvios, de também importar necessariamente Patricia, fica o passeio mais barato, e accessivel a meu bolso. Não falei ainda com ninguém a respeito. Declaro desde logo que hei de quebrar lanças para te convencer! Portanto, até breve, até o mês que vem. Saudades, não obstante. Se tiver tempo, leia a biografia de Beethoven, pelo americano Maynard Solomon. Beijos a Patrícia, Florêncio, Balthasar. De mim, de Gilda, de Maria Paula, Elza, todos nós. E um abraço carinhoso do teu de coração

Rio de Janeiro, 1º de Maio de 1988

Alécio querido:

Chegou sexta-feira "Sur la lecture", que devorei de jato ontem, sábado. Não conhecia. Fiquei encantado, inclusive porque Proust se refere a Gracián, e specificamente ao "Criticón", de que nuna imaginei que êle soubesse. No Brasil só encontrei o Cardim que o houvesse apreciado. Tua dedicatória afetuosa me tocou. Não se preocupe com a não-vinda agora. Já te disse e o repito. O essencial é que você faça o tal trabalho <u>geográfico</u> e fature uns cobres. A essa altura, espero que todos os dinheiros que te mandei (ordem via Nova York e cheque contra idem) estejam aí e o aflitivo (para mim) "buraco" na conta bancária tenha ficado (idealmente) cheio ou menos fundo (no mínimo). Telegrafei a 29, em nome de toda a galera, pela alegria da data. Acabei o Capítulo 6 do Rebelo. Título proustiano. Nomes e nomes: o nome. É referente ao pseudônimo dele. E comecei o 7: Queda para o alto, em que analiso o tombo no Forte de Copacabana, durante o serviço militar, por volta dos vinte anos, seguido de repouso absoluto e do desencadear da vocação, com "Oscarina". Algo semelhante, embora menos dramático, ao que ocorreu com o escritor inglês Denton Welch. Já o leste? Se não, é preciso. Como escreve! Fiquei encantado de saber que você gostou do Mário de Andrade. Quando vi o volume na livraria, lembrei-me de certa noite em que, na Balzar, havendo eu dito que o conhecera pessoalmente, você levantou-se e quase me beijou. Nenhum de nós estava alto, evidentemente, malgré duas garrafas de vinho. Até breve, querido. Por hoje é só esta rápida ciranda de notícias. Também arribaram Julien Benda e Finkelkraut. Depois digo. Beijos a Patricia, Florêncio, o mestre amável da tagarelice construtiva, Baltasar, o mestre do contínuo sorriso cativante. Abraços carinhosos do seu

Rio de Janeiro, 7 de Maio de 1988

Alécio querido:

Vai a meio o capítulo 7: Queda para o alto, do Rebelo, em que me reporto ao acidente que sofreu durante o serviço militar e que desencadeou nele toda uma vida subsequente de escritor, inarredavelmente. Não resisto à tentação de te mandar desde logo o 6, sobre o pseudônimo, acompanhado de xerox de cartão deslumbrante que me enviou Cardim a respeito — o qual, como você bem sabe, não é pródigo em elogios, em geral, e nunca os dispensaria de favor. Tenho recebido livros continuadamente, que nem sempre acuso porque não sou suficientemente organizado para fazê-lo com regularidade. Por exemplo, da Vinci, Leger, Brusatin, Argan, Dujardin... (vide verso). O correio, para esse tipo de envio, é impecavel. Também vieram dois números da FMR. Muito bonitos. Escrevi para a matriz em Milão, como você me aconselhou, sobre os que me faltavam. Vários estão esgotados. De modo que desisti de recompor a coleção. Quando pinta algum, saboreio e guardo. Mas não sistematicamente. O que não foi máu: preciso me policiar um pouco ou acabo entupido de acervos os mais diversos que no entusiasmo do momento vou assembleiando e que nem sempre se justificam. Corro o risco de acabar feito o Andy Warhol! Até a próxima. Beijos a Patrícia, Florencio, Baltasar. Abraço muito saudoso de Gilda e deste seu, do coração,

PS — A mãe de Gilda Cardim está mal. 86 anos, queda, fratura de colo do fêmur, cirurgia, por aí além. Me disse o Ismael, ontem, que ela se acha em "semi-coma". Seu

Com base no qual fiz um continho ado-
tando como forma o monólogo interior.

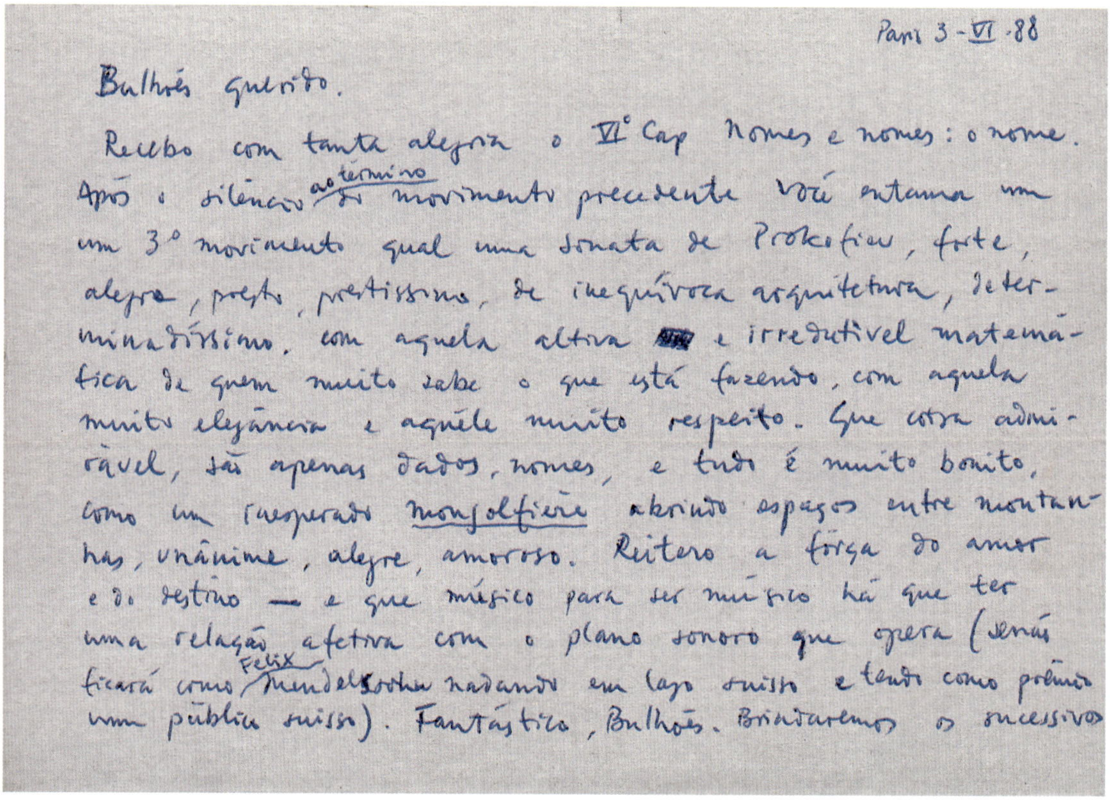

Paris 3-VI-88

Bulhões querido.

Recebo com tanta alegria o VI° Cap Nomes e nomes: o nome. Após o silêncio ao término do movimento precedente você entama um um 3° movimento qual uma sonata de Prokofiev, forte, alegro, presto, prestissimo, de inequívoca arquitetura, determinadíssimo, com aquela altiva e irredutível matemática de quem muito sabe o que está fazendo, com aquela muita elegância e aquele muito respeito. Que coisa admirável, são apenas dados, nomes, e tudo é muito bonito, como um inesperado *Mongolfiere* abrindo espaços entre montanhas, unânime, alegre, amoroso. Reitero a força do amor e do destino — e que músico para ser músico há que ter uma relação afetiva com o plano sonoro que opera (senão ficará como Felix Mendelssohn nadando em lago suisso e tendo como prêmio um público suisso). Fantástico, Bulhões. Brindaremos os sucessivos

2

capitulos, ~~[illegible]~~ juntos, com vinho branco da Alsacia ou do Rheno quando eu aí estiver no mês próximo de Julho.

Bulhões querido, creio que os livros seguiram na sua totalidade. Você só não me respondeu a respeito da Hist. da Arte Italiana do Argan cujos os 2 volumes subsequentes não mandei ainda na incerteza do título e assim não incorrer em despesa desnecessária.

Avancei 400$ à Flavio Shiro e paguei a gravura (Monotype), uma beleza, observando o que você me propõe em carta.

Reitero e agradeço sempre e muito o teu carinho (e sobretudo a tua paciência constante com êste irreparável amigo) nestes envios de dinheirinhos volumosos, que bem recebidos me têm salvado parte da vida — cabe-me aqui confessar timidamente, e triste por não poder te dar de volta

Rio de Janeiro, 4 de Junho de 1988

Alécio querido:

Ando incrivelmente resistente ao telefone. Não sei se é porque me castiga de modo implacavel o dia inteiro no escritório ou minha voz se enfraquece um tantinho com a idade e o cansaço, ou por ambos os motivos. Também não importa a causa, importa o efeito. De modo que não tenho ligado, estou sem notícias tuas, com muita saudade. Qualquer dia desses me pego distraido e disco. Venho recebendo volta e meia livros que você manda, atendendo a pedidos meus ou expontâneamente. Nem sempre os acuso porque - (acho que o disse antes) - não sou a tal ponto organizado. A semana passada chegaram três obrinhas importantes, e com dedicatória! De Pavese eu conhecia "Tra donne sole" e "La luna e i falò", em tradução portuguesa, ótimos. Travar conhecimento com "Il mestiere de vivere" é uma senhora perspectiva. Eu me viro direitinho em italiano, embora a leitura lenta, e com apoio frequente do dicionário. Acho que o alcanço perfeitamente, assimilando inclusive algumas filigranas, ainda que reconhecendo que devo perder parte de certas belezas que em francês ou inglês provavelmente não me escapariam. Mas a linguagem da angústia é poderosa. Dá para deixar cicatrizes. Receio que êsse diário seja do tipo que a gente sofre como se a vida narrada fosse nossa. Pobre Pavese, você está certo. Pobre, imortal. Non si desidera possedere una donna, si desidera possederla noi, soli. Ou nos possuirmos sòmente a nós próprios através dela?... A donna é o diário. Comecei, portanto. Se tanto te acompanhou também a mim me acompanhará. A menos que eu não aguente o corpo a corpo, não da língua, da derrota. Parte do que vai dito acima, a parte do idioma, se aplica a Calvino, de quem li "Palomar" e "Collection de sable". Vamos a ver "Il barone rampante", com o qual no amoroso recorrer inicial das páginas em oferta, catando parágrafos, frases, momentos, alternadamente, salteadamente é melhor, não brota, vulcânico, o amor à primeira vista que flui de Pavese, mas que é bom, não há que duvidar, é um fino escritor, que, se não atormenta, não obstante, atinge este seu distante e próximo, em geral olímpico, às vezes perturbado amigo d'aquém-mar. Já passei por Celan sem lembranças expressivas, e neste preciso instante não consigo lembrar o título do livro, o que é mau, para êle ou para mim, tanto faz. "La rose de personne", que você enviou, aliás uma edição bonita, tem a vantagem de bilingue, e, com meus rudimentos de alemão, tentarei absorvê-lo comparativamente. Depois direi. Da "Storia dell'arte italiana", de Argam, melhor do que pensei, conquanto se tratasse de recomendação do José Maria, só veio até agora o primeiro volume. Será grande pena ficar incompleta. Veja se consegue o resto. Do catálogo "Nouveau Commerce" só me interessa, caso pinte a teu alcance, o "Joyce" de Djuna Barnes, que não achei em inglês. Não saiba Cardim desses meus adultérios culturais!... Dana-se. Como se fosse importante a fidelidade linguística, em que, salvo exceções óbvias, vejo no essencial uma espécie de purismo, de academismo, de estranhar em amante de Strindberg, todavia presente, logo, conquanto o desrespeite frequentemente, altamente respeitavel. Você fala das descobertas dos franceses, Tanto custam a se render e de repente se deslumbram com fogos fátuos. Tudo bem. Tomara que chegue a vez de Euclides da Cunha, quemsabe se os ajudará a alcançar um belo dia Bandeira e Drummond, ou (te repetindo) Mário e Rebelo. Dalton Trevisan idem, claro. Chopin é uma das paixões de Gilda, a outra é Schubert. Amor puramente intuitivo, já que se recusa a certas conquistas importantes a que não habituou o ouvido, embora o dela seja bom. O que vem quase me impondo, não interprete mal o verbo, certa frequência dele. Espero tempo e disposição de te escrever a respeito, o que é dificílimo porque envolve duas séries entrelaçadas de idéias, o nacionalismo em música (tema que me martiriza inclusive em função do nosso extraordinário Villa-Lobos) e se esse polonês divino não seria secretamente francês, ou quem sabe néo-alemão. A manhã é cinzenta, fechada, evocativa de imagens tristes. Se você, nas andanças da "Géo" passar pelao Père Lachaise tire para mim uma fotografia do túmulo de Chopin, comovente. Ouço, pela centésima vez, como fundo musical, o que é talvez imperdoavel heresia, ou quem sabe maravilhoso processo de impregnação subliminar, "Annéss de pélerinage" que você me ensinou. A saudade de Alécio, a saudade de Paris, a saudade da conversa fiada aumenta. O inverno cresce lá fora, este ano parece que, para o trópico, será bastante forte, temos tido, déjà, temperaturas de dez a quinze gráus centígrados, quarta-feira última peguei, em São Paulo, durante o dia, onze com sol. Além do inverno também crescem lá fora os tiroteios, é isso, não me entendeu mal, não, os tiroteios, entre a polícia e os traficantes de droga acastelados nas favelas, agora são frequentes, mortos e feridos a torto e a direito, causam congestionamentos homéricos nos caminhos da Barra da Tijuca, quando não obrigam os motoristas e passageiros e abandonar os carros na via pública e darem o fora com medo (justo medo!) de alguma bala perdida, que cidade, meu Deus, sinto-me, quando me refugio em casa nos fins de semana, em parte prudente, em parte um daqueles desavisados inocentes do Leblon, lembra-se da expressão?, da década de tr8nta ou quarenta, não sei bem, que se negavam a enfrentar realidades sociais emergentes, agressivas, impossíveis. Passou por esta contraditória, improvavel, maldita, no sentido <u>sturm und drang</u>, urbe, a Orquestra Sinfônica (ou será Filarmônica? não é essencial) de Filadelfia, sob a regência de Muti (me escapa o primeiro nome, Ricardo?). Trouxe unicamente Beethoven:

Abertura Leonora n. 3., Quarta e Quinta Sinfonias. É uma maravilha, afinação espetacular, precisão inacreditavel, maestro fantástico. Só que eu desconfio - não o digo de público, receioso de ser tascado - que tudo isso se circunscreve ao domínio das sonoridades explosivas, que ambos soçobrariam no universo das sonoridades profundas, não dariam conta de Haydn ou Mozart, até duvido um pouquinho que acertassem a mão com Brahms. Nunca havia escutado a Quarta e a Quinta juntas. Não sei se você concordará, e se divergir não hesite em me corrigir, que a Quarta é muitíssimo superior, e a Quinta pífia, o que o contraste entre ambas evidencia sobremaneira. Morreu ante-ontem Alexandre Eulálio, de infarto, instantaneamente, sem dor, sem consciência da iminência fatal, sofrimento físico ou espiritual. Ignoro se você o conheceu ou sabe quem é. Fino ensaista e pessoa séria, fará falta. Foi quem me endereçou a Cendrars, sobre o qual tem texto ótimo e a quem se referia com entusiasmo, nem sempre literariamente motivado, dizendo por exemplo: leia, leia, quando mais não seja pelas atenções que nos dedicou, sabe que veio ao Brasil e chegou a visitar o Febrônio no hospício? Lá fui ao enterro, mais um, em que sete gatos pingados, entre os quais Gilda (de Ismael) e Ismael e Sebastião, patenteavam a indigência mental deste país que se agita por mais um ano de mandato a um pobre diabo como José Sarney, um bigode à procura de um destino. Empaquei no Rebelo. O Capitulo Sete: Queda para o alto, que aborda o acidente que sofreu em 1928, e que o marcou demais, assemelhando-o a Denton Welch, não ata nem desata. Vou parar umas semanas para me reciclar mentalmente e tentar o distanciamento sem o qual não conseguirei prosseguir. Creio que é tema que me emociona além da medida e me tira a condição de versa-lo enquanto biógrafo, e não amigo sofrido. No decurso da pausa, reabordarei o "Elogio da corrupção, que deixei um pouco de lado, talvez por excesso de encargos, talvez por fenômeno idêntico ao do impasse rebeliano, em diferente direção. Continuo inquieto quanto à solução formal a adotar. Neste plano, porém, percebo que vou sedimentando idéias, incertezas e soluções. Quando as houver adequadamente rearrumado, direi, naturalmente fundamentando meu ponto de vista, ou melhor: o ponto de vista a que chegar. Grato pela devolução da fotografia de Florêncio. Que maravilha a foto imaginária! Quem me dera esse talento, na idéia as coisas da criação ficam mais bonitas, a pintura é mental, a figura em cor de rosa e ouro, da pele e dos cabelos do filho amado, sobre a mancha vermeçha da veste ou de qualquer outro panejamento irreal, em fundo negro, ou verde carregado, ou marrom - Diabo, devo ter involuntariamente acionado a alavanquinha da fita da máquina, saiu tudo em cor errada, paciência, fica sssim - ou azul deslumbrante, ou não sei o que, me atingiu em cheio, também a incorporei como se a houvesse visto, será das que nunca se esquece, obrigadíssimo, a foto que não aconteceu é mais presente do que as que chegaram a ser tiradas. Vibrei com o cartão de Mitterrand. Tem cabimento, sim, enorme. Mostra que o homem é pelo menos bem educado. Acho que não é tudo. Ele gosta dos temas culturais, ao quais é familiar as que tudo indica não por virtudes de mídia política ou eleitoreira, sim por vocação pessoal. Aposto que viu, se não percorreu, ou mesmo leu, "Enfances" e não pode ter ficado insensivel ao teu lavor, o lavor do miglior fabbro. Descubri em Picasso, "La repasséuse", que se encontra na Guggenheim, fase azul, quadro de resto que desde a primeira vez que o vi me sensibiliou profundamente plágio escandaloso das passadeiras de Degas, que se acham na Fundação Norton Simon, de Pasadena, em Munich e no

Museu d'Orsay. O vigarista reuniu elementos dessas três e fez a sua.

Elsa nos pregou um susto. Pneumonia dupla, dez dias de hospital, agora outro tanto em casa convalescendo, tem que deixar de fumar, o famoso enfisema dos tabagistas a ameaça. Se tiver juizo, vai aos noventa. Se facilitar, não se sabe. De momento, completamente fora de perigo. Cansei, Alécio. Não aguento prosseguir, apesar dos inumeros assuntos que ficam pendentes entre o coração e a cabeça, e a maquina, entre o Rio de Janeiro e Paris. De todos nós, beijos a Patrícia, Florêncio, Baltasar; a você, abraços carinhosos, sobretudo o meu, especial, cheio de saudade do seu de sempre

PS – Morreu Volpi, aos 92 anos. O Brasil ficou menor.

Rio de Janeiro, 10 de Julho de 1988

Alécio querido:

Outro dia, ao telefone, não entendi direito a alusão ao Martin Buber. O envelope chegara, no meio do expediente postal daquela manhã, como de hábito volumoso, e eu mal abrira e vira o que continha. Só à noite, em casa, com calma, é que entendi do que se tratava e tua alusão ao Lewis Carroll. Li-o há muito. Adorei a edição, especialmente com a meninasinha fotografada pelo inglês fantástico, maluco, admirável, pernocas de fora, bem como a dedicatória. O melhor é que também descobri que, devagar, devagar, devagar embora, vou conseguindo destrinchar-lhe o alemão. De modo que ando agora com o volume, que felizmente é de formato maneiro, na pasta ou no bolso, e aqui e ali, vou digerindo-o, apoiado no que a memória traz de volta, e anotando vocábulos que depois reconfiro ou apuro no dicionário. É, além da dupla, ou tripla, se você preferir, evocação sentimental, excelente exercicio linguístico-intelectual. Andou por estas plagas o senhor Sergio Dorenski, com um único programa - felizmente - dedicado a Chopin - infelizmente. Uma lástima. Me senti muito mal. A platéia vibrava, uivava, aplaudia freneticamente, os "bravo" soavam, e eu caia fora, no meio do concerto. Erra ela ou erro eu? No primeiro caso, o país vai mal, o que não é de estranhar; no segundo, dano-me todo, o que me deixa com a alma no calcanhar. Mas não aguentei. O homem não leva noção de sutilezas: o forte é fortíssimo, o presto é prestíssimo, o lento é em ritmo de preguiça amazônica, o suave é inaudivel. Tocou aquela sonata lindíssima, cujo segundo movimento é _scherzo_ e o terceiro a marcha fúnebre, e senti vontade de me suicidar para ver se dava autenticidade, na platéia, ao que se passava no palco. Chegou o Abecassis, "La pensée juive", 2. Como também os volumesinhos da coleção Gallimard "Découvertes". Eu havia comprado ai, com você, o sobre Picasso, o "Esclaves et nègres" e "Goya d'or et de sang". Vieram agora "Le ciel ordre et desordre", "Mahomet la parole d'Allah", "De la Grèce à l'Orient Alexandre le Grand" e "L'ecriture mémoire des hommes". Fascinantes. Vá mandando. Além de tudo, tão bonitos: O "Cendrars", pela filha, é leitura lenta. Fica na estante e volta e meia ganha um par de horas de atenção. Mas não permanecerá virgem, te garanto. Senti muito mesmo a perda de Ruth Houaiss. Divergíamos bastante, sobre as coisas mais diversas, especialmente quanto a dinheiro, porém nos amávamos. E se foi, de um câncer, com uma dignidade, um carater, uma postura de tal grandeza, que é de arrepiar, somente a lembrança. Acabo aqui. Nos veremos dentro de duas a três semanas, espero. Desempaquei o capítulo sete do Rebelo, qujo texto você talvez receba antes de viajar. Elza, bem, depois da pneumonia bilateral que nos causou grande susto. Maria Paula em Las Leñas, Mendoza, Argentina, esquiando. A casa de Santa Teresa, em reforma, a toque de caixa. E a saudade, o carinho, o abraço do teu

irmão

PS — Beijos a Patrícia, Olímpio, Baltasar aos quais Gilda adere com entusiasmo. E Elza.

Rio de Janeiro, 10 de Outubro de 1988

Alécio querido:

Leio em Brendel ("Réflexions faites"), sobre Liszt, referencia à "la qualité nettement inférieure de ses oeuvres orchestrales par rapport à seus oeuvres pour piano." O que me lembra algo parecido que te escrevi, quando voltei de minha penúltima viagem a Paris, trazendo na bagagem vários CDs liszteanos, precisamente com algumas peças pianísticas magistrais. Almir (que já recebeu, em cruzados, por meu intermédio, os dólares provenientes da venda, na Europa, de um dos livros de que resolveu dispor), disse-me que você iria a Lisboa. Suponho que se tratasse de missão jornalística da "Veja", e spero que réussie. Temos Consituição nova. Nada de admiravel, infelizmente. Alguns dispositivos bons, a maioria inadequada ao momento, excesso de regulamentação. Se deixassem aqueles camaradas soltos mais um pouco, fariam um verdadeiro regimento interno nacional. Infelizmente, somos um pais retórico. Há preceitos sadios inaplicáveis; há outros, ingenuamente aplaudidos, inócuos; há tambem - poucos, ai de nós - os certos, os bons, os operantes. Não é a maioria, porém, nem a média. Não posso deixar de sorrir quando vejo o entusiasmo dos perseguidos políticos ante seu novo direito constitucional de obter do governo as fichas que a respeito deles mantêm os órgãos de segurança. Até parece que isso vai funcionar. Em compensação a abolição teórica da censura produz efeitos geniais. Já tem anúncio na televisão de mulher nua para iogurte e sandália de verão. Pode? Não deixei de ler, mas ando preguiçosíssimo no escrever. Parada, a biografia do Rebelo. Acabei (refeito) o capítulo relativo ao desastre dos vinte anos, de que você viu uma das primeiras versões. Tenho que entrar agora no relativo a "Três

Caminhos". Onde, a coragem? Mesmo quando chega um fim de semana longo, como o último (hoje é feriado, por antecipaçao, para esta segunda-feira, do 12 de Outubro, dia de N. S. Aparecida, "Padroeira do Brasil", nunca vi nada mais ridiculo) – bate a lezeira, fico zanzando pela casa, entre a música e a palavra (dos outros) impressa, sem ânimo de tocar a minha. Acho que já vou precisando de férias, o cansaço a a tensao do escritório se acumulam, ganham em intensidade na medida em que não consigo alivia-los um pouco. Além disso, minhas idas sentimentais a São Paulo se repetem, o que é doce e amável, por um lado, mas também fatiga bastante, por outro. Compensa, claro. Bom, por hoje é tudo. Quis apenas matar em parte a saudade. Telefonei. Não te encontrando, optei pela presente – quase um bilhete. Está um dia cinza e chato. A vitrola dá trabalho. O rádio só irradia propaganda eleitoral, tendo em vista as próximas eleições municipais. Seremos, nós, munícipes cariocas, governados, ao que tudo indica, pelo Marcello Alencar. Já pensou? Cinco anos de Marcello Alencar! Não vai ser mole. Se a cirrose não se condoer de nós, e tomar conta dele, do Rio de Janeiro nao restará pedra sobre pedra, ao fim e ao cabo. Parece incrivel que – depois da passada experiência brizolista – ainda estejamos correndo tal risco. Mas é verdade. Sem falar nos outros candidatos: o pascácio, o gatuno, o malandro... Estou muito amargo, nao? Tudo bem. Lembranças a Patrícia, beijos a Florencio e Baltasar, de toda a galera, e do teu, que te abraça carinhosamente,

14 Fev. 989 Paris

Meu Querido Bulhões,

Tentarei, com a ajuda do anjo ausente, se me ouvir o grito*, dizer as coisas que foram ditas em cartas não enviadas. Andava naquêle sufoco, o corpo ofegante, o pensamento sem bússola entregando-se à noite e à desesperança. O seu envio de 5 mil U$ veio súbito espalhando milagre e ânimo, aliviando o pânico e a fissura no banco — muito obrigado Bulhões! — provocada de um lado por inépcia minha, de outro, por insuficiente a soma arrecadada na Ed. Abril nestes últimos mêses, acrescentando-se aqui a sequela deixados pela minha Temporada no Rio, durante a qual fui obrigado a simular diante do Pai enfêrmo, estar bem de vida e tomando ares de homem próspero usei em excesso a carta de crédito em idas e saídas à restaurantes e passeios — não deixava Pai pagar porque senti que andava raspando a carteira como levantando no fim da vida. Entristeceu-me. Deprimiu-me muito. Pai entrevado empalideceu-me o Agôsto e vincou-me o pensamento entorpecido por um passado sem janelas e vivido de costas para o horizonte. Que diabo! sou hoje partidário da morte simples, da morte aos trinta anos ou no máximo aos 38 como aquela que entardeceu a voz do meu pobre e tão caro Dylan Thomas. — dêle restou o essencial acrescido daquêle olhar de menino ou de espanto ou dôr. Assim seja.

Voltando ao presente: seguiu há 3 dias o Platão na Pleiade, e peço desculpas por ser na Pleiade. Coloco aqui uma errata: no lugar de Augusto leia-se Andrea Doria que afundou com outros e muitos nomes e outras almas e muitos sonhos.

Maria Paula seguiu pra Alemanha, forte e olympica, após séjour parisiense onde recebeu um exaustivo curso de maternidade. Balthazar, coitadinho, com os dentes em chamas, não deixa ninguém dormir — mas já vai melhorando, já come de colher, fecha e abre portas sem tocar nas [illegible] ~~usando~~ chave na fechadura, e faz conta de somar na caixa registradora de plástico amarelo que ganhou de presente. Florêncio já meio adolescente pega bonde andando e continua fazendo proselitismo nas ruas com o 1º transeunte que arrecada.

Recebi a sua carta do 22 de Jan cuja 1ª página me tranquiliza um pouco após dois sustos que levei neste fim de ano intercalando-se uma ida à Boston ~~[illegible]~~ e mais alguns momentos de ausência sua muito aflitivos. Posteriormente, Maria Paula acalmou-me o espírito.

O IIº tomo desta carta ~~[illegible]~~ inacabada segue amanhã. É promessa.

beijos à Gilda e Elza com muito carinho

teu Alécio

* como você, tenho horror a Kika; foi deslize, prometo não repetir.

Rio de Janeiro, 20 de Fevereiro de 1989

Alécio querido:

Hoje de tarde te mandei bilhete sobre a Decouvertes Gallimard, em que agradeci o Paltão Pleiade que acabara de chegar. Não reparei, na hora, que dentro do livro havia cartão teu, a que agora - são 22 horas, escrevo em casa, depois do jantar - respondo, meio gato sobre brasas, mas respondo <u>quand même</u>. A edição é linda e pelo que folheei muito bem documentada. Serve à perfeição. Sugiro até que você mande o segundo volume, e um terceiro se existir, o que não creio. Ficarei assim platonicamente completo, com unidade editorial absoluta, o que prefiro. Podererei dar em seguida o tomo Belles Lettres, somente de parte da "República", que você remeteu faz relativamente pouco tempo, a alguma biblioteca pública, onde terá certamente papel positivo a desempenhar. Realmente, acho o tipo da Pleiade miudinho, compacto, difícil de ler. Mas no caso concreto prefiro absorve-lo e ter a obra inteira do ilustre grego em padrão uniforme a continuar a catar aqui e ali seus elementos componentes. De modo que venha o resto, venha o resto. De qualquer maneira, obrigado por teu zelo e desgaste na procura de meus esdrúxulos pedidos incessantes. Pior é que tudo isso é para, no fim, tirar uma ou duas frases para provavelmente a corrupção. Que fazer? Não me conforme com a inexatidão ou a infidedignidade! E seja lá como for não creio que saia perdendo dessa leitura e/ou releitura, esta à luz de espírito (o meu) mais amadurecido e apto do que quando há trinta anos a travei pela primeira vez. Obrigado de nodo, amigo querido. E um abraço carinhoso do seu

Rio de Janeiro, 9 de Abril de 1989

Alécio querido:

Terminei a primeira versão completa do "Elogio da corrupção". Vou deixa-la dormir na gaveta até voltar da Europa, quando a submeterei a duas revisões corridas pelo menos: factual e formal, sucessivamente. Se as interpretações que dou aos fatos são de minha inteira liberdade e responsabilidade, tais fatos, ao contrário, para a obra ter seriedade, cumpre escoima-los de qualquer imprecisão. E o texto definitivo ainda reclama boa cópia de aperfeiçoamento digamos estilístico. Espero acabar tudo em fins de Julho, para editar o livro em Outubro. Decidi, após longa meditação, manter a conferencia semi-dialogada, embora tua opinião diferente (e os argumentos concretos em que você se baseia) porque: 1º) O texto meramente expositivo, tipo ensaio clássico, pressupunha uma abrangência a que eu não visava e que não tenho condições de cobrir, o que me obrigaria a limitar o escopo da obra e "perder o título" (digamos assim). Tentei vários e vários trechos nessa maneira e não deu certo. Ficava sempre faltando alguma coisa. 2º) A palestra do meu imaginário professor comporta uma série de recursos - anacronismos principalmente - que lhe trazem leveza e graça, facilitando ou criando o clima da sátira, que pode às vezes raiar pela chalaça, sem comprometer o objetivo principal. 3º) Essa palestra ensejou ainda (mas isso é algo que não vou detalhar aqui) uma espécie de sub-sátiras, e fecho dramático, que (ou muito me engano) deram ao final consistência de outro modo inatingivel (ao menos para mim). 4º) Se não me pretendo erasmiano <u>tout court</u> é óbvio que o pensamento dele influenciou bastante, o que se destacou mais da aula que bolei, mas (espero) sem chatear o leitor, do que resultaria de compêndio em que o citasse a todo instante. 5º) O que foi bom para Platão e Galileu pode se-lo para mim também. Tentei o diário e compus como tal inúmeras passagens. Ficou pedante. Eu era obrigado, a toda hora, a me reportar a fulano ou beltrano em posicionamento inevitavelmente livresco. Minhas próprias idéias se perdiam nesse emaranhado. Acabei optando por guardá-lo para projeto novo que alimento, o de uma [moderna,] utopia em que determinado viajante corre o mundo à procura do país ideal. Assim que terminar tudo, mandarei correndo uma via para você. Se continuar discordando de mim, diga. O essencial entre nós dois não é o cumprimento, é a verdade. Maria Paula ~~me disse que em~~ [(e eu esqueci de te contar)] discoteca de Mannheim, que ela frequentava quando lá esteve, havia um poster teu. Aproveito o pretexto da carta para te enviar duas críticas do "New York Times" sobre apresentações de Brendel e Pollini no Carnegie Hall. Veja que mesmo a crônica musical da maior cidade do mundo, teoricamente seu centro cultural indiscutivel, é meio sobre o fosfórico ou o retórico. Esteve aqui a Orquestra de Câmara de Moscou. Excelente. Capaz de concorrer com I Musici ou a Academy of St-Martin-in-the-fields. Trouxe como solista e maestro Victor Tretiakov, este, sim, absolutamente notavel. Considerando que anda na casa dos quarenta, acho que ainda o veremos proclamado, em dias de nossas vidas, o maior de todos os violinistas. O som que extrai do instrumento é inesquecivel. Vem carregado de perfeição, de sentimento, de estilo, de expressividade, ponha aí o que te passar pela cabeça, de bom, que não estará exagerando. A bientôt. A razão desta era só contar que acabei o livro. Em duas semanas nos veremos. Abraço carinhoso do [teu]

Rio de Janeiro, 2 de Julho de 1989

Alécio querido:

Imagine que perdi um trecho dos originais do "Elogio da corrupção"! Não sei como. Ato falho? Pode ser porque o livro, pronto, me pareceu ruim. Fui jogar fora várias páginas de passagem que considerei muito ordinárias, e lá se foram, distraidamente, junto, diversas outras, que supunha aproveitáveis. E logo sobre matéria musical, em que tenho - como é facil de entender - grandes problemas para versar com propriedade. Estou vencendo uma trabalheira danada a fim de reconstituir o pedaço faltante. Isso me deu uma gastura enorme. Passei dois fins de semana inteiramente broxa, em todos os sentidos. Chegaram os livros que comprei na "La Hune", na penúltima viagem, e mais aqueles adquiridos na FNAC ou na BHV, não me lembro bem, quando encontramos a edição fac-similar (quanto às pranchas) da enciclopédia Diderot e d'Alembert, lembra-se? Como também os volumezinhos Découvertes Gallimard, que já não me recordo se vieram da "La Hune" diretamente ou se estavam entre os que você ficou de enviar. Por falar nisso, cito no "Elogio da corrupção" o poeta árabe Ibn Arabi, de quem encontrei poema precisamente na biografia de Maomé das Découvertes Gallimard, se não me engano uma das primeiras da série que localizei. Agora, vejo em "Le Point" resenha de sua biografia: "Ibn Arabi ou la quête du Soufre Rouge", por Claude Addas, Gallimard. Fiquei cheio de curiosidade para saber melhor quem foi. Será que você me consegue a obra? Lembro os Carcopino e o texto original da referida enciclopédia, em Livres de Poche. E te peço mais algumas coisinhas: a) Gilles Lipovetsky, "L'ère du vide. Essais sur l'"individualisme contemporain", "L'empire de l'ephemère", Gallimard; b) Casanova, "Icosaméron",

François Bourin; c) Slimane Zghidour, "Vie quotidienne à La Mecque de Mahomet à nos jours", Hachette; d) Johan Huizinga, "L'automne du Mouen Age", Petite Bibliothèque Payot. E a Guiomar Novaes. E Aristóteles... Estou te enchendo a paciência, bem sei. A culpa é sua, que sempre me atende tão bem. Anexo cartas, curiosas, de leitor da "The New York Review of Books", sobre ensaio do Brendel relativo a Schubert, e de Brendel, respondendo-lhe. Guardei-as comigo há meses para te enviar, mas ficaram misturadas a outros papéis, e quase ia me esquecendo delas. Anexo, ademais, artigo do "The New York Times", versando, com extrema propriedade, o tema que tanto temos discutido entre nós, da técnica versus a essencia interpretativa no pianismo moderno. Veja que o tema se tornou atualíssimo, merecendo artigo de jornal de tamanho prestígio, aliás bem feito e bem documentado. Finalmente, anexo a cópia de nosso pacto, lavrado na Closerie des Lilas, digo: no Allard, ou antes: na Closerie des Lilas em nota de addition do Allard, prevendo teu futuro de concertista em disco laser: a glória! Não se esqueça que vou ficar cobrando. Fui à posse de Almir na recém-fundada Academia Brasileira de Filosofia. Falei com êle, Nonnie e Roberto, que estava lindo, engravatado, passado a ferro. Esperei a instalação da sessão e cai fora antes da discurseira começar. Até breve, querido, espero, Setembro. Beijos a Patrícia e aos meninos. A você, de Gilda, Elza, Maria Paula, o abraço carinhoso, a que agrego o meu, com saudades. Teu

do [illegible]

PS – Verifique por mim se a revista "Commentaire" (116 Rue du Bac) presta. No caso afirmativo, gostaria de assiná-la. Chegaram também o Man Ray e dois volumes do Argan.

Paris 16 Jan 990

Bulhões querido,

Segue aqui o prometido, "à la sauvette", de bate pronto, sem a reflexão necessária.

1- Socializar as personagens parecia-me ontem imperativo, como lhe disse ao telefone, dando-lhes nome próprio a cada um — isto ontem; hoje talvez tenha dúvidas a respeito, porque mudaria em parte a estrutura do livro, que assim foi concebido e criado. Em todo caso tiraria um pouco da dinâmica teatral que traz em si. Entretanto graficamente tenho a quase certeza de que o "alegoria".

2- Importante Bulhões: um detalhezinho tolo, aparentemente nada relevante, visto que caiu no gosto e uso popular, mas no qual você não deveria incorrer, dado ao vôo superior do pensamento e o alto nível de construção do livro. Pelo amor de Deus, Bulhões, é um detalhe ínfimo mas que seria de bom aviso evitar; tire o diminutivo da palavra poeta que precede o nome do Vinicius. Você, involuntariamente, se incompatibilizaria com o Brasil inteiro! Imagine bem! É detalhe de arroz-doce num banquete imperial, mas que pode trazer, como dizem os de cá: "prejudice". Ademais, Você usando a palavra poeta sem diminutivo, Você confere ao poeta o seu valor real isto é, o de um grande vate de sopro raro e de ternura pela vida. E assim Você se distancia do anedótico sublinhando a sólida e "inebranlable" posição do autor que Você é. Voilà!

3- Pagina 15, linha 4: "três por dois" gosto desta expressão mas V. repete-a adiante pelo menos umas 2 vezes, creio. Talvez até que seja bom insistir nesta expressão. Gosto dela. Você eventualmente também poderá usar aquela deliciosa do Rebelo: "aos ponta-pés". Será plagio? creio que não.

4- Pag 17, linha 1: ... <u>correm</u>, em que são moeda <u>corrente</u> ...
A repetição não me soa nenhumamente mal, pelo contrário. Apenas para te alertar, se caso isto venha alterar a pureza da língua. Acho, por mim, que não.

5- Pag 17 linha 25: "Cada roça com seu fuso, cada terra com seu uso". Acho muito bom apesar de não saber do que se trata. Soa bem, acho bom.

(2)

6 – Pg 23 / linha 11 : "Assistente de Longas Barbas Despenteadas"
Acho longo demais como nome de personagem, sobretudo com sofre repetições, por isto, razão pela qual sugeri ao telephone a colocação de nomes em cada personagem. Assim como na pag 26 : "Rapaz de Bigodes fartos

7 – Pag 58 – linha 6 – A palavra "Rapace" seria galicismo ou talvez exista em portugues e ignoro?

8 – Pag 59 – 5ª linha de baixo pra cima : A palavra acirrados reaparece em forma de advérbio, já não me lembro bem onde se um pouco atrás, ou um pouco adiante.

9 – Pag 69 – linha 1 – "Estrasburgo" escrito desta maneira – nunca tinha visto – faz um efeito "du tonerre".

10 – Pag 79 – de baixo pra cima 6ª linha – "useiro e vezeiro" sou vidrado nesta expressão sobretudo quando precedida de "malandragens macunaímicas". Ótimo!

11 – Pag 81 – linha 4 – Deve ser erro de "frappe" : "Folgo ao ouvito".

12 – Pag 89 – linha 3 – Se tédio é uma palavra rija, forte e bela, a sua adjetivação induz em enfraquecimento do seu sentido inicial. Realmente não gosto, perde em força. Prefiro por exemplo, o adjetivo pachorrento : "Soaria terrivelmente pachorrenta". Mas deverá haver outras soluções que não a minha que é puramente pessoal.

13 – Pag 89 – linha 5 – "soi disant" – acho expressão muito "galvaudé", de uso fácil durante séculos e logo bastante gasta. Entretanto aqui não soa mal e pode quedar-se.

14 – Pag 90 linha 13 – "moVernas lavanderias" deve ser ainda um outro erro de "frappe", senão é lindo, lindíssimo, deveria ficar. Se existe não sei o que é.

15 – Pag 91 – linha 4 de baixo pra cima ; por mão rude marca rês inerme. Nunca vi nem ouvi isto, mas é bonito. Você me explicará.

(nota: Vou usar, e peço desculpas, o lado inverso do papel para o peso pesar meno. Perdoa-me →)

③

16 – Pag 92 / linha 5 de baixo pra cima.

Aqui vai uma rimbambella de errinhos de orthographia nos quais todos nós incorremos e que são perfeitamente naturais visto que não se trata de língua de um hemisfério plausível. Então vamos lá: ~~um~~ está faltando um V no Tchaikovski; um U no Moussorgski. Em Rachmaninov podemos suprimir o A da segunda sílaba. E os russos, sempre muito complicados, entram assim nos eixos.

17 – Pag 94 – linha 8 – A palavra amorável que você usa sempre tão bem, e sempre tão bem posta e a propósito e com muito charme, aqui, perdoa-me Bulhões, ela está irremediàvelmente, mal placée. É pena porque amorável ou amoráveis, como palavra ou não faz parte do seu charme, o grande e insubstituível charme do Bulhões meu amigo — use-a de outra maneira, como se estivesse falando, e as mulheres de axilas abertas e suculentas caem duras no asphalto. Tente inserí-la em outro lugar, parece-me indispensável, porque esta palavra faz parte de V. como um anel de noiva ao dedo da noiva.

18 – 94 - ultima linha – Acho mto bom a citação do Joel Silveira, pudessemos dá uma realinhavada nas 2 primeiras linhas ficaria perfeita. Mas mesmo assim é muito bom.

19 – 103 – "Mario de Andrade" – na vida real, quem afirma que "Poeta é Goethe", na versão que me foi dada, é Dalton Trevisan, isto é verídico, em discussão sobre poesia em casa de F. Sabino onde em silêncio ficara a noite inteira. E quando lhe pediram opinião saiu-se com esta.

20 – 103 – o "Bateau Ivre". E agora José? Bulhões, eu não tenho solução pra isto não. Não sei o que fazer. É como se, de repente você estivesse de mãos dadas com Ava Gardner ~~num~~ corredor de um grande Hotel de Nice, pela primeira vez, dirigindo-se lentamente para uma decisão, e que a partir dali, a cama, o espasmo e o orgasmo

⟶

(4)

você será projetado no chamado grande beco sem saída. Ava Gardner, Deus meu! e Bateau Ivre são coisas que se come inteiro ou não se come, é só pra vida, e deixa vincos no pensamente. O nosso bom Alvim Corrêa sempre tão frágil mostrou-se sólido como um Adonis no "Elogio"!

21- Pg 107 linha 2 – A sonata "Arpeggione" não seria Schumann ou eu fiquei maluco? Não disponho aqui de nenhum elemento (livro) para checar. Perdoa-me.

22 – 108 pg. O desbunde do professor é sensacional. Muito me deixei rir.

23 – 109 pg. linha 6 – "As coisas boas pertencem a quem as torna melhor" Bom! Bom! Mesmo se for plágio, pouco importa, é bom e deve ficar.

24 – 110 pg./ 3ª linha de baixo pra cima: Quanto a Keith Jarret eu eliminaria Debussy, Schubert, Beethoven e Liszt. Deixaria apenas Chopin, Satie e Bach e acrescentaria um Fats Waller e um Thelonius Monk. E eventualmente um Bela Bartok. Necessário aqui seria reouvi-lo com atenção, mas infelizmente não tenho meios.

25 – pg 113/linha 1 – "Novamente "três por dois" o que não me incomoda em nada, é apenas para te assinalar.

26 – 120 pg. penúltima linha – Sucede às vozes uma saturação provocada por nomes que sucedem dos quais 1/3 poderiam ser amputados. Aqui o meu exemplo não é feliz porque se trata de enumerar os falsos do falsário, mas refiro-me a casos precedentes.

27 – Pg 155 – linha 15 – BARTOLO DI SASSOFERRATO. Trata-se de um nome próprio. É sensacional! Aonde você arranjou isto? É superb! Dei pulos de exaltação. Seria coisa inventada.

28 – Pg. 154 – A aparição e intervenção verborrágica de Ruy Barbosa é de V. Jair Rolando pelo asphalto. Genial! É bem isto mesmo.

Meu querido Bulhões, creio que paro aqui, vou correndo no PTT deitar esta senão não chega a tempo. Perdoa-me se tudo aqui ficou mal alinhavado e dito de bate-pronto. Não sei se terá utilidade. De qualquer maneira o "Elogio" é sólido com uma inequívoca estrutura intelectual vencerá todos os "Rounds". Allea Jacta Est.

Teu do coração
Aléu

P.S. Segue sem nenhuma releitura
não há tempo. A.

Rio de Janeiro, 20 de Janeiro de 1990

Alécio querido:

Tua carta de 16, inteiramente dedicada ao "Elogio da corrupção", chegou ontem, sexta-feira. Não fui ao escritorio. Mandei busca-la, a recorri, a digeri e agora a respondo, comentando-a ponto por ponto.

1. Nominação dos personagens-tipo. Já havia me debruçado sobre o assunto, que você abordou comigo, há dias, telefonicamente. Li, reli, tresli meus originais, e não logrei me convencer do teu ponto de vista, em relação ao qual você mesmo, aliás, manifesta, hoje, dúvida. Os personagens-tipo são inomináveis porque não representam nenhuma pessoa existente ou possivel. São abstrações. Concretiza-los só faria sentido se, ao batisa-los, também os caracterizasse, em termos do que visariam a significar, e então a crisma perderia o objeto como você o encarou. Repare que os a que dou nome ou tem função ancilar ou por sua vida e/ou obra passaram a simbolizar algo, e por isso é que entram no livro. A solução nem é minha. Platão mistura protótipos e personalidades, com a maior calma, e dá certo. Acresce que pelo menos três caracteres seriam definitivamente inomináveis: o Professor, o Reitor e a Erudita, os quais, se eu rotulasse não importa como, ou a que poder de imaginação, perderaim *ipso facto* substância, comprometendo irremediavelmente a obra: o Professor porque é inconcebivel que alguém lhe faça as vezes e defenda as idéias que prega, a menos que no lugar dele eu puzesse o próprio Erasmo, o que me impediria de utilizar este último da forma que utilizei, além de constituir imperdoavel apelação; o Reitor por idênticas razões, sem contar que não consigo supor quem pudesse encarna-lo (talvez Sócrates, ou Aristóteles?); a Erudita porque sua única função é contrapontística em relação ao Professor, cumprindo que obedeça às regras de criação que o

determinaram, salvo se eu a revestisse das roupagens de Voltaire ou Diderot - só que eu não teria a coragem de expor nenhum deles a algumas situações ridículas que a atingem.

2. Vinicius de Moraes. Você tem toda razão! Chamei-o de poetinha (diferente de poetasinho) como afetuosamente o chamavam alguns de seus amigos mais íntimos, Tom Jobim por exemplo. Só que isso, especialmente com o passar do tempo, não seria provavelmente entendido, e onde quis ser carinhoso passaria quase certamente por agressivo. Como essa postura nunca esteve em meu pensamento, adicionei apodo à frase, mantendo o poetinha: ..."Vinicius de Moraes, tão merecidamente amado das musas, dos deuses e das gentes"..., - o que não deixará margem de discussão quanto a minha verdadeira intenção.

3."Três por dois." Procurei ao longo de umas quarenta páginas subsequentes à 15, e não encontrei de novo a expressão, seja por desatenção minha ou porque já a corrigi, em leituras subsequentes. Na revisão das provas ficarei atento, para não incidir na repetição. Gosto imenso da rebeliana "aos ponta-pés".

4. ..."correm, em que são moeda corrente"... Emendado, claro.

5."Cada roca com seu fuso, cada terra com seu uso" é ditado do tempo antigo, que me fartei de ouvir de minha avó. Ditado do tempo "des neiges d'antan".

6. Assistente de longas barbas despenteadas. Eu queria evidentemente inserir no diálogo um desses sacerdotes judeus que se vê nas ruas, a torto e a direito, vestidos de negro, dos pés à cabeça, chapéu inclusive. Não achei outra maneira, quem sabe por incompetência. E lhe dei a contra-partida na alusão ao descendente árabe que interfere na dissertação do Professor sobre o Corão, com o raoaz de bugodes far-

Mudei o "a três por dois" da página 113, aliás insuperável na solene sapiência de [illegible], para "pregnantemente".

tos, o que pelo menos equilibram os dois posicionamentos. Admito não ter sido muito feliz, conquanto suficientemente expressivo.

7. Rapace não é galicismo. Vem do latim rapace, assim mesmo. A raiz é que foi comum, ao português e ao francês. Não é que me importe muito empregar vocabulário absorvido de outras línguas vivas. Só presto o esclarecimento porque você perguntou. A propósito (galicismos...), em página que emendei depois que te mandei os originais, vim a introduzir um sages (sábio) que vai deixar os cronistas menores de cabeça em pé, e que no entanto descobri em Alexandre Herculano.

8. Acirrados. Vou procurar o advérbio e substitui-lo.

9. Estrasburgo. Está certo.

10. "Tédio" e "pachorrento". Procurarei.

11. Por não saber marcar rês inerme. Imagine o quanto escoiceia a rês quando vão marca-la a ferro em brasa. É preciso amarra-la bem amarrada, sem falar nos peões que ajudam a segura-la. O camarada que não sabe marca-la nem quando, inerme, não reage, é definitivamente o incompetente.

12. "Amoráveis" na página 94. Tem razão, e muita. Mudei para "amáveis" que é o sentido adequado, aí.

13. "Poeta é Goethe". Na vida real a frase é de Dalton Trevisan e me lembro vagamente de você ter me contado esse caso, um dia, embora não o recordasse quando a escrevi. Talvez a tivesse no fundo da memória, e viesse à tona de repente, no calor da redação. Atribui-a a Mário de Andrade porque ele dominava o alemão e era afeiçoado à literatura germânica. A preferencia de D. Pedro II por Homero, também inventada, flui da circunstância de que lia e amava os clássicos gre-

gos. Tenho até uma tradução que fez de "Prometeu acorrentado", de Ésquilo, rica em fidelidade, pobre em talento. A vinculação de Carlos Drummond de Andrade a Dante vem de que o estupendo poema da pedra começa "No meio do caminho", precisamente as quatro primeiras palavras do verso inicial da "Divina Comédia": Nel mezzo del camin. Aproveitei a revisão provocada por você para atribuir a alusão a Shakespeare a Manuel Bandeira, de quem inadvertida e injustamente me esquecera, e a quem devemos uma tradução magistral de "Macbeth".

14. Bateau Ivre. Você conhece o histórico dessa passagem. Na primeira redação coloquei o poema inteiro. Advertido por Isamel, fragmentei-o um pouco, sem todavia, como queria o nosso bom amigo, reduzi-lo à metade ou a um terço. Claramente, preferia eu a solução original. Só adotei a segunda ao descobrir, de mim para mim, magicando (diria Rebelo) fundamente o tema, que, por mais amor e veneração que o poema me inspire, este entra nesse ponto a serviço do livro, e não o livro a serviço dele. Tem que se subordinar às regras de composição da obra de que passa a fazer parte, eis a questão. Ousadia minha? Ousadia minha.

15. A "Arpeggione" é Schubert, não Schumann, de resto conforme teu recado via Elza.

16. Keith Jarret. Touché. Já estou tratando de suprimir as influências incabíveis e acrescentar a de Bartok. Não me referirei a Fats Wallar e Thelonius Monk, não por negar a ascendencia destes sobre êle, mas porque meu objetivo é amarra-lo essencialmente aos eruditos, a que a geração a que pertence não dá muita bola.

17. Bartolo di Sassoferrato. O homem existiu, Alécio, o que torna sua evocação ainda mais sensacional. É um jurisconsulto italiano do século XIV a quem a arte do Direito deve bolações incriveis, que ainda hoje

tem vigência, entre as quais a que explica ao corrigir o Jurista Puro. Geralmente é citado unicamente como Bartolo. Acrescentei o di Sassoferrato porque é a cidade na que nasceu, de brincadeira e porque soa muitíssimo bem. Acabou dando certo.

Finalmente, os erros datilográficos que você apontou foram corrigidos, e deixo de comentar os elogios que tua carta contém. Registrei-os contudo, objetivamente falando. Obrigadíssimo pela trabalheira a que você se deu. Alécio não falha, digo sempre, e vejo confirmado. Pretendo estar em Paris em torno de 1º ou 2 de Março. Avisarei. Abraço carinhoso (beijos a Patricia e as crianças) do teu

do coração

R.

PS. Mussorgski é a grafia atualmente adotada em português, onde o u soa como ou em francês.

Paris – 20 oct. 90

Bulhões querido,

E lá se foi o Leiris. Este é provàvelmente o último. A França fica definitivamente orfã. Cruzávamos (quotidianos) por vezes, nos anos 70, numa rua ou outra, Dauphine, Buci, Mazarine, Bd St-Germain. Outras, seguia-lhe os passos. Aparentemente um homem calmo calvo e sempre bem vestido. Um dia (há uns cinco anos atrás) não resisti, peguei-o pelo braço e gaguejei-lhe um elogio. A sua fisionomia, de espanto repentino transformou-se em sorriso, mas eu já estava longe correndo, dando saltos pelas ruas como se tivesse cometido o que não devia. Ficou sempre aquele gosto amargo de não ter esperado e não ter acometido + um pouco porque ele já ia se preparando pra dizer qualquer coisa quando fugi. Qualquer coisa de acolhedora, senti. Enfim! Teu do coração A.

Rio de Janeiro, 7 de Dezembro de 1990

Alécio querido:

Acabamos de nos falar ao telefone (são 14.30) e começo a te escrever, aproveitando o embalo. Retomo inicialmente o tema Drummond, lástima das lástimas, a péssima tradução tisnando de mancha indelevel o surgimento dele, em grande estilo, na Gallimard. Peguei, para amostragem, o poema da pedra. "No meio do caminho" tinha uma pedra" virou "j'avais une pierre". Onde é que fica a óbvia origem do verso, a primeira linha da "Divina Comédia"? Mas não é tudo. Você precisa ler a nota em que o tradutor explica porque o verbo passou da terceira para a primeira pessoa do presente do indicativo. É uma bobagem profunda do tipo que só francês produz. Esse camarada, Didier Lamaison (guardemos o nome! é um perigoso meliante!), provavelmente continua solto pelas ruas de Paris, hélas! Você sabe que oponho sérias restrições a Manet. Já conversamos a respeito. Pois assinalo, com prazer, que, em "The History of Impressionism", de John Rewald, d'ailleurs um livro excelente, bem documentado, bem organizado mentalmente, diria que indispensavel a quem queira entender um pouco do nascimento e da evolução do impressionismo, há reproduções de bom padrão de dois quadros dele de por água na boca: "Le Bon Bock", retrato do gravador Bellot no Café Guerbois, e "The Artist's Garden in Versailles" (cito em inglês porque não localizei o título em francês). Fiquei contente e aliviado. "Le Dépeupleur", conforme te disse um dia, recentemente, em um dos telefonemas que trocamos, me desnorteou completamente. Conecei a ler de má vontade, por se tratar de Beckett, fui sendo agarrado, agarrado, como quem procura ansiosamente seu próprio dépleupeur; não creio haver entendido tudo, e completamente; sei que a obrinha me encandeou: vou tornar a ela, mas daqui a uns meses, quando a houver inconscientemente digerido melhor e a puder ler desligado do impacto inicial absorvente. Posteriormente digo como terei reagido. Ainda não li "Erreurs choisies", do Heiner Müller, nem o volume da "Nouvelle Revue Française" de homenagem a Proust. Pelo índice bispei que contém coisas provavelmente ótimas. Gostei do poeminha seu sobre o inverno e o outono, ou melhor: o outono e o inverno, da dedicatória, especialmente do"céu mal grado azul" (tão Paris!) e do "desliza verticalmente" (tão suave!), que me encheram de sentimentos de ausência, de vazio, de pesar pela distância. O advérbio evoca o celerado. Didier-Lamaison traduziu o admiravel "caio verticalmente e me transformo em notícia" por "je pique verticalmente et me transforme en fait divers," como se Drummond tivesse dito que "picava verticalmente e se transformava em suelto." O bobo confundiu a morte no avião com a linguagem aeronáutica, e aquele fait divers é terrivel. Fiquei triste com o desaparecimento de Michel Leiris. Ninguém é eterno, sei, porém de qualquer modo a ruptura definitiva, em relação a certas pessoas, deixa na gente um travo de injustiça, de inaceitabilidade, de repúdio. Só conheço dele "L'Age d'Homme". Sumiu de minha biblioteca, porque alguém fez mão leve no volume ou por perda natural em alguma mudança. Se você o encontrar, mande. O problema nem é tanto do desaparecimento de algumas figuras, é o de sua não substituição à vista. Sob alguns aspectos o resumo de sua vida em "Libération" evocou em mim estados de espírito ou situações de minha própria vida. Só que agora não quero falar nisso. De outra vez retornarei com vagar ao tema. Nada de irrevelavel, apenas falta do mood adequado para versá-lo. Sua abordagem dele, em rua parisiense, equivale a meu encontro com Rubinstein. Não sei se já te contei. Eu descia de um taxi, na porta do Hotel Sherry Netherlands, em Nova York, onde

3.

de Janeiro, antes de regressar a Londres onde o curso universitário a aguarda a partir de 15 de Janeiro.

me achava hospedado. Vi-o sair do mesmo e encaminhar-se para pegar aquele taxi. Segurei a porta aberta. Quando se aproximou, perguntei "Mr. Rubinstein?..." e ofereci-lhe a mão. Deu-me um shake-hands. Curvei-me, beijei o dorso de sua mão direita e saí disparado. O velhinho ficou me procurando, já então de longe, no rosto largo sorriso de encantamento. Depois mergulhou no automovel e eu fui tomar, comovidíssimo, um uisque on the rocks, de que ainda guardo o sabor no coração. Estou terminando a primeira terça parte de "Os deuses mortos" que, girando em torno do coronel, de D. Luzia e de Helena, bem como da memória de Irene e da sombra de Ramiro, dá continuidade não necessária a "As quatro estações". Essa primeira parte chama-se "Suite n. 1" e é dividida em quatro movimentos não especificados, em que o segundo é uma espécie de adágio evocativo do passado e o quarto um andante amargo. Escreve-la me fez muito mal. Trouxe à tona uma série de coisas que se encontravam, em mim, ao que supunha, sepultas, e hoje vejo que se achavam tão somente profundamente adormecidas. Refiro-me a 1950, especialmente, quando o Partido Comunista pensou imbecilmente em virar de novo a mesa e desencadear movimento armado, o que não deu nem podia dar certo, mas custou dinheiro, suor, cadeia e choro legítimo a não sei quanta gente. A segunda parte será a "Suite n. 2" e a terceira parte a "Suite n. 3". Só vou me dedicar a elas, todavia, quando voltar da Bahia, após os festejos de fim de ano, durante os quais terei a honra e o prazer de me dedicar à nobre função de chevalier servant de Maria Paula, de quem sinto uma falta enorme. (*) Retorno ao Drummond (não resisto): isto é coisa do neto, Pedro, filho da Maria Julieta, que mercantiliza a torto e a direito a obra do avô e só pensa em tirar dinheiro dela, sem qualquer outra preocupação. Recentemente fez um papelão em edição especial sobre o Rio de Janeiro para a

(*) Iremos, a família inteira, para resort 70 km. além de Salvador de amigos nossos, onde estivemos há dois anos, extremamente agradável e descontraído. Maria Paula voará para Salvador diretamente de Frankfurt. Depois passa uns dias no Rio

a qual Drummond compusera especialmente dezesseis poemas, que vou te contar. A Hungria elege escritor Presidente da República: Arpard Goncz. A Tchecoslovaquia também: Vaclav Havel. Esta se iniciou com um intelectual: Masaryk, lembra-se? ou não é do teu tempo? e agora começa a restauração por outro. Bons ventos sopram enfim do leste! Se você puder tente encontrar para mim: 1. "Histoire de l'Art", sous la direction de Albert Châtelet e Bernard Philippe Groslier, Larousse. 2. "La Belle Époque" (les années 1900 par la carte postale), Larousse. 3. "Les Notions Philosophiques", segundo volume da Encyclopédie Philosophique Universelle, cujo primeiro volume ("L'Univers Philosophique") comprei aí, com você, na La Hune. Edição PUF. 4. Edições L'Arche: Georg Büchner, La mort de Danton/Leonce/Woyzeck; Rainer Werner Fassbinder, várias (todas se possivel) peças de teatro; André Gide, Notes sur Chopin; August Strindberg, teatro completo; Anton Tchekhov, idem; Ivan Tourguenev, idem. 5. Finalmente, Maurice Blanchot, "L'entretien infini" (para Ana Maria, minha sobrinha). Desculpe tanta encomenda, te enchendo a paciência! No próximo período baiano vou retomar a leitura da biografia do Rebelo. Não sei se você se recorda: empaquei no capítulo relativo ao acidente que êle sofreu e que a meu ver o despertou, em termos de reflexão quanto às próprias possibilidades e vocação, para a literatura. Acho que superei o impasse emocional que a matéria criou em mim. Distanciado, bastante, da primeira e deficiente redação desse capítulo, creio que hoje tenho condições de o rever, aprimorar ou até reescrever, e seguir em frente. Pelo menos, tentarei. Bom, chega de conversa. Vou ler e ouvir alguma musiquinha, enquanto espero o sono. Parei a carta no meio para ir à fisioterapia, voltei, jantei, despchei com Gilda cincoenta mil expedientes internos da casa e da vida conjugal, retomei a presente, e aqui às 23 horas encerro: em saudade, em amizade, em carinho do teu do coração

CONTINUA

8.12.1990 (continuação)

Não tenha a menor pressa em comprar os livros que pedi. Nada é urgente, e não se preocupe se não encontrar isso ou aquilo. Considerando que minha lista desta vez é muito extensa, mandarei um dinheirinho em Janeiro, apesar de você me haver tranquilizado, ontem, quando a seu atual estado de finanças. Recebi há duas semanas o extrato da conta corrente de vendas do "Elogio da corrupção", enviado pelo editor, encerrado em 30 de Setembro. O mercado absorveu cerca de 60% da tiragem, o que se não é brilhante, não é mau também, considerando a escassa imprensa que o livro mereceu. Afora a boa matéria no "Estado de S. Paulo" e duas ou três resenhas pífias, nenhuma outra notícia apareceu em lugar algum. Tenho tido muitas manifestações diretas, altamente favoráveis; publicamente, porém, o silêncio é quase absoluto. Incompreensão? Patrulhamento? Não sei, nem é facil, para mim, avaliar o que houve. Mais tarde talvez possa fazê-lo. Por enquanto, apenas me chateio. Sei que não produzi um best seller; sei ainda, contudo, que o "Elogio da corrupção" merece registro pelo menos. Isso me desanima um pouco em relação a "Os deuses mortos". Antes do Natal terei uma conversa com o Pedro Paulo de Sena Madureira para sentir-lhe o pulso. Pretendo libera-lo de compromissos quanto a continuar me editando. Não quero é carregar a responsabilidade de provocar prejuizos a mais um editor, embora êle jure que a Guanabara obteve lucro com "As quatro estações". Escreverei depois. Até breve, querido. Novo abraço. Carinhosamente

Rio de Janeiro, 19 de Janeiro de 1991

Alécio querido:

Este cretino do Saddam Hussein vai dar mais trabalho do que parecia à primeira vista.(x) Convenhamos aliás que era de esperar. O Iraque agüentou oito anos de guerra com o Irã e está bem armado. Pagamos nós o pato dessa loucura completa. Os Estados Unidos e os paises do Primeiro Mundo também, mas pelo menos o inventaram. Nós apenas pegamos uma carona, vendendo-lhe meia dúzia de tanques que provavelmente não funcionam. Já começou todavia agora preventivamente certa forma de racionamento (os postos fecham diariamente às 20 horas e não abrem aos sábados e domingos) e, pior, a simples ameaça do aumento do preço do petróleo influencia negativamente os índices da inflação. Ou dá desculpa ao governo para não conseguir baixa-los. O que é mais provavel, se bem conheço a ordinarice de nossos economistas e dirigentes e políticos e empresários e sindicatos e... Deixa para lá. O rol já vai suficientemente extenso. Cardim me trouxe uma obra que eu desconhecia e que é absolutamente fundamental: "Aphorismes", de Georg Christoph Lichtenber. Li-a de jato, no que perdi mais de dois terços, e agora a recorro, de vagar, duas ou três (no máximo) páginas por dia. Como se fosse homeopatia. Assusta-me que tenha vivido até hoje sem a conhecer. Ainda não me animei a pegar o "Proust" de Beckett. Está na pilha, em cima de minha mesa, me olhando acusadoramente: estou aqui, avisa, e você não estende sequer o braço para apanhar-me. Quando menos esperar, agarro-o e o digiro. Maria Paula embarcou de volta. Deixou um vazio enorme. Quanto maior nosso entendimento, que só faz acentuar-se, maior a ausência. Não há como fugir dessa insuportavel logicidade sentimental. Ontem, quando as notícias bélias eram péssimas supondo-se que Israel fora atacado por mísseis transportando armas químicas, socorri-me do "Cravo bem temperado", nas duas interpretações, de Sviatoslav Richter e de Wanda Landowska, ouvidas sucessivamente. Não posso transmitir a sensação de paz que me trouxeram. Aliás, não se trata de paz pròpriamente. Trata-se da convicção de que na realidade milhões de insensatos se matando não fazem a menor falta ao universo que habita João Sebastião Bach. A propósito, vide "As quatro estações" e a tese de Cristiano: o homem é inteligente enquanto indivíduo isolado e irracional enquanto membro da coletividade. Preocupado com a montanha de livros que venho te pedindo, e sabendo que os preços andam nas nuvens, tomo a liberdade de te mandar mais um chequinho, para não te sobrecarregar. Até breve, querido. De todos nós, Elza inclusive é claro (Elsa é sempre inclusive em nossos corações), beijo a você, Patrícia, Florencio, Baltazar. E a ti o abraço muito especial e saudoso, com carinho, do teu de sempre

(x) Não é à-toa que desconfio dos Presidentes de bigode.

Rio de Janeiro, 7 de Julho de 1991

Alécio querido:

Não me lembro se já te escrevi sobre o concerto <u>Adelaide</u> para violino, de Mozart. É preciso, doravante, paciência comigo. Vou ficando de miolo mole. Esqueço-me frequentemente de uma série de coisas. Se não o fiz, faço-o agora. Se já o fiz, faço de novo. <u>Pas grave</u>. O <u>Grove</u> o dá como inautêntico e o exclui da lista dos concertos para violino mozartianos, que reduz de sete para cinco; o outro eliminado apenas conteria escassos elementos originàriamente de autoria de Mozart. A biografia dele, por Arthur Hutchings, acrescenta, em apoio à tese da espuriedade: "O original desta obra, conhecida como "Concerto Adelaide" (de alegada dedicatória à filha de Luis XV) está em coleção privada na França, e aparte Casadesus, ninguém foi nunca autorizado a examiná-la." Casadesus era o editor de Mozart na década de 30 deste século. A referência desse concerto, durante o período em que foi tido como autêntico, é KA 294a. Agora, no Beethoven da Découvertes Gallimard, encontrei menção que ajuda a compreender porque Elza cismara que o <u>Adelaide</u> era de Beethoven e não de Mozart. Visitando-o, quando se achava quase à morte, Luigi Cramolini, ele (Beethoven) pediu-lhe que cantasse alguma coisa, e o tenor o fez, após vários esforços para dominar a emoção: "Finalmente, tomei coragem a cantei com entusiasmo a canção de todas as canções, a divina <u>Adelaide</u> de Beethoven." Essa igualdade de denominações é que deve ter dado margem à confusão a que me referi. Agradeço o artigo, excelente, sobre Serkin. Aqui, conforme já te disse, pairou o silêncio quanto à morte dele. Em compensação, a imprensa se desmanchou a propósito de

Cláudio Arrau, de quem enfim estamos livres. Anexo texto de Brendel sobre Furtwängler que vale a pena ler. Como também matéria emocionante, contendo poema de Paulo Mendes Campos, de que eu não me lembrava, e que, embora antigo, relido ou lido no momento em que morreu, soa premonitòriamente. Chegaram o <u>Bouddha en Amérique</u> (John Updike), a meu ver escritor importante, e a xerox de tua carta de 20.12.1990 a Patrícia que, conquanto não imediatamente, não pode deixar de produzir algum efeito. Efeito positivo, é claro. Me informe, quando escrever ou quando estivermos juntos. Pelos meninos sobretudo, também por você, e de alguma forma por ela, esse relacionamento me interessa demais. Fico frequentemente imaginando como reagirão êles, no futuro, à estranha situação que vivem perante os pais. Não consigo prefigurar direito o que será. Não sei como funciona cabeça de francês, neste assunto, ainda por cima quando filho de brasileiro e de americana, ambos acima da média e de comportamentos tão diferentes entre si. Torço para que Florencio e Balthazar venham a superar brilhantemente as indagações inquietas que se farão. Provavelmente não estarei vivo para vê-lo, o que não me alivia da preocupação que tais situações me causam; antes a agravam. Não sei se você recebeu "<u>O Senhor e o Sátiro</u>" e "<u>O Erro</u>", nem o que achou. Diga francamente, como de hábito. Expedi outro conto, há dias, "<u>A Iniciativa</u>", uma espécie de <u>divertissement</u> em dó menor. Leia e opine. Comprei recentemente, aqui no Rio de Janeiro, três albunsinhos de CDs, com nove discos de Mozart, todos de <u>Divertimentos</u> e <u>Serenatas</u>. Fiquei meio decepcionado. Afora alguns momentos maravilhosos – Mozart é Mozart! – pareceu-me que, na maioria, são de importancia menor, o que não se encontra nunca em

Bach. Valeu a pena conhecê-los, evidentemente, mas pode-se passar sem ouvi-los, o que foi pena sentir, grande pena. Consolei-me pondo a tocar dezenas de vezes a Missa de Réquiem e as Sonatas. Ao cabo de um fim de semana (o último) estava recuperado. Nãu pude pegar o livrinho dos jesuitas, o que farei brevemente. Ando numa dobadoura infernal. Continuo dando atenção, não obstante decrescente, ao escritório, porém produzo tres livros simultâneamente: a biografia do Rebelo, que retomei e estou refazendo a partir da primeira linha (e olhe que eu já tinha oito capítulos supostamente prontos!); meu romance, em que me aproximo do fim da Suite n. 2, faltando cinco ou seis páginas para termina-la, o que será significado, quando pronta, dois terços da obra; e "Rio de Janeiro 1922", em que, sob a forma de verbetes referidos a datas expressivas do ano, vou contando a vida, no País, naquela ocasião. Ana Maria, minha sobrinha, e uma amiga dela, Beatriz Rezende, muito inteligente e preparada, se encarregam das pesquizas externas e me criticam severamente os textos, à medida que os vou produzindo. Analucia bibliotecária, que você conhece, cuida do levantamento de dados internos, isto è: nos livros que possuo. As notícias que me deu ontem, sábado, telefonicamente, sobre o volume das mulheres, me animaram. Se bem te entendi, trata-se de tentar obter uma espécie de depoimento-entrevista do Singer, através do americano (de que não recordo neste momento o nome; é a arteriosclerose, sem dúvida), o que, se se conseguir, será magnífico. Dê notícias, dê notícias. Vou terminar. Maria Paula chegou ontem. Estou esperando a visita dela, para jantar. Ficará por aqui uns quarenta dias. Depois, manda-se para a Grécia, indo ao encontro da turma

(8.7.1991: Saul Bellow!)

da Universidade, lá ficando até início de Setembro, quando as aulas recomeçam e pretendo ir vê-la. Não sei se poderei passar por Paris. Tenho que voltar por Nova York, em função de interesse de cliente. Avisarei. Maria Paula terminou bem o semestre, do ponto de vista da escolaridade. Para os padrões europeus, entretanto, acho que precisa se esforçar mais. Vamos conversar a respeito, durante sua estada aqui. Até breve, querido. Beijos aos meninos, e o abraço muito carinhoso, a você, de Elza, Gilda e do seu do coração

Alécio

Paris 17-Jul-91

Bulhões querido,

Tentarei aqui responder — sem emendas — a sua carta de 10 de junho, como Você sugere, em forma telegráfica, sem preocupação de forma, com a sintaxe desatenta e com o pensamento do dia, imediatamente posto e sem aggiornamento. A descrição do casamento dos meninos em Sta Tereza é de um infernal poder descritivo e os detalhes múltiplos e efervescentes dão a anatomia do bulício que ali reinou, que terminou heroicamente, para a satisfação geral, com o terceiro noturno do "Rêve d'amour" ornamentando a aparição da noiva na sala diante de um juiz cuja expressão fico aqui imaginando. A breve narrativa do evento é esplêndida e dá de chofre, com curtas palavras, a natureza do acontecimento e do rebuliço que causou. Achei ótimo, e aqui ao longe, delectei-me.

Kafka, definitivamente, mesmo em carta aos pais, não vale a pena. Literariamente, o fôlego ao mergulho e a penetração são curtos deixando apenas a brecha ao interesse do ser patológico que foi, e a suas monótonas endiosincrasias. Deixemos êste assunto à psicanálise incauta e sem porvir.

Recebi tb. o artigo do Brendel no N. York Review assim como o artigo noticiando vida-e-morte do sempre imprevisível Rudolf Serkin. Exagerei um pouco no telefone, levado pela emoção do instante, afirmando que tratava-se do maior intérprete do século; exagêro, naturalmente visto que esta história de maior não existe, existe sòmente quando se trata de literatura: Shakespeare, é claro, et point à la ligne. E João Sebastião (o de Leipzig) pros lados outros da paisagem, pros lados da fuga e daquele* musical sempre ascendente.

É claro que prefiro o termo "cranear" ao "mentar" do Antônio: Houaiss morrerá Houaiss, também com êste nome! não poderia, naturalmente, ter acesso ao Real brasileiro, nem ao devenir um ser brasílico natural, desafetado. Aceptizou-se demais com medo do outono; e o êrros aonde os pôs?, os êrros e os defeitos tão necessários a creatividade, seiva da inteligência. Aceptizou-se, e a fatura se ainda não veio, virá.

Fico aqui sempre perplexo com a sua capacidade de trabalho, poderosa e permanente. Amalgamar a elaboração de vários livros a um só tempo, espanta-me sempre. Não conheço ainda, não tenho nenhum traço dos "Ídolos amargurados". Os contos são sempre excelentes, sendo que o último, que acabo de receber, "A Iniciativa", ocorre-lhe como aos outros, ter uma surpreendente musicalidade no corpo-escrito, limpidez na sucessão (enchaînement) das palavras, e aquele humor *subjacente que é seu, só seu, e no qual V. deve sempre insistir e ir sorrateiramente — sem que o leitor se dê conta — aumentando a dose. O tema de [illegible] "A Iniciativa" sentiu-o na pele — "La profondeur est dans la peau" como alguém disse o bigodudo e rebarbativo P. Valéry — com certo conhecimento de causa, em cujo desenlace sucede o invejável brutal a meter medo na suprema noite que fica em nós, e o que resta de tudo: a violência do vide. lancinante.

(uma criticazinha, se V. me permitir: acho aqui que o "O senhor e o Sátiro" foge um pouco à temporalidade na qual êle está inserido. Pensei assim mas posso estar inteiramente enganado) não estou seguro de que a biographie do Rebêlo necessite retoques, por enquanto, até onde fomos. Você termina os capítulos subsequentes, e pronto. Está feito. O que Você escreve não precisa de retoques, já nasce pronto.

Custa-me muito entrar no assunto que me diz respeito. Você insiste, com carinho insiste e pede, e quer saber quanto aos meus quefazeres; que eu diga a verdade, como vão as coisas, o buraco, a situação profissional, bancária, se os problemas relativos "aumentam insuportàvelmente ou apenas toleràvelmente". Recedivista, fico aqui tolhido. Frustrado por não ter tido frutos nas tantas e múltiplas iniciativas que entravei para curar a chaga, agatizo-me, viro pedra. Mas não perdi a esperança, malgrado a tal da cratera, vou indo em frente, continuo trabalhando insistentemente, ainda que todo êste esforço não traga fruto algum, mas certo de que se transformarão um dia, quando eu já cá não estiver, em © direitos autorais aos meus filhos. Sabes isto me basta. E por isto acordo cêdo, às 8.00 damanhã estou no piano, à tarde às voltas com a photographia. Não me deixo cair, o importante é ir em frente jogando sementes mesmo se por vezes elas caem no asphalto. E a Rosa do Drummond não brotou ali onde não devia? no imprevisível macadame?

Você me surpreende às vezes (e em quantas e tantas vezes!) É obvio que é "o peixe vivo", lá dentro vivinho da silva, lá dentro de Sonata em dó maior KV 309 do Wolfgangzinho (nº 7) no final do 1º movimento, fui na partitura constatar, precisamente inscrito nos 2 compassos que precedem os 6 últimos compassos do 1º movimento. Ovo de Colombo! Só Você mesmo pra ir descobrindo estas coisas, surpreendendo sempre. E note o curioso-seguinte: eu trafego nesta sonata há anos, e cada vez que ali chegava, sobrevinha-me nos dedos e no corpo um prazer imenso, espécie de alegria-tesão, sem nunca ter sabido porquê. Veja o inconsciente, a fôrça do destino e do mar e terra-pátria. Nunca percebi mas estava, intacto, lá dentro: o peixe vivo. Só Você mesmo, oh Bulhões. Espero que Gilda, tendo deixado a dança de lado, esteja melhor do pé. Espero tudo em boa ordem. P.

Tem do coração Aléxis/

*subjacente

Alexo —
[illegible]

Paris 31. Jul. 91

Bulhões querido,

Agradeço, agradeço muito. Acabo de receber o dinheirinho
que você carinhosamente me enviou em forma de cheque. Andava
lá meio desenganado, solitário e perdido, e como acrésci-
mo o desenlace Barhevis Singer projetou-me mais embaixo
ainda: tudo por recomeçar, Santo Deus! e o mês de agosto de-
fronte, vazio, a áspera perspectiva de um "passage à vide"
iminente. Há um ano, exatamente, que não me dão traba-
lho, nenhuma commande de lugar algum, e o que fabrico à
mão, invendável. Disto tudo sobreveio-me uma idéia, resulta-
do de mêses de angústia e reflexão solitária, a qual gostaria
de submeter-lhe, de viva voz, mas faço-o aqui e agora aprovei-
tando êste impulso. A evidência mostra que eu não posso competir
com o mercado visto que, comprovadamente, o mercado não quer saber
de mim (afora Museus, Instituições do Estado, etc., trabalho que
para mim fazia a Patrícia e que, como V. sabe deixou de fazê-lo)
logo tenho que, *in extremis*, mudar de tática com a + alta urgên-

→

cia, sabendo que o <u>devir</u> não esperará por mim se dele não for eu ao encontro, com toda a garra, de corpo inteiro, e sem nenhuma hesitação. Logo mudarei hoje de registro, levado pela força da gênese e pelo <u>devir</u> de meus filhos — e queria aqui não só a sua opinião como a sua ajuda-irmã. Tentarei, daqui pordiante, bolsa de estudos de toda sorte (os 2 maiores photógrafos deste meio século, Eugene Smith e Joseph Koudelka — afora H. Cartier Bresson porque tinha herança — viveram sempre de bolsas, sendo que o 1° até o fim da vida, renovando-as.) Solicitaria, já hoje, àquela + próxima, que está + ao meu alcance: Gulbenkian, structuradíssima fundação portuguesa. E aqui eu perguntaria a Você, se seria muito lhe pedir uma cartinha do João Cabral a José Blanco em Lisboa (o João Cabral é um Deus em Portugal, e na sondagem que por aqui fiz, é carta real e decisiva) solicitando, neste caso, uma subvenção ao livro que venho preparando sobre o "Thema do Feminino" — fizeram-me crer aqui q. este tipo de subvenção pode ser conferido fora da época ou período estipulado. Telephonarei daqui há alguns dias para lhe dar maiores detalhes e saber o que Você pensa a respeito. Atacarei outras igualmente: Prix Henri Cartier Bresson, em 1993; 250.000,00 Fr. e Guggenheim. Irei assim de bolsa em bolsa até eles me descobrirem. Veja que estranho o destino: eu estou posicionado mundialmente em 3° lugar nas vendas de Cartão Postal, o 1° H. C-B, o 2° Doisneau. Vá entender! Muito obrigado, meu querido Bulhões, e vamos ver se saímos dessa. Teu do coração Alécio,

Alécio – Corresp.

Paris 13 - Agosto - 91

Bulhões querido,

Escrevo aqui às pressas, já com um considerável atraso de umas vinte horas. Atrasei-me, em parte, em virtude do encontro que nesta manhã, de terça, tive com o nosso provável futuro editor: Adam Biró. Travamos um tête à tete violento no bom sentido, salutar, tônico, mas um salve-se quem puder, êle atento ao que eu progressivamente afirmava, acabou aos poucos se afastando da idéia que vinha convictamente nutrindo através da qual procurava demonstrar que o mercado de livro de Photographia é hoje um desastre. Afastei-o, penso, definitivamente daquele posicionamento quando resolvi concordar com o que postulava, acrescentando: "é claro que é um desastre, e o Sr. tem toda razão, e só não o será no momento em que estiver acompanhado de um texto real, qualitativamente real e com vasto poder de penetração na escuta de um público avertido à um publico de um modo geral, pelo 1º condicionado êste mimetiza-se e consome. (o texto é o gato de Venceslau Braz, é pra vender photo) Imagem, continuei, de nivel não se vende neste nível, mas literatura vende-se, e aos ponta-pés, em tôda parte do mundo, e sobretudo nos U.S.A, milhões de exemplares, exaltei. Aproveitei em seguida, pra de chôfre, acrescer ao tema à idéia da ressurreição do I. Baschevis Singer pelo poder da amizade que de Saul Bellow poderia emergir e finalisei mostrando-lhe em itálico que a memória, aqui e agora um novo e surpreendente elemento, viria inserir-se na trilogia nascimento - vida - e morte, também esta, em lingua francêsa, no Feminino. Com êste argumento e tenho a impressão que sorrateiramente, êle caiu do cavalo, botando a mão já ponderada no queixo; seguiu-se então uma mutação no olhar. O homem sorriu, pedindo-me um delai de reflexion de 7 jours. De repente, senti, que a coisa virara desafio, duelo, guerra, questão de vida ou morte e "o porque não entrar nesta"? parecia começar a corroer-lhe surdamente. Despedimo-nos com entusiasmo. Aguardaremos, meu querido Bulhões, os 7 dias, por ele evocados.

Quanto à Gulbenkian, telefonei à Lisbôa, e a voz luzitana confirmou o que tinha, aqui em Paris, sido afirmado: o Sr. Dr. José BLANCO, diretor do Serviço Internacional (inclusive para brasileiros) é quem tem poder de decisão. O presidente, Dr. Azeredo Perdigão, parece, deixaram transparecer, não ter este tipo poder; em todo caso a opinião de Lisbôa coincide com a daqui, que é de fonte oficiosa e aparentemente segura.

Segue xerox de cartas onde fica magramente apresentado o conteúdo do projeto. Mandarei em seguida a synopsis, que pedi ao Almir de reelaborar.

Telephono atiante. Agradeço sempre e muito. Abraços à Gilda Elza e D. Neuza. Teu do coração Alécio,

Fundação Gulbenkian - Serviço Internacional
Avenida de Berna 45
1093 Lisboa Codex
Tel: (1) 793 5131

Rio de Janeiro, 19 de Agosto de 1991

Alécio querido:

Chegam livros sem parar. Mente alerta, mãos abundantes, coração a-berto - o resultado é bom, é o último. Justice pour la Justice foi o último. Vi-o diagonalmente antes de dar ao José Luiz o exemplar anterior. Me interessou. Agora o repassarei com calma. As cartas de Thomas Mann ficarão para um pouco mais tarde. Algumas em que me detive, folheando, chamam a atenção, falam da importância da obra. Outras são francamente insignificantes. Por que, ao organizar coletâneas desse tipo, ninguém tem a coragem de uma triagem criteriosa? Ficam com medo de que omissões eventuais sejam censuradas? Ou da própria capacidade de seleção? Um cartão postal de três linhas a Julius Bab contendo uma frase misteriosa ("naturellement, je me souviens"), o regret de que não estejam juntos e a declaração de que Hitler é um incomparable cochon nada signfica. Felizmente textos desses são minoria. O Franz Kafka, Préparatifs de noce à la campagne, também há de esperar, não muito, creio: alguns trechos, ao acaso entrevistos, sobre suicídio, deixaram-me altamente alvoroçado. Terminei o Album Sartre, não fora a incendiada curiosidade que a origem despertou em mim: "uma moça-mulher, bela amendoeira de coxas largas, bela copa ... do labirinto da livraria onde trabalha", precisamos urgentemente ir lá juntos, Dédalos modernos, quando porém? não sei, não sei, receio que menos próximamente do que tanto desejara. O Quéneau, Exercices de style, está guardado, na expectativa do momento da biografia do Rebelo em que será chamado a intervir. Sua função é instrumental, apenas. La Prose de Rimbaud vai comigo na próxima viagem. Preencherá os vazios inevitáveis, que sempre surgem, felizmente, assim como o Les missions jesuites. Não consigo, quando estou fora, em passeio ou a trabalho, deixar de me aconchegar pelo menos um dia por semana dentro do hotel, e aí ficar em solitária leitura ou meditação, não digo que sempre produtivas; repousantes pelo menos. Para tais horários de folga e mais os tempos vagos nos percursos de avião, preciso da companhia fiel da palavra impressa. Faltou coragem para pegar o Chomsky, Théorie du Gouvernment et du Liage, apesar da atração do tema e do respeito que dedico ao autor. É um osso duro de roer, não obstante. Ao recebe-lo, não pude deixar de pensar na descompostura que levarei de Ismael se souber que ando lendo em francês textos originàriamente ingleses ou americanos, como o S de John Updike, fascinante. O ensaio do Time sobre Mozart enche as medidas: enxuto, preciso, moderno. Por falar no qual venho de comprar, aqui no Rio de Janeiro mesmo, os concertos para sopro pela Academy of St. Martin-in-the-Fields, com um, K 412, para trompa, deslumbrante, e lá no meio do segundo movimento, imagine com que me defrontei? nada mais nada menos do que a toada de Ó Minas Gerais, te recordas, quem já te viu não te esquece jamais, ó Minas Gerais! Maravilha. Há também uns para flauta ou oboé ou fagote, estonteantes. Por falar em próxima viagem, embarcaremos a 2 de Setembro, direto a Londres; a 5 seguimos, com Maria Paula, de carro, para Gales, de onde ela regressa a 8, porque a 9 recomeça as aulas, e nós (Gilda e eu) continuamos, visitando a Escócia, retornando a 15 de tarde, de avião, para jantar, pois Maria Paula fará 21 anos. Por que você não vem de Paris, como fez anteriormente, passar uns dois dias conosco? Telefonarei antes de embarcar, lembrando e cobrando. De Londres preciso retornar via Nova

York, a negócio, para desembarcar no Brasil provavelmente a 2 de Outubro de manhã. Estou animado com a hipótese da Gulbenkian. Assim que tiver tua carta em mãos escreverei a João. Espero não ter a decepção de uma recusa. Shiró chegou ontem e me telefonou. Trouxe o remédio de Gilda. Gratíssimo. Amanhã mandarei o José à casa dele, apanhá-lo. Ismael faz anos hoje. Mandei-lhe de presente uma estupenda edição fac-similar do dicionário de Samuel Johnson, cujo único inconveniente é ser do tamanho de um bonde, não sei como entrará no apartamento do casal. Ainda não tive nenhuma reação. Aguardo! Nosso Venancio, acho que você sabe quem é, entrou para a Academia Brasileira de Letras. Empenhei-me enormemente com meus amigos acadêmicos, pedindo votos, e por um triz ia sendo enredado em trama solerte, que visava a me atrair para o convívio da Imortalidade. Logrei evitá-lo, com jeito e paciência e malandragem. Dei cambalhotas de circo, a risco de deslocar diversas vértebras. Escapei, todavia. Ileso permaneço em meu canto, nobre e isolado canto, de que as Musas passam ao largo, porém também passa ao largo Josué Montello, por exemplo, no que já se vê que saio ganhando. Ciao, querido. Até breve, até brevíssimo. Beijos aos meninos, beijo a Patrícia (se você ousar). De Elza, de Gilda, de Maria Paula, de mim. E a ti o abraço carinhoso, que vem do coração, do amigo certo

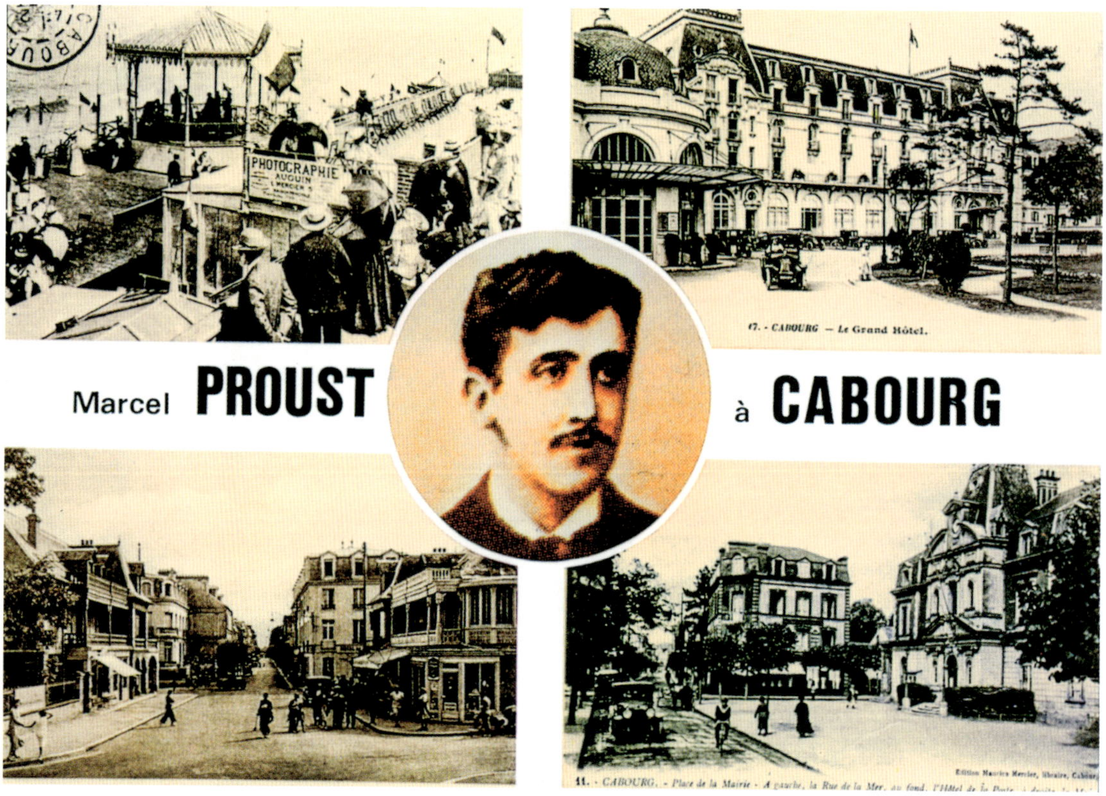
PHOTOGRAPHIE
AUGUIN
47. - CABOURG — Le Grand Hôtel.
Marcel PROUST à CABOURG
Édition Maurice Mercier, libraire, Cabourg
11. - CABOURG. - Place de la Mairie - A gauche, la Rue de la Mer, au fond, l'Hôtel de la Poste

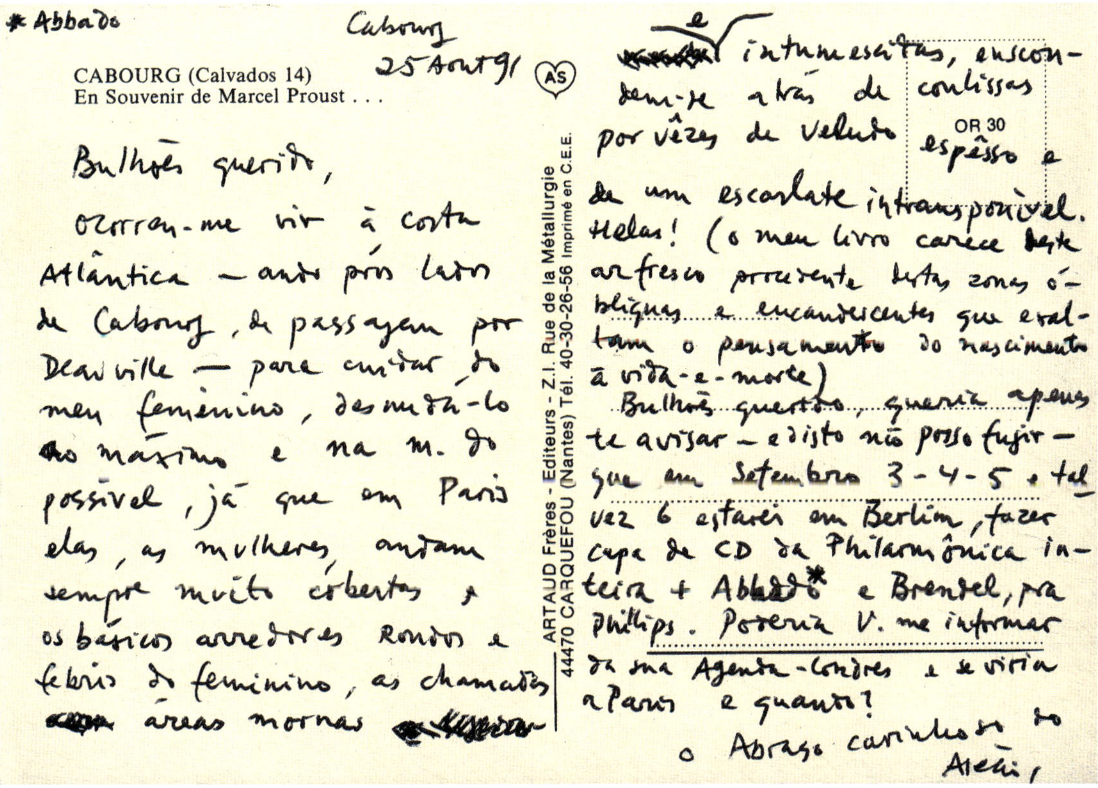

* Abbado

Cabourg
25 Août 91

CABOURG (Calvados 14)
En Souvenir de Marcel Proust . . .

Bulhões querido,

ocorreu-me vir à costa Atlântica — ando pros lados de Cabourg, de passagem por Deauville — para cuidar do meu feminino, desnudá-lo ao máximo e na m. do possível, já que em Paris elas, as mulheres, andam sempre muito cobertas e os básicos arredores rondos e febris do feminino, as chamadas áreas mornas e intumescidas, esconde-se atrás de coulissas por vêzes de veludo espêsso e de um escarlate intransponível. Helas! (o meu livro carece deste ar fresco proveniente destas zonas oblíquas e encandescentes que exaltam o pensamento do nascimento à vida-e-morte)

Bulhões querido, queria apenas te avisar — e disto não posso fugir — que em Setembro 3-4-5 e talvez 6 estarei em Berlim, fazer capa de CD da Philarmônica inteira + Abbado* e Brendel, pra Phillips. Poderia V. me informar da sua Agenda-Londres e se viria a Paris e quando?

O Abraço carinhoso do
Alcin,

ARTAUD Frères - Editeurs - Z.I. Rue de la Métallurgie
44470 CARQUEFOU (Nantes) Tél. 40-30-26-56 Imprimé en C.E.E.

OR 30

Rio de Janeiro, 2 de Julho de 1992

Alécio, não te escrevo há milênios, o que me desgosta e me faz mal. Embora você não seja lá muito bom de resposta, quando minha carta sai é um pouco assim como se dialogássemos, porque o que digo sei que fica, e o comentário que comporta integra a conversa interminavel, talvez acrônica, porém permanente, que mantemos desde não sei quando. De vez em quando chega um cartão teu, acomapnhado ou não de elementos de interesse de vária natureza, que me encanta e me deixa de água na bôca. Não sei infelizmente pôr no papel correspondência carregada de beleza e sentimento, como a tua. Por temperamento, que a deformação profissional acentuou, desse ponto de vista, minha epístola é de um modo geral seca e objetiva, o que a torna incompleta, necessariamente incompleta. Vira relatório, perde a face de expressão de sentimento. Perdoa. Como diz o personagem principal de La Cage aux Folles: I am what I am, and what I am is an illusion... Quisera o teu dom de transmissão do sentimento, quisera saber não me ater tanto a fatos e realidades exógenas. Mas não posso me modificar, nisso pelo menos. Vá me aguantando assim, portanto, e procurando nas entrelinhas o que não digo nas linhas. Você sabe, mozartiano que é. Tenho trabalhado intensamente no Rio de Janeiro 1922. Sob a forma de verbetes referidos aos dias do ano, acabo contando a vida e a história da cidade, no essencial, até bem recentemente aliás porque é inevitavel aduzir às narrativas e interpretações de época dados e comentários posteriores, quando pertinentes, que frequentemente me trazem a 1992. A pesquisa é de suar a camisa, embora Ana Maria (minha sobrinha), Analucia (minha bibliotecária) e Beatriz Resende, ou Biá, amiga de Ana Maria e que por indicação dela contratei, façam o ~~xxx~~ levantamento externo. As três são de nivel excelente; a terceira é de impressionante acuidade crítica; a revisão que fazem de meus textos, obriga-me com grande frequência a reescrevê-los de ponta a ponta, quer dizer: me trazem de

camto chorado. Mas a verdade é que esses textos vão ficando sempre melhores. O livro é meio irreverente. Tratando-se de história, tomo o maior cuidado para não imprimir-lhe nenhum tom admirativo boboca, o que, se não me cuido, pode acontecer quando menos se espera e deseja. A Biá chama-o, com propriedade, de dessacralizante, o que significa, por outro lado, que se elogio alguém, o cumprimento se valoriza. Tenho trabalhado, menos, no romance, Os deuses mortos. São doze partes aproximadamente do mesmo tamanho. Terminai onze. Esta, custei enormemente a vencê-la, porque optei por audácia estilística de enfiar um poema no meio da prosa, sem grandes explicações preperatórias ao leitor, e o poema foi um caro custo para délivrer. Saiu, enfim. Começarei amanhã o décima-segundo e último quadro. São quinze páginas de angústia e dificuldade que me esperam. Não posso parar agora. Seria absurdo. Conquanto a vontade enorme de o fazer. Estou tentando, para vencer a inércia, atacar, nos dias de que disponho inteiros, como será êsse domingo, um pedaço de cada. A diversificação alivia as tensões, físicas e emocionais. Reiniciei a partir do terceiro capítulo a biografia do Rebelo. Muito lentamente. Já eu o considerava pronto; cheguei até a te mandar uma via, lembra-se? Rasguei o feito e o recompuz. Veremos se consigo reincorpora-lo e prosseguir, nem que seja no tipo stop and go. Volta e meia me perco nesse mar de projetos e obstáculos, é claro. Paro. Leio. Ouço. (Neste preciso momento, trata-se de concertos para violino de Bach: BMW 1041, 1042 e 1043.)
O que está uma confusão de tirar o sono é o Brasil, Alécio querido. A quadrilha que se instalou no governo, é óbvio que com o conhecimento e a provavel participação do Presidente, extrapolou. Chegou a um ponto capaz de encabular qualquer soba africano. A nação não agunta mais. Instalou-se uma Comissão Parlamentar de Inquérito que, contrariamente ao habitual, investiga para valer e tem descoberto coisas

do arco da velha. Collor não chegará ao fum do mandato, não há dúvida. Ou renuncia ou será impeached por corrupção. Entrará o Vice, que é honrado, e cincoenta anos atrazado em relação ao que se passa no resto do mundo. Deixaremos de ser governados por um gatuno, para ser governados por um asno. Excelente perspectiva, como vê. Nossa única esperança é que as lideranças políticas, que estão se mostrando inacreditavelmente maduras, consigam estabelecer um dispositivo civil de controle da gestão governamental que impeça o pascácio de atuar com força excessiva. Quem sabe? Pois não dizem que Deus escreve certo por linhas tortas? Pois então ponha linha torta nisso, e talvez a gente chegue lá. Felizmente, o golpe militar parece solução em que nem os mais empedernidos militares pensam por enquanto. Fiquei encantado com o livrinho Découvertes Gallimard sobre o Carnaval. Achei-o, para dizer toda a verdade, um pouco limitado, no texto, mas é graficamente uma beleza, e lá descobri referência à Festa dos Tolos que, acho, vai me ser util quando abordar o 1º de Abril de 1922. Preciso me redimir em parte de observação anterior que te fiz, não me lembro exatamente em que oportunidade, sobre Nina Berberova. Li "O mal negro", e é bom. Anexo matéria do New York Times que guardo a partir de Fevereiro para te mandar, sobre a suspeita idiota de que Schubert possa ter sido viado, Nem sei o que diga a respeito. Nunca ouvi falar nada do gênero. Mas se foi? E daí? Enfim, é só por curiosidade, nada mais. Não se preocupe se você quer me endereçar carta e a carta não sai, como diz em um daqueles ssus famosos cartões. Não vê que também fiquei entupido, e por longo tempo? O essencial é que não me deixe inteiramente sem notícias, e que vez por outra, pinte uma palavrinha tua, curta ou comprida. Out of sight, not out of mind. Pelo visto, você continua sem solução para a autoria do livro relativo ao eterno feminino. Para ser absolutamente franco, não chego a entender porque resiste ao Cela. Enfim, o principal é que não pare de procurar uma solução. O livro não pode é continuar inédito! Suponho que o trabalho continui escasso, a julgar pelo que você me tem dito ultimamente ao telefone. Apreciei as materias que me enviou sobre Levy-Strauss, Messiaen, Colombo. Te mando ainda outro artigo, também do New York Times, sobre Sura Cherkassky. É bom? Nunca o ouvi. E outra, do Economist, abordando o que é verdadeiro e o que é falso em arte. Vide o Elogio da corrupção. Aconteci, no ponto, antes deles, embora - hélas! - não o saibam. Maria Paula está sendo aguardada segunda-feira próxima, de manhã. Acabou bastante bem o semestre, e mais um mês, espontâneo, de summer school, com o que passa lá estudar em campus pertinho de onde mora, o que é ótimo, e sobe de sophomore a junior. A garota, sem ser cu-de-ferro, está dando no couro, o que me enche de alegria. O negócio do marca-passo me pregou um susto sério. Eu não sentia nada. Passei no médico para uma examinada de rotina, só porque ia viajar na semana seguinte e tivera pequenas variações de pressão, nada preocupantes em si. Por uma questão de conveniência mútua, fui vê-lo (ou me deixar ver) no hospital e não no consultorio. Pois fui e fiquei. Meu pulso estava em queda livre. 40, 38, 36, 34... Se atingisse 25 eu teria uma convulsão, com possibilidade de lesão cerebral. Internado imediatamente, feitos os testes possiveis e imagináveis, entrei na cirurgia e uma semana depois voltava para casa com o tal aparelhibho embutido no peito. É um gadget eletrônico diabólico: estimula o coração para que êste bata sempre normalmente; digamos, 68 ou 70, em condições de rotina; algo mais, após esforço; algo menos, se durmo, por aí além. Os senhores doutores me perguntam como me sinto agora. Considerando que eu nada sentia antes, o que é incrivel, porque eu devia ter sentido efeitos diversos que não detectei, só posso responder que continuo a não sentir nada, voilà.

Terei que me submeter a um controlesinho semestral, banal, que não exige nenhum exame complicado ou sequer incômodo. Não sei é se o marcapasso está à vontade dentro de mim. Não há risco de que eu o rejeite. Suponho verdadeira a recíproca. Tivemos uma invasão da casa por cupins, Alécio, que foi muito, muito, pior. Se não acordássemos em tempo, teríamos sofrido um desastre de consequências irremediáveis. Os calhordas além de discretos appetizers aqui e ali, iam me comendo como prato principal uma viga de sustentação do pavimento superior, o que, por ser ela embutida no forro, não percebíamos. Fiz-lhes guerra impiedosa. As reuniões que realizávamos, para traçar as táticas de combate, pareciam de Estado-Maior. Precisei até importar de São Paulo, para diversas visitas ao campo de luta, um cientista universitário, entomólogo de conceito e nomeada, que nos ajudou tremendamente. Gastei uma fortuna. Parece que o conflito se encerrou. Precisaremos doravante manter um esquema de vigilância constante, mas o perigo passou. Elza vai bem. Volta e meia se queixa de umas leves tonturas, ao que tudo indica normais, consideradas idade e condições de vida, e que passam logo. Dos meninos - Florencio e Balthazar - você me fala, quando nos telefonamos, de modo que me considero informado. Encomendei para êles, em Lomdres, um belo exemplar ilustrado, destinado a crianças, das fábulas de Esopo, que enviarei por via aérea tão logo chegue. Suponho que tuas relações com Patrícia permaneçam na mesma. Que não tenham piorado, já é bom. Continuo com planos de ir a Europa em Setembro, detendo-me desta feita por uns dias em Paris. Até breve, portanto, querido amigo, até breve. Por enquanto, o abraço muito carinhoso e a saudade muito grande do seu do coração

PS — Foi-se mesmo o Anjo Azul! Drummond preferia a sueca. Nunca entendi isso. Todo ele era muito mais a Dietrich, e no entanto ficava embevecido com a Garbo. Eu preferi sempre a Dietrich. Enfim, lá se vão aos pedaços nossas vidas e o fato é que hoje dos três não temos nenhuma.

Paris 4 - Agosto. 92

Bulhões querido,

Agosto chegando, entrando sorrateiramente em scena. Agosto, mês de perdas e danos. E quantas dôres ensurdeceram-se ali aos gritos. Assim foi, assim continua sendo. Rebelo primeiramente, Drummond, e o Pai que pouco tive também Andrade à sua maneira. Mês de rupturas amorosas draconianas, ofegantes. Toneladas de emoções perdidas no chaos debaixo da ácida cumplicidade solar: enganos, mutilações e aquele gesto incanto que estorva o ânimo e o porvir. Mas os sonhos estão presentes, que

Agosto não interdita sonhos, fluidos noturnos em órbita e à cavalo branco ameaçando a função suprema da noite, o infindável sono com venezianas pro amanhecer. A esperança, ~~[illegible]~~ seda frondejante estendida nos dóceis seios do destino, não se renderá jamais. Assim venceremos, invictos.

Recebi a sua linda carta de 2 de Julho, comovido. Precedeu-a 2 outras: o fraternal entrevero com o Cardim que só me enche de alegria. Responderei adiante, por enquanto exalta-me a inserção de um imprevisível poema-capítulo em "Os Deuses Mortos", por quê não? Quero ver isto de perto. Mande-o por favor e acelere aos moldes irlandês.

Saudades, carinhosamente teu,

Alexis!

Albrecht Dürer
Autoportrait, 1493
Parchemin original transposé sur toile, 57 x 45 cm
Extrait de l'*Agenda Louvre*, Éditions de la Réunion des musées nationaux / Éditions Adam Biro, Paris, 1991

The Last Supper, after Leonardo da Vinci
Rembrandt van Rijn, Dutch, 1606–1669
Red chalk on paper, 14 3/8" × 18 11/16"
THE METROPOLITAN MUSEUM OF ART
Robert Lehman Collection, 1975 1975.1.794

Alécio querido: Ontem, quando você me falou ao telefone sobre o episódio de sua nomeação para o Ipase, fiquei emocionado demais e não logrei continuar. Hoje, reequilibrado já, venho restabelecer a verdade histórica. Pois quem pediu colocação a Almir para um grande amigo, que era você, não fui eu, foi Rebelo. Posso testemunhá-lo porque participei da decisão de assim proceder e porque fiquei na anti-sala de Almir, esperando o resultado da conversa entre os dois — ele e Rebelo — altamente positiva e gratificante para todos nós. *In memoriam* de Rebelo e Almir, ~~[illegible]~~ preciso te contar o que realmente aconteceu, achando, como acho, fundamental que você saiba de tudo a respeito. Um beijo carinhoso de Annaluiza e do teu do coração [illegible]

Rio de Janeiro, 21 de Abril de 1997

Printed in the U.S.A.
01-03528-6 © 1990 MMA

Ismael Cardim, Paris, 1995

Ismael Cardim

(1929 – 1999)

Paris, 31 de outubro de 1963

36, rue du Dragon – 6e
(fumando MIXTURE nº 79)

Meu caro Alécio,

Espero que Você tenha recebido meu cartão de Veneza no qual eu prometi escrever com calma assim que chegasse a Paris... Mas, Você sabe que nem tudo acontece como a gente espera e calma foi o que menos encontrei até agora. Deo gratias, não obstante.

Esta é a cidade cruel, a grande cidade necessária, a Cidade. Encontro Paris tão igual a tudo o que guardei na memória que até me surpreende que Paris me surpreenda. No entanto, vou de alegria em alegria, de susto em susto diante dêste outono irreal apesar do tão palpável tapete de folhas sêcas. Sábado passado no Bois de Vincennes, onde passei o dia inteiro, o ar estava de beleza tão grande que se eu me deixasse chorava. O fato de haver estações e nítidas mudanças na natureza faz Você pensar diferente, achar que tudo está certo, que se é assim é porque não pode ser de outro jeito. Que grande órdem existe em tudo! O mundo é e acabou-se!

Mas Alécio, não tenha medo, esta não vai ser uma carta completamente "frases". Darei notícias concretas pois que elas existem e Paris maltrata os tolos e liquida os nefelibatas. O "France-Soir" noticiou a morte do último, ôntem, numa horrenda mansarda aqui em Saint-Germain des Prés. No seu catre imundo encontraram pilhas de papeis escritos: sonetos, contos, ensaios literários, etc. Ao que parece o infeliz morreu de fome mesmo.

2

Hoje faz um mês que estou em Paris e ainda não pude assentar muito a cabeça. Se Você bem se lembra eu sempre dizia que aqui acontecem coisas. Pois é. Já conheci bastante gente e frequento com assiduidade o mesmo Café do Boulevard Saint Germain (que é uma avenida aqui, aliás de muito respeito) em que outrora fiz tímidas aparições em francês capenga. Falar nisso, encontro agora uma grande segurança na expressão oral (contar, explicar, expor, convencer, mentir, conquistar, etc.). Estou matriculado na Sorbonne num curso Superior de Língua e noutro de Literatura Contemporânea. As aulas terão início a 15 de novembro, que aqui não é feriado. Enquanto espero vou tôdas as manhãs à Alliance Française onde aprendo os grandes arcanos da conjugação francêsa e outros problemas congêneres. A disciplina é necessária e eu conheço a minha grande inclinação para não fazer nada e depois descansar.

É muito engraçado ver como a nossa versatilidade, malandragem e leviandade espanta e encabula os francêses. Estou me fazendo uma reputação de sabedor de coisas só porque bebo uns vinhos e deito falação sôbre qualquer assunto. Falar em vinhos, Você que sabe, Você que gosta, Alécio Você ia ficar doido aqui! Ante-ontem perdi a cabeça por um momento e, em companhia de uma dama, encomendei um "Chambertin" que foi bebido com grande unção, com grande respeito diante de um "foie-gras" sôbre torradinhas... Lá uma vez ou outra eu me permito essas loucuras. O irmão corpo agradece comovido.

3

Já fiz tôdas as obrigatórias visitas de saudade: Place des Vosges, Place de la Contrescarpe, Place de Fürstemberg, o Sena e suas pontes, etc, etc. Flanei longamente enquanto o tempo permitiu (que agora já temos 10° e 8° todos os dias) e acumulei muita beleza para gastar no inverno quando houver neve e 10° abaixo de zero. - Para vencer minha timidez falo com estranhos (as) na rua. Tomo coragem, me dou 1 minuto de relógio e falo qualquer coisa. Às vezes não obtenho resposta mas mesmo assim minha consciência está em paz. Faço o possível para conhecer gente, que, no fundo, é o que conta. Às vezes falam comigo também. Que beleza as primeiras palavras que trocamos com alguém e tudo vai dando certo. Há por aqui uma cerimônia, uma cortezia nas primeiras frases que permite a você escolher se vale a pena ser íntimo ou não. É um jôgo maravilhoso. E a mudança do "vous" para o "tu"? Que emoção!

Vejo tanto assunto para as suas fotos que me dá raiva de você não estar aqui. Imagino você e a Pentax, ofegantes, em delírio, neste outono em que tudo é beleza! Alécio, Paris existe! - E o Carlinhos, vem mesmo? Diga a êle que estou esperando notícias. Devo-lhe um jantar c/ bom vinho.

Já há uma semana estou instaladíssimo aqui no 36, rue du Dragon, no coração de Saint Germain. Imagine você que encontrei pelo mesmo preço lá da "rue de Lille" um

4

quarto bem maior, com chuveiro e telefone! Estou muito conten-
te! "Chauffage" central, cama bem grande e macia, armários,
mesa enorme, 1º andar, rua calma, tudo 100%! Pago aqui
400 N.F. tudo incluído. (± uns 3 dólares por dia). Não mais mer-
gulhos no bidê! Agora tenho chuveiro de água sempre bem quen-
te. Só não posso é cosinhar no quarto, a dona do hotel
não permite, mas o resto é tudo 100%.

Tenho visto o diabo a 4 em matéria de cinema! Tea-
tro pouco porque é caro (vi só uma peça: "La Danse de Mort" de
Strindberg). Música existe às pampas mas como não encon-
trei melômanos para companhia não me animo a pagar os
preços que não são nada baixos. Assim mesmo já me
inscrevi como membro da "Jeunesses Musicales de France" e
gozarei de bons descontos. Em Florença vi, na maravilhosa
~~[illegible]~~ Galleria degli Uffizi, o pianista ~~[illegible]~~
Maurizio Pollini, mas não vou emitir opinião porque você
conhece a minha ignorância na matéria.

Bem meu caro Alécio, fico por aqui. Tenho mais
4 cartas a escrever e daqui há uma hora minha da-
ma vem me buscar de carro (Triumph Sport) para dar
(olha o conselho do Justino! v. Carlinhos)
uma volta. Dê um grande abraço ao Pena, à Monita, ao
Carlinhos, ao Daniel, ao Marco Aurélio, ao Zeppelin, a
todo o mundo que agora eu não me lembro, etc.
Lembranças à Naruna. Para você a minha amizade
de sempre. Escreva! Escreva! Abraços,
Cardim

Paris, 13 de março de 1964
(escreva logo! Uma carta bem grande.)

Meu caro Alécio,

Hoje é sexta-feira 13, e resolvo te escrever pra quebrar alguma possibilidade de que êste dia seja realmente aziago como dizem. Na sexta feira da semana passada comecei uma carta pra você (que deveria ser enorme), mas, não cheguei nem a passar da 1ª folha e veio um português (frequentamos o mesmo bar, de onde eu te escrevia) sentou-se à minha mesa e conversamos horas de Fernando Pessoa, aquêle que era fingidor como você. Depois dessa interrupção várias coisas aconteceram e delas procurarei dar conta porque acho que são dignas de nota. Mas Alécio, imagine você que na carta interrompida (felizmente reli e rasguei) eu te mandara uma bela amostra do que é uma "fossa", estando o "enfossado" no estrangeiro. Tudo se relacionava com um problema bastante grave que me abalou os nervos durante algum tempo. Você sabe o que é, o Penna te contou, e eu fiquei apavorado quando êle me escreveu dizendo que te havia pôsto a par de tôda a "estória". Ora, eu temia o seu julgamento (seria <u>mais um</u> julgamento) e não encontrava jeito de aparecer diante de você (mesmo por carta) por isso protelava, deixava tudo pra depois de amanhã. Mas, na sua última carta (m.to obrigado) você me dá exatamente o que eu mais precisava: "A gente deve estar contra os amigos enquanto hesitam em fazer as "besteiras", depois da besteira consumada cabe-nos calar e estar ao lado." Você diz isto, Alécio, e eu me agarro a esta afirmação e passeio dentro dela com liberdade, respirando bem, depois dos dias abafados que vivi. Depois, sua carta se adensa, atinge uma gravidade e uma beleza que me despertaram o maior respeito embora eu não possa estar de acôrdo com êsse rigor com que você se situa diante das coisas, diante do mundo. Tudo te vem do terrível contraste que é pensar "em grande" e viver em "homem normal". É a mesma angústia de todo o ser inconformado, débilmente humano, sensível, bem dotado mas, simplesmente "não herói". Só você mesmo pode censurar o seu comportamento diante da vida. As pessoas que, eventualmente, poderiam verberar suas atitudes são outros seres igualmente participantes das nossas humanas fraquezas com a diferença existindo só no tipo de máscara que atarracharam na cara.

2

Sua carta me deu a impressão de que eu reprovei em Você qualquer coisa com relação ao Penan. Se foi assim quero que Você saiba que não tive a menor intenção. Apenas pedi que Você não deixasse de procurá-lo por causa de uma bobagem qualquer. Ainda mais quando aconteceu a separação. Quanto a êle não nos procurar se a gente não o procura, é a expressão da verdade. Também me queixei muito disso. No entanto, êle é, de todos os meus amigos, o que mais me escreve, o que muito me toca, me emociona, considerando ainda mais o acontecimento burro e indesejável que me colocou na categoria de péssimo sujeito, mau caráter, etc.

Voltando à sua carta, só uma terceira leitura deu-me a certeza de ela contém aspectos profundos de algumas das suas realidades interiores. A princípio achei que Você me dava conta de uma situação real, encobrindo outra situação real. Mas, é claro que tem de ser assim. Não há nenhuma razão para que uma carta seja exatamente a ideia que a gente faz da pessoa que nos escreve. Na terrível necessidade de verdades profundas em que me encontrava quando a recebi, achei-a literária. Mas, afinal, não é isso mesmo que nós somos? Não é? Por que não aceitar a cara que temos, os gestos que fazemos, nossos trejeitos, nossos tiques, tudo enfim que nos mostra ao mundo exatamente na medida do que achamos que somos? Bem, Você vê em que assuntos vou-me metendo. Desculpe. Na sua penúltima carta Você me fala de música, da volta ao velho Bach, do seu reencontrar o piano, etc. Fiquei muito contente com essa notícia. Nunca entendi o Você ter nas mãos um "poder fazer" de uma importância extraordinária e deixar passar o tempo sem se ocupar dessa atividade que é (sem contar todo o valor que tem) de uma "saúde" tão grande para Você, que como bom membro do "club subterrâneo" precisa de uma saída pra vir respirar lá fora o ar daqueles namorados que Você tão bem me descreveu. Mas a vida pode ser boa e alegre. Talvez não todo o tempo mas há horas, dias, mêses mesmo, cheios de compensações, belezas simples, gostos bons.

- *And you wonder how they could have been together...* Mas, está muito bem, e Você? Você pode também ser esta visão para outro passante, outro homem na sacada de outra Avenida Delfim Moreira, em outro Leblon, diante de outro mar.

Bem, meu bom Alécio, fico por aqui. Ainda tenho mais cartas a escrever. Você precisa sair pra ver o mundo rapaz! É necessário quebrar a rotina. Dê um abraço ao Marcier que, como eu, é um velho amigo do Capeta. Pergunte se êle recebeu um cartão que mandei a Barbacena. É possível que eu siga para a Suiça com a chegada da Primavera. Lembranças a Todos.

Para você um forte abraço do,

Cardim

BILHETE PRA ALECIODEANDRADE,

Rio, 30 dezembro.

Meu caro Alécio!

Um bilhete às pressas pra aproveitar a carona da Jacqueline. Tudo aqui continua conforme Você deixou, fora as saudades gerais. Recebi ontem uma carta do Paulo Franco dizendo que o Itamaraty enviou instruções detalhadas sôbre a sua exposição e que a mesma deverá ser realizada, se ainda te interessar, em maio de 65. Êle recebeu, finalmente, o pacote de fotografias que mandei de Nova Iorque e elogiou mto a sua "rara sensibilidade". (o que, aliás, não é nenhum favor). Mande notícias concretas sôbre tudo o que está acontecendo aí nesses Saints Germains do meu maior amor.

Recebi teu cartão repulsivamente poético e exijo relatório completo dos acontecimentos. Não quiseram os fados que estivessemos juntos aí, mas, Você saberá encontrar tudo o que essa Cidade Tem de bom. O sofrimento também é necessário. Agüenta! Antevejo o seu êxito em tudo (y compris caixinhas) e penso em Você neste fim de ano com grande saudade e amizade.

Um apertado abraço! Cardim!

P.S. - Escreve, homem!

"P.S. PRÉVIO" – Responda Imediatamente! É uma ordem!

Rio, 6 de janeiro de 1965
129, Av. Copacabana – appt. 808

Meu querido Alécio!

Acabo de receber seu cartão de Paris, onde Você está desde o dia 22 de dezembro passado, o ano passado, o século passado, onde Você sempre esteve, sujeito infame e displicente que Você é! Mas, não faz mal, tento compreender o seu esquecimento, o seu descaso, em me deixar assim sem notícias quando Você sabe que estou esperando, ansiosamente, notícias daí, de Você aí, da minha (nossa amiga) Uta a quem escreví enorme carta registrada há mais de um mês (Precisamente no dia 24 de novembro p.p.)*. Tento compreender mas fico brabo quando Você, afinal, escreve mas me vem com o mais delambido e despudorado lirismo como se eu tivesse necessidade de ler poemas em prosa, etc. Ora, quando eu quero ler poemas em prosa leio Beaudelaire, eis aí o que leio quando há necessidade de uma interpretação do mundo, ex ou interior, de Paris, Lisboa ou lá o que seja! Estou querendo saber da sua chegada aí, da sua emoção sim, mas da sua emoção diante do real, do autêntico, do acontecido, vivido na pele, no suor, no coração, nos colhões da alma! Ora, quanto a isso Você só me diz que o MAO é uma beleza de pessoa humana, o que me faz ficar contentíssimo (porque é verdade e Você teve percepção pra verificar) mas não me conta como foi que se encontraram, o que disseram, etc. – Você ainda tem o desplante de me dizer no fim do seu avaro cartão, "Depois te falo"; não quero depois, quero agora! Quero saber como vai a UTA, que eu sei ser esplêndida, tanto que te mandei procurá-la assim que

* Nº do registro: 197584 – Talvez fosse bom ela procurar no Correio – Endereçada a 70, rue Mazarine. –

2

chegasse, sendo Você também esplêndido porém inconsciente e irresponsável! Estou vivendo uma *grande preocupação* desde que recebi a carta da Uta. Te mostrei a carta, te falei que tinha escrito, mandado uma nota de 100 NF dentro do envelope, e Você nem pra me dizer se ela recebeu a carta, se está melhor da depressão! Você é doido Alécio! Uta é uma pessoa importantíssima para mim e Você é a 1ª pessoa que me dá uma notícia dela (que eu julgava doente ou até morta, pois ela falava muito de suicídio!) depois de uma espera de + de *40 dias*, tôdas as manhãs descendo a perguntar aos porteiros do meu prédio se já tinha vindo o carteiro, se não havia nada pra mim, enfim, uma grande aflição, verdadeira e um tanto culpado por ter deixado a Uta de lado, por não haver escrito logo que cheguei, por haver saído de Paris sem me despedir dela, pois Você sabe que saí de uma hora para outra quando recebi a notícia da morte de minha Mãe. Escrevi-lhe um cartão de Nova Iorque mas ela certamente nunca recebeu êsse cartão. Tenho um verdadeiro *terror* de cartas perdidas; quando escrevo a uma pessoa a que amo ponho o meu coração na carta, quer Você ache gágá ou não, e *exijo* uma resposta. Tenho o direito de saber se a pessoa recebeu, se está bem, etc. Que quer Você? Sou feito assim mesmo, sou apaixonado por natureza, Você desculpe. – Outro dia fui ao

3

Correio, fiz um fuzuê, disse que uma carta registrada se tinha perdido certamente por causa da bagunça reinante naquela agência, fiz uma reclamação por escrito, agora há um processo correndo para se apurar o que foi que houve com a minha carta! Naturalmente não vão apurar coisa alguma porque aquela gente é mesmo irresponsável. Você há de pensar que eu dizia coisas fabulosas nas 10 páginas de escrevi à Uta, que a minha preocupação é assim tão grande porque certamente nessa profusão de palavras haveria alguma revelação transcendental... Mas não Alécio, só havia mesmo era muito carinho e desejo de infundir um pouco de ânimo, de coragem, numa pessoa querida que estava passando por um momento amargo. Também quero saber se ela recebeu os 100 NF, mas isso é secundário. Só mandei o dinheiro porque ela me dizia que estava quase na miséria, etc. Sei que é muito pouco mas era tudo o que eu podia fazer na ocasião. Fico pensando que ela não recebeu nada porque senão teria escrito logo, ou então recebeu sim e escreveu, escreveu duas ou três vezes até mas eu não recebi nada, as cartas dela se perderam, os fantasmas comeram-nas, demônios interceptaram-nas, demônios medonhos, requintados na arte de fazer sofrer, de torturar a alma dos pobres seres humanos. Mandei uma carta pelo Jean a quem pedi que a procurasse pessoalmente, ou, pelo menos, que pusesse a carta num envelope, que a jogasse numa caixa

4

de correio (com 25 centavos de sêlo...). Mas parece que pedir isso é absurdo, é demasiado, estou abusando dos amigos, certamente sou um doido com mania epistolar, está acabado! Pra completar escrevi também à Jacqueline, mas ainda não houve tempo pra resposta. Não falei pessoalmente com ela porque houve um mal-entendido quanto ao horário do avião. Fui até ao faleão mas não pude vê-la porque os passageiros já estavam à bordo, mesmo assim mandei um presentinho para ~~uma~~ minha amiga da Suécia mais 5NF para que a Jacqueline comprasse os sêlos. Pergunte se recebeu, pois confiei tudo àquele funcionário da Panair que queria encrencar Você na hora da sua tão atribulada partida. Como êle tem uma cara nojenta de insigne filho da puta não sei se entregou realmente o embrulhinho mais os 5 francos. Começou se recusando terminantemente mas depois cedeu com uma cara de poucos amigos. A última pessoa a quem escrevi a fim de deslindar o "caso-da-carta-da-Mta" foi à Carmem Peródia uma moça francêsa filha de refugiados da guerra civil espanhola. Mas a Carmem está em Dijon, de onde me mandou cartão de Natal, e não sei quando voltará a Paris para onde escrevi (aquêle mesmo enderêço que te dei) por falta do enderêço de Dijon. Veja Você Alécio que caso Kafkiano! Quem não é neurótico fica. Felizmente, eu tenho carteira, sou laureado "summa-cum-laude" na Universidade Central da Neurose, neurótico praticante, nada me pode atingir.

Meu bom e saudoso Alécio! Você não leve a mal êste meu transbordamento, ou então, leve a mal mas me escreva longamente, uma enorme carta contando *tudo*, "reportágem dos *fatos* como estão acontecendo"... Relatório, seja o que for, como Você quizer chamar, mas *fatos autênticos*, *reais*, *absolutos* (o Novalis que vá tomar onde já sabe!) e não impressões líricas que são muito bonitas só quando não se está angustiado à respeito de uma *pessoa-carne* e não visão beatífica do espírito santo ou lá outras patranhas metafísicas que possam porventura existir. Ponto final no assunto!

Mas, Você não imagina, Alécio Bonfim, Alécio Francisco Bonfim de Andrade, que alegria a minha em saber Você andando por essas ruas que tanto amo, onde fui feliz sabendo que o era, onde encontrei as mais belas pessoas do mundo, gente-Gente, gente com sangue e coração humano e grande! Você sabe que vivo aí, junto com Você, ~~esta~~ essas mesmas emoções que Você está vivendo. Não foi à toa que insisti tanto e até amolei Você com a minha insistência, não é? Vale a pena Alécio, conheço a sua fôrça e sei que não há ninguém capaz de sentir e apreciar o mundo mais do que Você. E o mundo é mais do que o nosso velho Zeppelin, mais do que todos os Leblons do sistema solar!

Tenho trabalhado muito. A vida aqui é a cangeira bestial que Você conhece e da qual fugiu em boa hora. O Marco Aurélio voltou de Minas mais Moura Mattos do que nunca. Êle te quer bem, te inveja e disse que vai escrever. O Daniel vai bem, falei com êle pelo telefone. Tenho visto Narima às vezes, no Zepe, mas aquêle bar mudou muito desde que Você saiu. Todos sentem a sua falta e o Newton Carlos falou, com muita razão, que o Zeppelin deveria fechar enquanto Você está na Europa. O Zé disse que era uma pena não haver um Zeppelin em Paris pra Você poder comer fiado, no mais, continua o mesmo bronco de sempre. — Fiquei preocupado quando li no jornal que a temperatura baixou até −7° com neve e tudo! Espero que o sobretudo americano resolva a situação. Então, o frio daí Você "tira de letra?". Tá bom! — Como foi Você de Natal? Seu cartão é datado de 25·XII mas só foi postado no dia 31... quer dizer que V. ficou 6 dias com êle no bolso?.. Que tal o Hotel de l'Odéon? Está sendo mal tratado? Agüenta porque é assim mesmo. E quanto a planos de trabalho? Acho que isso também é importante. Já fez contatos com o mundo da fotografia? Ah! Alécio, se Você soubesse o quanto quero saber de tudo o que se passa com Você, não me teria mandado essas mensagens sovinas onde as palavras parece que se reúnem para me ocultar as verdadeiras notícias das coisas e das pessoas...

Um grande e apertado abraço! Êste será realmente o: O ANO NOVO para Você! O mais feliz e perfeito! É o que te deseja êste amigo que fica à espera de notícias. + Abraços,

Cardim

P.S. – Disse a Uta, Kerin e Mao q. escrevam.

Rio, 29 de janeiro de 1965
129, Av. Copacabana - apt. 808

Meu querido Alécio!

Sua carta do "Deux Magots" me deu a maior alegria! Respondendo logo à sua pergunta devo dizer que todos receberam seus cartões. No "Zeppelin" há sempre reuniões sob o tema central Alécio de Andrade, com leitura de suas peças literárias em voz alta e conseqüentes gargalhadas, ou enternecimento geral, conforme o caso de Você fazer humor ou lirismo (com o qual aliás já estou reconciliado). A única nota triste é o eterno desapontamento do Daniel, único que não recebeu nem uma linha. Menti piedosamente dizendo que Você havia escrito sim e que com certeza o cartão se extraviara. Disse que Você mencionou o nome dêle na sua carta. Faça isso na próxima por favor, será uma caridade com o abandonado Tolipan.

Mas Alécio, quero, antes de mais nada, dizer e reconhecer que fui cruel na minha pressa. Aplacada enfim a minha sêde de notícias posso concordar com Você e até, relendo seus cartões, apreciar imensamente o seu bem escrever, suas palavras sempre bem medidas, um jardim de frases onde despontam com freqüência algumas floresinhas coloridas com a chamada boa e necessária poesia. É uma primavera antes de Você ter acabado de engolir êsse primeiro trago de Europa. Bom sinal, pois quando a natureza te

2

mostrar que nem tudo aí é tremer de frio e ranger de dentes. Você vai nos dar ainda melhor prosa, mais arte ainda no escrever com graça e beleza.

Demorei tanto a responder porque, em 1º lugar achei que Você não devia ter pressa na resposta, depois porque vai viajar pela Itália e passear por lá toma tempo, portanto, minha carta vai ter que esperar de qualquer jeito. Mas, encontro tempo agora embora não encontre grande disposição para escrever. Prepara-se, sôbre a Praia do Lido, uma grande tempestade. Vai chover daqui há pouco, e, enquanto a chuva não vem, existe no ar aquela conhecida e ~~horrenda~~ espera de temporal de verão, uma tensa e ~~horrenda~~ pavorosa espera cheia de abafado calor e vento ~~[illegible]~~ rodopiando papeis sujos e poeira grossa. Sinto um pesado abafamento no ar amassado e torto. Estou meio nú, como um selvagem suarento, e penso que Você estará melhor com boa "chauffage" e vinho e suéter, etc. Sou um desterrado. Mandaram-me para o trópico a purgar algum horrendo crime de que não me lembro.

A Naruna me telefonou ~~[illegible]~~ há pouco e falou-me de duas novas cartas. Para sua Mãe e seu Pai. Disse-me também que Você mudou de endereço. Fiquei

3

contente pois não tenho simpatia pelo Hotel de l'Odéon. Lá sofri um tremendo golpe e vivi um tempo muito angustiado quase que adivinhando a súbita doença e morte de minha Mãe. Afinal, intuições existem mesmo. A Naruma não soube dizer se Você está pagando mais, ou menos. Aliás, Você se guarda bem de dizer seja o que fôr quanto a questões financeiras. Não sei quanto custava o seu quarto no hotel de l'Odéon, se tinha chuveiro, se tinha confôrto, etc. Como Você sempre me perguntava detalhes dêsse gênero pensei que fosse me contar em que padrão está Você vivendo aí. Recebeu afinal os tais U.S.$ 600 da Embaixada? E quanto à comida? Tem ido ao restaurante universitário perto do Panthéon? Parece que foi ontem aquela noite aqui em casa marcando coisas no mapinha que te dei... Mas agora V. é um grande parisiense e não pensa mais em contar detalhes. Tá bom...

Fiquei também sem saber se Você já foi ao Louvre, ao Musée de Cluny, ao museu dos Impressionistas, etc. - Nem ouso perguntar se Você já se matriculou na Alliance Française, no Boul. Raspail... Capaz de Você ficar com raiva de mim. Quero muito que Você desenterre o francês que está, afinal, dentro de Você mesmo. Lá na Alliance êles te ajudam. Independente disso há o cinema, teatro, música, e o se-

4

viço de alojamento para estudantes. Você poderá arranjar um quarto em que Você decorará com cartazes arranjados de graça com rabiscos e coisas que Você inventará, com qualquer traço velho comprado no "Marché aux Puces" (fim da linha do Metro Porte de Clignancourt). Já foi lá? Aposto que não. Gostaria que Você tivesse seu próprio quarto, com sua chave, e não dependesse dos humores dessas horrendas concierges parisienses para entrar em casa (afinal o hotel é a sua casa) em companhia de qualquer moçoila. Falar nisso como é que vai de amores? Espero ter te dado um bom começo com as pessoas amigas que a Uta deve ter te apresentado. Mas o melhor é quando Você as desencava pessoalmente. No peito. A Alliance é formidável pra isso.

Recebi sim meu bom Alecio, a carta da Uta que Você tão gentilmente botou no correio para ela. Fiquei aborrecido com o fato de Você gastar seu dinheiro com a carta da Uta. Ela é muito displicente e pensa, com certeza, que Você é rico. A carta que ela me escreveu é um terrível documento humano! Não sei como responder. Estou tomando fôlego. Fiquei muito envergonhado com a minha angústia à respeito da Uta. Sou um completo ino-

5

cente e me preocupo demais com as pessoas queridas. Creio que não sei amar. Ou então só sei quando as pessoas aceitam as minhas medidas exorbitantes. Perdi o sentido da proporção. Quando quero murmurar solto um berro pavoroso! Assusto tôda a gente. Me transbordo. Sofro e faço sofrer. Minha intensidade é sôbre-humana, sendo eu fraco e desamparado, daí o eu não agüentar comigo mesmo. Fiquei humilhado por sentir preocupação e cuidados com a Lita quando ela podia me ter escrito um cartão que fosse, dizendo que estava bem. Agora gastei minha vontade de escrever a ela. Não tenho pressa. Qualquer dia desses escrevo. Que desculpa indecente dizer que comeu todo o dinheiro e não guardou nem um franco pra resposta! Mas, não importa, a carta dela veio cheia de carinho por mim. Vou ficar me lembrando disso e não da demora. Pronto, sou querido, estou satisfeito? Fôda-se!

— Afinal você se mudou logo agora que está de partida para a Itália? Que vai fazer do quarto quando for viajar? Vai ficar pagando? Vê se pensa direito, rapaz! Achei muito engraçado o seu racismo de última hora! Por quê essa raiva tôda? Você que se vire no francês. Afinal estudar francês não é tão chato assim, quando se tem a perspectiva da descoberta do mundo diferente

6

que é aquêle em que vivem as pessoas (amigas e amigos) que Você <u>deve</u> conquistar para garantia da sua sobrevivência em Paris. Você é uma criança de 5 anos em francês, experimente contar uma simples anedota! Vá estudar e conquistar o seu lugar, o lugar que a sua inteligência e personalidade exigem. Sensibilidade se expressa. Não é só fazer Oh e Ah!, não senhor. Exijo, pro seu próprio bem, que se matricule com urgência num curso de francês. Alliance ou Sorbonne ou lá o que seja. Informe-se. Outra coisa importante: Compre um livrinho "de poche" e ande com êle no dito. Leia sempre em francês. Forme êsse hábito. Compre "Le Diable au Corps" de Raymond Radiguet. Você vai conhecer um gênio morto aos 20 anos. Um Rimbaud da prosa. Quero que Você leia o Radiguet mas não ~~muito~~ em português como o Daniel, cuja cabeça não ajuda, ~~...~~ mas na língua em que foi escrito. Você tem que conquistar o francês custe o que custar, no mais breve espaço de tempo possível. Pense no Carlinhos tentando conversar com a Nora e tenha mais respeito por Você mesmo. Não me venha com fraquezas! Não admito! Se Você amolecer, Paris te engole e te vomita meio digerido. Fôrça e coragem. Se Você achar que sou enfático, é muito simples: Foda-se!

7

Meu caro e saudoso Alécio! Você não imagina como fiquei contente com as referências que a Mta faz a Você na carta que recebi. Disse que todos gostam de Você e que ela pessoalmente gostou logo que te viu. Como é bom saber que os meus amigos daí têm discernimento! E que tal o novo quartel general da juventude "Rive Gauche", o "Café de Buci"? O "Tournon" é bom ainda? O Jacques é uma espécie de Zé daí. Um pouco menos branco, talvez. Você foi ao "Monaco" beber o "GEVURSTRAMMINER" que te aconselhei? Mas Alécio, procure fazer também um turismo inteligente. Compre um guia. Estude um pouco de Paris. Afinal não é só andar a êsmo! Perambular pelas ruas é melhor quando Você sabe por onde está andando. Compre um "Guide Bleu" de Paris, ou então outro mais baratinho como o "Guide Michelin". Estude essa cidade. Os franceses não a conhecem. Você em breve dará quinaus neles. Você faz questão de não dizer uma só palavra sôbre FOTOGRAFIA! E a carta para a agência MAGNUM, já entregou? Outro dia fui à casa do Sergio Bernardes com Naruna e as irmãzinhas Barbosas. Lá encontramos um fotógrafo americano (da LOOK) que ficou entusiasmado com suas fotos de Isabel e Cristina. Ficou de boca aberta e a baba descia-lhe p'los peitos enquanto a inveja porejava da testa dêle como um suor esverdeado e maligno! Quer publicar suas fotos mas precisa de cópias com preto e branco contrastante e sôbre papel com brilho. Vai estragar a beleza das fotos, Você não acha? A Naruna vai te escrever (ou já) perguntando por aquêles negativos. — Fui lá na "FOTO NILO" onde V. me mandou. A revelação é boa mas as cópias, faça-me o favor! Depois que Você copiou pra mim resolvi jogar a "Voigtländer" pela janela. Ou então comprar um ampliador e começar pacientemente a aprender. — Outra coisa: Descreva fotogràficamente o apartamento da Uta. " o da Karin também.

Tenho ouvido boa música "chez Marco Aurélio" onde se reúnem os mesmos doidinhos de sempre. Li o seu cartão (para êle) e achei primorosamente bem escrito. Está realmente bonito. Mas, minha opinião é que não te faria mal a leitura de velhos cronistas portuguêses que é pra enxugar ainda mais a sua prosa. O difícil do português é escrever natural e enxuto.

9

Escuta aqui: Você por favor, no dia em que resolver responder a esta minha descabelada carta, tenha-a presente diante do nariz que é para responder às perguntas que faço. Cada vez que vires um sinal assim ó: ? - quer dizer que eu estou perguntando qualquer coisa e que deves responder à pergunta. Não se esqueça de mencionar também a <u>data da carta</u>, porque se não for assim tudo se transforma num vão tabiscar de palavras e não numa correspondência. Olha a posteridade...

Falo sempre com sua Mãe ao telefone e fico muito comovido com o cuidado que ela tem por Você. Não deixe de escrever a ela. Outro dia estive lá e o velho Almir estava a ler Eliot. Que tremenda perda para a Poesia! Um Eliot vale uns 38 Churchills, na minha aritmética. E na sua? Mas essa comparação é muito louca. Não é possível comparar êsses dois monstrinhos. A Inglaterra ficou menor. A hora é de luto. Quando eu estava ~~ali~~ em Paris morreram Kennedy e Cocteau. Agora, com Você aí, morrem Churchill e Eliot. Você saiu ganhando, assim não vale!..

Meu trabalho continua a mesma coisa exasperante. Recebo pilhas e pilhas ~~de~~ processos e não

10

chego nunca a dar vazão. Agora tenho mais de 50 empilhados. O patrão que espere. Ele gosta da minha redação, acha que eu sou jurista, coitado! - Para mal de meus pecados há uma serra elétrica trabalhando numa obra aqui na praça. O barulho, junto com o calor, é de enlouquecer! Preciso de uma enorme paciência para não fugir pra rua. - Pergunte a Carmen Perodia se recebeu minha carta endereçada à Av. du Roule, 106, em Neuilly, único endereço de que eu dispunha. — E a Jacqueline. Você tem visto? Recebi carta dela e estou devendo resposta. Ela disse que viu Você mas não conta nada. Vocês são da mesma escola! Recebeu o bilhete que mandei a V. por intermédio dela? Cristina quer saber se V. recebeu o presentinho q. ela mandou pelo Jean. O novo Marcier (Marciers) deve seguir direto a Paris no fim de fevereiro agora. Sua Mãe disse que vai mandar umas botas por ele. Inútil dizer que daria tudo para estar com Vocês 2 aí. Que saudade mais doída dessa cidade que me deu tantas fortes e profundas emoções! Enfim, paciência. Escreva bem depressa e faça letra miúda dos 2 lados do papel pra ficar + barato.

Como vai de amor? Tome cuidado e use artigos de borracha.

Um grande e saudoso abraço do seu amigo de sempre, Cardim

Rio, 25 de junho de 1965
129, Av. Copacabana - apt. 808

Meu caro Alécio!

Sinto muito, muitíssimo, mas suas missivas estão sendo interceptadas pelas fôrças do mal. Assim é, que não recebi essa tal de mais de 10 páginas em que Você contaria tanta coisa interessante. Fiquei tanto tempo sem notícias suas e mandei tanto bilhete, tanto recado, tanto cartão postal que resolví largar Você de mão por uns tempos a ver se lhe chegava mais vergonha à cara, como diziam nossos avós portuguêses. Já quando o Marcier embarcou praí eu não recebia resposta sua a uma carta de 10 páginas que lhe mandara há um mês. O Marcier levou um cartão que escreví do Aeropôrto junto com a Naruna. Depois disso foram cartões vários, recados vários, bilhetes vários e espera exasperante. Bem, culpemos o Correio que aqui no Brasil "só tem costas pra isso". Emprego essa expressão pra rebater a que V. usou tão bem, lembrando o grande P'ssoa do poema em linha reta: "Sofrer enxovalho". Merda de papel nacional, borra tudo!

Mas, fiquei sabendo, afinal, pela sua carta de 24 de maio pp., que V. recebeu o isqueiro e que gostou. Guarde-o no bolso meu caro Alécio e, quando calhar, lembre-se dêste seu amigo. Eu mesmo colei a moeda de 5 mil réis, lembrança de um tempo em que havia prata circulando no Brasil... Li a sua excelente carta para Naruna (no telefone) e ela ficou encantada. Levei-a sábado passado à casa do Daniel onde todos os heróis foram comer lentilhas c/ linguiça e outros objetos que o Emílio tão bem sabe preparar.

Sua carta correu de mão em mão e comentamos largamente a sua personalidade. Proclamamos, depois de alguma discussão, que Você está ótimo, que sempre foi e é ótimo! Estávamos lá o Amilcar, o Marco Aurelio, o Daniel e depois chegou Naruna trazendo seu cartão que anuncia a publicação de 2 fotos na "Elle"! Gostaria de saber <u>detalhes</u> sôbre a conquista dêsse emprêgo mas V., como sempre, prefere contar amenidades inconseqüentes e vagamente literárias. Afinal, não posso obrigar Você a escrever contando exatamente aquilo que eu desejaria saber. Realmente, Você não pode adivinhar. Parabens pela vitória junto a "Elle"! Que beleza!

Sofri com Você, pode crer, os enxovalhos parisienses. Não duvide de que êles fazem parte dessa experiência que Você está vivendo. Que pena a recusa de Magnum, Life, Look, Match, Marie-Claire. <u>Êles ainda virão Alécio</u>! Tenho como certa a sua vitória aí em Paris! - É mesmo verdade a estória da moça que estuda japonês? Achei ótimo o relato! Tomara que haja entre Vocês uma aventura séria. Não é verdade que se tem mais liberdade aí em Paris? Eu pelo menos me sentia muito mais disposto a enfrentar conseqüências e mergulhava na vida à fundo. Mas, Você termina dizendo que depois me conta o resto o que quer dizer <u>nunca</u>. Você deve escrever <u>dos dois lados</u> do papel. Além disso, com <u>0,25 N.F.</u> Você manda (por navio) uma carta de, pràticamente, qualquer pêso. Demora <u>20</u> dias mas chega. Mande registrada <u>por navio</u>. Informe-se no correio. Digo isto pensando no seu dinheirinho. Que tal as finanças?

O Marcier está realmente muito estranho. Não só não
mandou nem um cartão da Europa como chegou e
não telefonou. Soube pela Cristininha que êle ha-
via chegado (há muitos dias) e telefonei para perguntar notícias suas.
A primeira coisa que o doido disse foi: -"Quem falou
a você que eu tinha chegado?" Respondi com a
voz mais impessoal do mundo: -"Foi Maria Cristina
de Assis Barbosa, estou telefonando para saber notícias
de Alécio de Andrade." Aí parece que êle estremeceu
e gargarejou umas desculpas marcando um encon-
tro no Bar Lagôa. Enquanto eu almoçava, Marcier
me dava a visão dêle sôbre Você. Por alguns
minutos tive de volta o velho maluco e interessan-
te que êle sempre foi. Logo depois porém começou
a se incensar narrando pela milé-
sima vez o caminho brilhante que êle percorreu
até atingir a posição atual. Seja ela qual for.
Narciso, o velho Narciso da mitologia, é um al-
truista, um São Francisco de Assis perto do Marcier.
Disse-lhe que Você estava trabalhando para "Elle"
e êle recebeu a notícia de um modo muito sur-
preso demais. Muito estranho mesmo. Não entendo mais
o Marcier. Comentando o fato com o Amilcar, foi de-
licioso vê-lo concordar e soltar uns 30 "eu não disse".
Mas, mesmo com tôda (mais) a falta de generosidade ainda gosto do Marcier.

4

Na sua carta Você disse que ia a Berlim com o Mao. Fi-
co muito contente pelo fato de Vocês terem dado certo
na amizade e espero notícias dêle também. Que
tal a pintura do Mao? Está vendendo? Pergunte a
êle notícias do nosso amigo Hannes JEREMIE. Que
fim levou? E a Uta? Você não me diz uma
palavra sôbre ela. Soube por um cartão, que dela recebi re-
centemente, que Vocês foram passar um fim de se-
mana no campo. Calculo que seja na tal "ferme"
onde o doido do Mark aluga um quarto, não é?
Escrevi a Uta uma enorme carta mas a respos-
ta está demorando. Espero que ela ainda este-
ja em 70, rue Mazarine, para onde escrevi.

Na minha última carta eu pedi a Você que
me descrevesse o apartamento da Uta. Você cer-
tamente satisfez êsse meu desejo na carta que
se perdeu e que tinha, hélas, + de 10 páginas.
Como nas estórias de pescador, o peixe
maior foi aquêle que fugiu... Que decepção!

O Loio Persio é excelente pessoa mas vejo
que meus avisos de nada adiantaram e Você
continua a freqüentar brasileiros. E o Francis,
homem de Deus? Soube que Você abandonou
a Alliance antes de começar. Cadê a coragem

5

Alécio 7 – Voltando à sua carta vejo que Você também recebeu aí um presente verde... Que coisa estranha; eu tive que ir a Orly retirar um suéter verde (que me mandaram de presente) (de lã muito boa e pesada)! O suéter era belo e horrendo ao mesmo tempo. Parecia aquela classificação de incêndio que se aprende no primário: era o belo-horrível. Assim mesmo aquela menina sueca que morou comigo nos meus primeiros tempos de Paris ainda o usou algumas vezes. Outro dia passei pela porta da casa que o vendeu a minha boa irmã Beatriz e o troquei por uma camisa muito alinhada. O homem não percebeu que tinha sido usado.

Mas Alécio, e a viagem com o transporte da exposição como é que foi? A exposição em Paris afinal não saiu, não é? Com as notícias que Você manda daí a gente acaba não sabendo quase nada de concreto sôbre Você. Bem, chega, prometo não reclamar mais disso. Conte se quiser e o que quiser.

6

O cartão que você me mandou "Paris 1900" é uma beleza! Que fotografia fabulosa! Tirei os óculos e fiquei um tempo enorme analisando bem de perto, miopemente, cara por cara desses franceses tão mediocres saindo dos escritórios, todos de chapeu côco e bigodeira preta. – A notícia sôbre o calor aí na Europa vem sendo confirmada pelos jornais quase todos os dias, ex:

CALOR DE ENLOUQUECER

CAIRO, 16 — Elefantes e Ursos caem desfalecidos enquanto os macacos são vítimas de grande agitação no parque zoológico do Cairo, por causa do calor que assola o Egito, anunciou o jornal "Al Ahram". A temperatura é de 46 graus à sombra, 12 graus acima do normal. Nervosos e excitadíssimos, os monos normalmente pacíficos se matam entre si e os mais agressivos tiveram que ser isolados. (FP).

– Cuidado meu bom Alécio, quando os macacos ficam excitados os brasileiros devem se precaver. Aqui ainda não tivemos o chamado "inverno". A temperatura é de 26° durante o dia e de 25° à noite. Uma vergonha de inverno! Outro dia até liguei meu aparelho de ar condicionado. É que fazia mesmo calor: não se pode ter confiança nesse govêrno. Em todo o caso espero que o calor não fique forte demais aí em Berlim, onde, ± por essa época, peguei uns dias bem quentes no ano passado. Abomino o calor, execro-o, sofro só de pensar no verão cheio de suor e coca-cola enquanto sobe da areia aquêle trêmulo vapor ou reverberação, sei lá, que faz a gente suar mais, os óculos embaçados escorregando para a ponta do nariz.

7

Notícias, novidades pròpriamente, daqui desta terra carioca, não tenho para contar. Você conhece o marasmo que envolve as almas de um terrível bolor amarelo, indício da doença moral que ulcera o espírito, careia o pensamento e exaure a imaginação. Mulheres não há, é triste mas sou obrigado a ficar trepando avulso as velhas amigas depois de comer uns bifes no "Recreio do Leblon". Que falta me fazem as revitalizantes pessoas germânicas, nórdicas, companheiras iguais a mim, que tantas encontrei nessa Paris cruel e santa ao mesmo tempo. Afetivamente a gente já quase não se agüenta por causa das pieguices das nativas. Elas sabem amolecer um cristão, pôr pimenta nos gestos mais inocentes, como um sorvete no Morais, e você que encolha o pé que é pra não pisar nos laços armados por essas inocentinhas que resolvem a Vida com um casamento. Que irresponsabilidade, que loucura! Como é despresível a nossa "organização" social. Não obstante, o sábio Aurelius está namorando a moça que toca piano enrustidamente. Mas aquilo é macaco velho! O Aurelius é um grego antigo que nasceu em Minas só de sacanagem. Maluco de confiança, tal!. Gosto dêle.

8

Gostaria de saber das suas peripécias berlinenses. Quando aí estive não gostei de Berlim. Não dei muita sorte aí. Na Alemanha só Munique me entusiasmou um tanto. Assim mesmo, mais pela cidade e seus fabulosos museus que pelas gentes que catei e não dei sorte de achar. Os bons alemães estão todos em Paris... Assim mesmo desejo a Você muita sorte. O Paulo é excelente pessoa e não deixará faltar nada a Você. Mando-lhe um abraço. Estou escrevendo a êle também.

Minha vida aqui, continuando, vai seguindo sem novidades. Trabalho, leitura, amigos, amor. Amor, leitura, amigos, trabalho. Leitura. Eis aí como reparto o meu tempo. Às vezes me dói a solidão, um desânimo vem e me abate, mas depois passa. Vou tocando. Meu amor pelos livros me salva sempre. É a minha tábua neste naufrágio lento e constante. Enquanto isso, espero aquela que dará o Amor. Mas esta cidade é um deserto. Que cansaço em tudo. Que mesmice!

Saindo dêste assunto que deprime gostaria de te dar notícias políticas mas no Brasil não há tal coisa, só há mexericos e senhoras defensôras da família cristã. A novidade no momento é a briga do Lacerda com o Roberto Marinho. É de um ridículo espantoso, sem precedentes nos anais da calhordice nacional. — O R. Marinho viu desapropriado (pelo L.) o Parque Lage que êle queria transformar em cemitério e mais grupos de edifícios que construiria para enriquecer ainda mais e também dar as sobras a alguns amigos. Vai daí "O Globo" briga com L., que passa a ser um indivíduo ignóbil, digno de qualquer jaula de manicômio. Denuncia então a construção de mais um andar que Lacerda está fazendo ~~[illegible]~~ no edifício em que mora, quebrando o gabarito local e indo de encontro à lei, flagrantemente. Lacerda revida e, como é dono da censura na Guanabara, muda o horário do programa do "Superhomem" (que a TV Globo levava ao ar às 6 da tarde) para as 11 da noite. O Roberto Marinho ficou fulo e, no outro dia, o editorial do sacrossanto jornal da família brasileira declarava que Lacerda era contra a liberdade, contra a justiça, contra o Direito, era, enfim, contra o "Superhomem", que encarna tôdas essas virtudes!!

Por essa amostra Você faz uma ideia do que é esta sua saudosa terra. Nós vamos acabar feito Portugal. Mas Portugal vive do seu passado e nós nem passado temos. A imprensa brasileira vai acabar igualzinha à portuguêsa que, volta e meia, nos manda jóias como a que se segue:

APÓS O VELÓRIO O SOALHO CEDEU E TODOS FORAM CAIR NO PORÃO CHEIO DE RATOS

LISBOA, 23 (O GLOBO) — Quando compareceram ao velório, na cidade do Pôrto, o que menos esperavam os compungidos visitantes, na casa antiquíssima do bairro da Sé, era a dramática surprêsa, que não seria maior se o defunto ressuscitasse: o soalho se lhes abriu aos pés e êles precipitaram-se numa fossa imunda, infestada de ratazanas.

O povo se aprestava para a procissão do Corpo de Deus, às 17 horas, quando se ouviu o alarido, seguido de correria espavorida, partindo do morro da Avenida da Ponte. Naquele momento, um funeral, saíra de uma das ruelas do velhíssimo burgo, dirigindo-se para o cemitério do Prado do Repouso. Quando o préstito fúnebre tomava o caminho da Rua de Saraiva Carvalho, ouviram-se os gritos aflitos, enquanto pessoas despencavam, nas pedras, dirigindo-se para a casa do falecido. Lá se ia, conduzido por dois amigos mais fiéis, o féretro, enquanto os demais debandavam.

Dezenas de pessoas velavam o corpo de Francisco Antônio da Silva, de 47 anos. Cêrca das 15 horas saiu o féretro para o cemitério. Na salinha, ficaram os filhos do casal, a viúva e cêrca de trinta pessoas que a confortavam. Com a movimentação de gente apinhada, deu-se o inesperado: o frágil assoalho aluiu e todos quanto ali se encontravam, homens, mulheres e crianças, foram parar no porão, transformado em verdadeira fossa, atopetada de ratazanas. Houve pânico. Uns sôbre outros, de mistura com os roedores, num lamaçal de gases tóxicos. Todo o bairro se alvoroçou, chegando gente de tôda parte, para os socorros. Na precipitação, outras pessoas caíram no fôsso.

Bombeiros

Momentos depois chegavam ao local os Bombeiros Voluntários do Pôrto, logo seguidos pelos Voluntários Portuenses e Batalhão de Sapadores Bombeiros. Utilizando escadas, foram prestando socorros aos que, na fossa, procuravam salvar-se; na confusão reinante. Não houve casos fatais. Apenas a pobre mulher, que perdera naquele dia o marido, ficava também sem casa para morar. Cêrca de 40 pessoas receberam curativos no Hospital de Santo Antônio, sem qualquer caso de maior gravidade.

(Para ler em voz alta e com sotaque minhoto.)

Não é uma delícia? – Mando-lhe êstes recortes em paga do excelente que V. me mandou c/ sua ótima carta. Desculpe-me se V. perde na troca... – Meu querido Alécio, desejo-lhe o maior sucesso! Receba o abraço ~~fraternal~~ dêste seu amigo, que aqui fica à espera de notícias, Cardim.

P.S. – Trinta e um Sacerdotes Devorados Por Crocodilos

Rio de Janeiro, 2-VIII-65
129, Av. Copacabana - appt. 808

Meu caro e muito saudoso Alécio,

Recebi sua "carta" do dia 20 de julho pp. e, depois de algumas risadas preliminares, fiquei um pouco decepcionado porque me acreditava com direito a uma resposta séria. Afinal, Você continua a não me contar nada, o que, convenhamos, não é muito animador. Em todo o caso Você sempre me dedicou alguns momentos do seu tempo de Café e mostrou talento no desenho. Gostei muito da placa do Hotel du Senat. Sua "jeunesse" porém será eterna, não terminará no ano de 1972 como Você arbitrou com tanto pessimismo. Sua alma andará sempre de calças curtas e no seu bolso haverá sempre lugar para algumas bolas de gude e talvez um pião já meio tascado.

Agora vem o lado chato, o meu. Você com a sua "jeunesse" e eu com a minha severidade: <u>Seu francês está péssimo</u>! Você erra quase tôdas as palavras das legendas (muito engraçadas e imaginosas) o que me faz te mandar um apêlo no sentido de que Você compre, com urgência, um dicionário de bolso. Pra começar, não sou teu "<u>chère</u>" Cardim e sim teu <u>cher</u> Cardim. <u>2</u>-<u>Voilà</u> tem acento grave e não agudo. <u>3</u>-"Le silence <u>eternelle</u>" está errado porque "silence" é masc. portanto V. deveria escrever <u>éternel</u>. <u>4</u>-"<u>N'effrai</u>" - que diabo é isso? - <u>5</u>-"<u>L'Archevêques</u>" não tem acento grave e sim circunflexo. <u>6</u>-Jean Jacques <u>Rousseau</u> e não "<u>Ro</u>sseau". Você tirar o "<u>u</u>" do filósofo é uma falta de respeito. <u>7</u>-"<u>Mon dessin</u>" e não "<u>mon dessein</u>" como Você escreveu. -<u>8</u>-<u>Au</u> Mexique" e não "<u>au Mexigue</u>". 9 -"<u>Angleterre</u>" e não "<u>Anglaterre</u>". <u>10</u>-"Le rêve du docteur Freud est assez confus... (et pour cause...) - <u>11</u> - "L'Oeuf de Colom<u>be</u>" é piada ou V. quiz escrever <u>Colombo</u>? - <u>12</u> - Je<u>anne</u> D'Arc e não <u>Jean</u> D'Arc. 13 - <u>La culotte</u> e não <u>le culotte</u> - 14 - <u>Moyen</u> Âge e não <u>Moyenne</u> Â.

2

15 - Je t'écrirais "tout de suite" e não "toute suite". - Espero que
seja mesmo "tout de suite".

Eu também sou analfabeto mas assim não vai não! Fico
até com vergonha de mostrar sua carta por causa das
"batatas"... Soube q. Você largou a "Alliance". Vê-se. - Se fi-
car com raiva de mim, foda-se! Você não deve se me-
ter a fogueteiro. - Peço-lhe muita humildade diante da vi-
da. Da vida parisiense então nem se fala. Humildade, traba-
lho e paciência. Acho que Você merece êste sermão ou
"engueladé". Você passa calmamente um mês sem me es-
crever (nem mesmo um postal de merda da Alemanha
contando um pouco da viagem) e ainda se permite me
mandar calunguinhas graciosas com legendas em francês de embarca-
diço... - Está bem meu caro Alécio, achei muito gozado.
Agora mande uma carta humana, decente, de suite.

Todos aqui sentem imensamente a sua falta. Temos al-
moçado todos os sábados em casa do Daniel: Marco Aurelio, Nava,
Leão, Amílcar, Anna Judith, Mª Helena (uma magrelinha), Hélio
Pelegrino (que é uma pessoa profundamente interessante e apaixo-
nada) uma amiga do Daniel chamada Graça, Isabel Câmara,
Luciano Martins e Vera, etc. Otto Lara, às vezes. - Meu tra-
balho não me dá folga durante tôda a semana, mas aos sá-
bados e domingos vejo os amigos e tomo meus pileguinhos. A
Naruna às vezes aparece. Ela é o amor de todos nós: Meigui-
nha e mansa. - Escreví recentemente enorme carta para a
UTA - mandei pra "70, rue Mazarine" e a carta voltou! Será que
ela ainda está por aí? Diga que me mande o endereço certo.
Um abraço ao Loio. Minhas saudades a todos os amigos de Paris. Escreva!
Pra Você um abraço muito paternal, do Cardim

P.S. (prévio) – Todos aqui reclamam notícias suas. Não esqueça os amigos. Encontrei o Marcier na rua e êle fez que não me viu. Deve embarcar, em breve, para aí. C.

Rio, 6 de setembro de 1965
129, Av. Copacabana – apto. 808

Meu excelente Alécio!

Recebi tua carta datada do dia 14 de agôsto e posta no correio no dia 19: Considero-a, portanto, um verdadeiro presente, já que êste é o dia dos meus anos: Foi comemorado com a visita da Isabel Câmara, Marco Aurélio e Daniel que aqui estiveram bebericando uns uísques e falando coisas de literatura, V. sabe o gênero de conversa da gente.

Eu bem te avisei que faz calor na Alemanha! Passei por isso também. No Reno, dentro daquêle naviosinho, quase morri sufocado! Meu único refrigério consistia em contemplar as partes íntimas de uma senhora que dormia (durante horas, imóvel) com as pernas às escâncaras e as calças enxovalhadas caindo assim pro lado. Era uma criadora de carneiros que vinha da Austrália. Foi, seguramente, a primeira caixeta australiana que meus olhos viram. Louvado seja Deus!

Mas Alécio, sua carta me alegrou e me tranquilizou: finalmente recebo uma carta decente, isenta da frescura que alambicara as primeiras (não obstante, perfeitas <u>no gênero</u>). Uma carta macha, contando coisas acontecidas, envolvendo <u>gente</u>, citando nomes, etc. - A descrição da Alemanha está excelente! O encontro com o velho Wassermann tem muito sabor. Êle é um louco manso que herdou só o dinheiro do pai. Mas, sua impressão da Alemanha corresponde à minha e isso me anima a te dar conselhos quanto a lugares a visitar. Farei isso futuramente. Você ainda tem muito tempo de Europa p'la frente. Conheço a "estória" da "goiab<u>era</u>", que acho ótima. - Suas considerações sôbre os portuguêses são mto boas. Quem será essa fantasmal figura que aparece no Tournon?

Lorca foi um poeta. "Espanhol" foi um acidente da vida dêle. A notícia sôbre a Uta com seu eterno Mark já não mexe muito comigo. Presenciei muitas cenas entre os dois e acho êle meio sôbre o chato. Além disso, era de um pãodurismo doentio, famoso entre os miseráveis mais miseráveis da rive gauche. Mto me admirei dêle ter pago vinho pra Você. A Uta se queixava atrozmente dêsse malucão.

3

Então a Marianne e o Peter ainda estão juntos? É a primeira vez que V. me fala dela. Guardo mto boas lembranças da Marianne: muito inteligente e totalmente neurótica, traumatizada por experiências terríveis de que só soube a metade e mal contadas. Pra fazer ciúme no Peter ela me recebia aos beijos no Tournon. Um dia resolvemos dormir juntos mas a coisa não se consumou porque percebi que era só para enraivecer o Peter. Chegamos a ir pro meu hotel (na rue Princesse nesse tempo) e ela se registrou sob o nome de "Hildegard Lumpa"... O que muito nos fez rir. Era minha boa amiga e confidenciou-me que estava grávida (foi quase na época da minha partida) pedindo que lhe aplicasse injeções, o que fiz diàriamente. Ela abaixava serenamente o blue-jeans e a pequena agulha perdia-se dentro daquela imensa e branca nádega. Finalmente, parece que não estava grávida que tudo era um grande atraso de

4

três mêses. Uma outra alemã, amiga de Uta, submeteu-se a aplicações de hormônios injetáveis "chez moi". Mas essa, foi eu acabar de dar a injeção nela e ela não queer se vestir e ficar sorrindo pra mim. Era uma forma muito doida que aparecia no Tournon. Conto essa estória da Marianne porque nada tive com ela. Foi apenas uma boa amiga que vinha tomar banho e injeções na minha casa. Houve tempo aí em que a chamada fodelança foi de lascar... Mas isso é bobagem e bebedeira: um convite, umas trepadas e logo o esquecimento. Lembro-me ainda, no entanto, com forte emoção, das moças que me deram mais que os "frissons" banais e as secreções fáceis. Espero que você consiga amar alguém aí: Paris ainda fica mais bonita. Aí sim é que o passeio na Île St. Louis toma aspectos inéditos. Mãos dadas, dedos entrelaçados, a gente anda melhor e, de vez em quando, troca um sorriso bom.

5

Mas, voltando ao assunto da sua carta (que estou comentando assunto por assunto) o Peter nunca me foi lá muito simpático. Bebemos juntos umas vezes e foi tudo. Além disso o francês dêle era péssimo e mal conseguia alinhavar duas frases. Sujeito interessante era o Hannes Jeremie, físico nuclear com bolsa em Paris. Mas agora êle não está mais aí, creio. Um mês antes de eu vir embora êle partira, com a mulher, para fazer a volta ao mundo, de automóvel! Creio que o alemão em Paris, com algumas (exceções), é muito interessante. Pergunte a Uta pelo Hannes e diga-lhe que mando lembranças, que gostaria de ter o endereço dêle na Alemanha. A doidinha saiu da rue Mazarine e não me disse pra onde escrever, mandei-lhe enorme carta que tive o desprazer de receber de volta. Que sensação desagradável!

Quanto à minha casmurrice Você perdoe Alécio. Sou muito sujeito a ataques de mau humor e impaciência com as pessoas.

Voltando a comentar sua ótima carta: achei uma
delícia a aventura de Você e o Peter com as
suecas! O "atelier" na Place d'Italie deve ser o
que pertenceu ao Hennes, não é? Tenha calma
meu velho, um dia é do preto da "rue de la
Huchette", outro será de Vocês. – Conheci o bar-
sinho da "rue des Canettes"; morei um mês
ao lado, na "rue Princesse". Gostava muito de
ir lá. A Karin é ótima pessoa e o inglês a
que Você se refere deve ser o Don, que no
meu tempo não era inglês de ninguém, era
apenas o Don e não falava tostão de francês.
Bom sujeito e não tem nada de burro, mas,
como todo o ator, ou quase, tinha umas ma-
nias de grandeza. A Karin me quiz um bem
enorme e eu senti muito não poder gostar de-
la a sério. Nesse tempo eu tinha a moça di-
namarquesa cuja foto Você ampliou com tanta
classe e boa vontade. Muito me estranhas, fa-
lar nisso, a total ausência de referências a
fotografia e trabalho. Não sei <u>nada</u> de
Você sôbre o assunto. Até a estória da expo.
que não houve em Berlim me foi contada

7

pelo Panto Franco. Tenho diante de Você esta mi-
nha carta quando resolver escrever-me. É a ú-
nica maneira de dar sentido a uma correspon-
dência. Ou será que Você não quer dar senti-
do a isso? Se for assim, entendo a sua omis-
são, se não, não. — Você até hoje não me
contou como conheceu o Mao mas sei que isso
é estória velha pois a Uta me falou que
Vocês começaram a andar juntos logo depois
da sua chegada. Êle é, realmente, ótimo.
No entanto, sofre crises tremendas de angústia
e tem problemas que procura esconder com mta
coragem. A pintura dêle ainda não é grande coisa.

Creio que exagerei um pouco na minha car-
ta furibunda criticando e maltratando Você. Mas
eu sou capaz de ficar com <u>raiva quente</u> e não
fria. Te esculhambei porque Você mereceu. Isso
é prova de cuidado por e com Você. Tôda a
forma de amor pesa um pouco e é preci-
so estar atento com as pessoas. Não sou um
jesuita que insinua, sou um explosivo nato,

8

com meu tanto de ingênuo mas procurando uma certa coerência interna. Quanto às suas razões para estar descontente: se V. quiser falar eu quero ouvir. Guardar não adianta nada. Ouvir é a única coisa que posso fazer como amigo. Prometo não te aconselhar mais em matérias existenciais ou outras.

Tenho telefonado à sua Mamãe de vez em quando. Ela é sempre de grande doçura comigo. A Nanuna me leu a sua última carta pelo telefone. Ela está m.to bem no teatro e outro dia vi seu retrato no jornal. — Helio Pellegrino, o siciliano intranqüilo, está em ótima forma. Gosto muito dêle. Outro dia li dois poemas dele na casa do Marco Aurélio: m.to bons, com m.ta nobreza de expressão e "alevantado" tom. Só que êle tem o fôlego curto. É um fogo de artifício: brilha um momento na escuridão, é lindo, e depois desaparece deixando a gente um pouco ofuscado. Eu outro dia o comparei ao animal africano "chitá", que é uma espécie de leopardo sem garras retrácteis. Êsse animal é o mais veloz da criação: faz 120 quilômetros

9

por hora, mas essa velocidade só dura 5 minutos, de
pois êle cansa, a gente vai lá, andando calmamente,
e o apanha com a língua de fora, derreado. No
entanto, o Hélio é fascinante no seu ímpeto. No
fundo é um garoto, uma criança cheia de afeto.

A Anna Judith partiu daqui há dias. Mandou
me um cartão do sul da França. Você já deve
ter estado com ela. O end. é: 70, rue de Grenelle.
Ela está morando com a "Crér". Nesta data es
tou escrevendo a ela também. - Tenho lido mto,
freqüento os amigos, amo com vagar e sucesso mas
estou longe de ter amor grande no momento.
Meu trabalho está apertado mas vou-me safando
com relativa facilidade. Comprei uma geladei
ra nova e vivo com todo o confôrto, embora
meu tugúrio seja mto apertado. Estou tentando
comprar apartamento (com a ajuda do Velho)
mas a coisa está difícil. Fui ver o do Rubem
Braga (na esq. de Montenegro) mas o Braga ma-
luqueceu por completo: quer 12 milhões e meio por
aquêle ôvo (com 8 à vista!). No apartamento
inteiramente vazio e sujo encontrei, pregada atraz

10

da porta, uma fotografia sua. A do menininho do velocípede, apontando algo. Você tirou algumas fotos por aí, espero, mas não se referiu ainda a elas. Que está acontecendo? – O Paulo escreveu-me contando sua passagem por Berlim e fazendo muitos elogios a Você. Êle te aprecia mto. Disse que o material da expo. já chegou (carta do dia 20 de agôsto p.p.). Disse ainda que V. volta a Berlim e que vai interessar-se no Itamaraty para que paguem a sua passagem. Depois haverá exposições em Bonn e Colônia. – Por falar nisso, que tal a sua 1ª viagem na Europa? Foi de trem? Dê detalhes. – Espero que V. tenha agradecido as gentilezas que recebeu. O Paulo fica mto sentido quando as pessoas esquecem dêle.

A Elza Tavares seguiu ante-ontem para Paris (via Nova-Iorque) e chegará por aí em fins de setembro. Dei seu endereço a ela. Elza ganhou uma espécie de bolsa na Univ. de Poitiers. Seja gentil com ela e coma-a se puder. São os meus votos. – Bem, meu caro Alécio, fico por aqui – Responda-me breve e por mar, sai mais barato. Com q. dinheiro está V. vivendo? E a "Elle"? Um grande e mto saudoso abraço do velho amigo, Cardim.

Soube que V. me escreveu uma carta mas o débil mental do Carlinhos perdeu-a junto com o sobretudo (que também não era dêle). Nisso é que dá confiar em maluco. C.

Rio de Janeiro, 14 de junho de 66
Visconde de Pirajá – 646/c.01 – Ipanema
(Escreva para o novo endereço) ↑

Meu caro e muito saudoso Alécio!

Recebi ontem o teu excelente cartão. Sempre pingou dêle uma lagriminha de crocodilo (que eu limpei com a manga do paletó) mas o tom geral está muito bom, tem piada, tem foda-se (no bom estilo lusitano do nosso avô português) e tem a notícia de que existe uma moça Caroline amenizando a solidão das tuas noites. Deo Gratias! O Bom Jesús não se esquece das suas criaturinhas.

Gostei de saber que o cartão foi escrito aí no "Café Le Voltaire" que muito freqüentei. Havia até uma moça que trabalhava lá e eu quase namorei. Depois achei melhor não mas sempre nos olhavamos com os olhos e nos lambiamos com as imaginações. Mas, meu bom Alécio, telefonei imediatamente para sua casa e mandei chamar a Nerunz; não estava e veio sua Mamãe ao Telefone. Conversamos bastante e ela me disse do seu orgulho por ser Você quem é, etc. Falou, tôda contente, na reportagem sôbre a Duda na Manchete e me deu notícias gerais sôbre todos os seus que vão muito bem muito obrigado. A Narinha andou uns tempos se queixando mto de V. (assim como milhares de pessoas)

2

mas agora creio que já está tudo arranjado pois você, finalmente, resolveu escrever.

Bem, agora as notícias concretas, as coisas acontecidas na chamada realidade: você deve ter estranhado a mudança de endereço; explico: Comprei uma excelente cobertura em Ipanema (Jardim de Alá, esq. de Visc. de Pirajá) com dois bons quartos, sala, terraço do tamanho do apto. em que vivo atualmente, cozinha grande, quarto e banheiro de empregada + área de serviço, etc. Estou mto. contente e a compra foi um ato de ousadia dêste seu amigo e admirador. Explico: Eu dispunha de 15 milhões, que me tocaram como parte da herança de minha Mãe, e andava procurando qualquer lugar pra morar e arrumar meus trastes. Vejo no "Jornal do Brasil" um anúncio e me bato pra Ipanema. À entrada do prédio o porteiro me disse que o preço era de 41.000.000. Estriei, naturalmente, mas só por já estar lá resolvi subir. Cheguei, vi e gostei logo. A vista é magnífica e o ponto não podia ser melhor. Lamentando que o preço fosse tão alto desci as escadas lentamente e tomei o elevador para voltar ao chão e à dura realidade. Vi, ainda nesse dia, mais alguns apartamentos (buracos infectos, cus da mãe joana sem...

a menor condição de habitabilidade. Voltei pra casa, deitei-me no meu velho sofá azul de veludo já coçado e "garrei a maginá". Alécio, não sei porque, não explico porque, telefonei para ~~um~~ o corretor quando sabia que meu dinheiro não dava nem pra saída. Resultado: O homem marcou uma entrevista comigo e lá fui (assumindo ares de importante financista). Lá chegando propus simplesmente ao fulano uma compra à vista com 15.000.000 de entrada e 20 em 120 dias. O homem, pra espanto meu, topou! Os 20 serão dados pela Caixa onde já arranjei financiamento. Claro que terei + 3 ou 4 milhões de despesas e a coisa no fim ficará mesmo por quase 40.000.000 porém tudo há de dar certo. Olha o eu do passarinho! Que eu heim Alécio? – Mas, enfim, quem não ousa nada faz. Pena é que a gente só ganha essas coragens quando os cabelos começam a embranquecer.

Já estou fazendo uma série de coisas lá: mudança de paredes, consertos gerais, pintura, etc. Dentro de 20 dias espero poder mudar. A outra grande novidade é que arranjei novo e excelente emprêgo. Vou trabalhar com o Antonio Houaiss no "Larousse do Brasil" (edição nacional que será feita do grande dicionário

4

francês). O "Larousse", imagine você, resolveu abrir cruenta guerra contra a "Enciclopédia Britânica" que é a emprêsa que domina, no momento, o movimento editorial de dicionários enciclopédicos ~~do~~ no Brasil. – Bem, então um certo Monsieur Dubois (redator chefe do Larousse francês) veio ao Rio pra tratar do assunto e escolher, dentre os intelectuais brasileiros, uma pessoa competente para chefiar o plano geral de tradução, redação, adaptação e lançamento. Depois de entrevistar centenas de pessoas escolheu o Houaiss, diplomata cassado e intelectual dos quatro costados considerado um verdadeiro cérebro eletrônico ambulante. As condições do Houaiss foram: 2.500.000 por mês limpos (o Larousse pagando o impôsto de renda) e mais o direito de escolher seus próprios colaboradores. Monsieur Dubois topou tudo. Houaiss começa a organizar listas de redatores e meu nome (não sei por que misteriosa indicação) apareceu na lista dêle. Por outro lado, o Ivan Junqueira gostou mto. de vários palpites que dei na tradução que êle está fazendo dos "Quatro Quartetos" de Eliot. Como amigo do Houaiss e já contratado como redator do "Larousse", o Ivan levou-me lá e foi tudo Deus com os anjos. Um.

5

perfeito entendimento estabeleceu-se entre nós e devo começar a trabalhar em agôsto. Já entreguei o meu humilde "Curriculum Vitae" e o Houaiss me apresentou a várias pessoas lá como "nosso colega e colaborador". Vou ganhar 1.000.000 por mês de salário fixo para apresentar uma produção de 50 laudas mensais. O que passar de 50 laudas será pago à razão de 20.000 por lauda (diz o Houaiss que nesse caso eu posso muito bem, pelo menos, duplicar o meu salário). Claro que não largarei o Tribunal, onde ganho um bom tutu, mas posso dar conta dos dois porque não terei "ponto" em nenhum. É o único meio de saldar meus compromissos financeiros mas terei de trabalhar feito um doido. Agora ATENÇÃO: Conto tudo isso a VOCÊ no maior sigilo pois nem ao Marco Aurélio ~~[illegible]~~ contei nada. Tenho minhas razões para pedir segrêdo e conto com a sua discrição.

Até hoje V. não me deu nenhum detalhe de qualquer trabalho seu e ~~[illegible]~~ fico bastante ressentido com isso. E o trabalho na tal agência de propaganda, que tal?

6

E eis a notícia final: Atenção! Atenção! Rio, – Estou inteiramente apaixonado por uma pessoa maravilhosa que me dá (e dará) tôda a felicidade que existe no Amor (quer dizer, na Vida). Trata-se de uma moça excelente que você conhecerá quando voltar ao Rio. Por falar nisso para quando é a sua volta? – O mestre Moura Mattos diz que você não volta mais. Êle nunca viajou e não sabe que a coisa não é assim tão fácil. E Anna Judith + Créo você tem visto?

As pessoas aqui continuam iguaisinhas como V. as deixou. Só que com saudades suas. Aprendi todo o trabalho de laboratório com o Penan. Tenho feito muita fotografia e espero comprar todo o material brevemente. A Thereza Montenegro me deu notícias suas. Ura me mandou um cartão outro dia (das ilhas Baleares) e eu respondi para o "Tournon" conforme ela mandou. Soube que o Peter fez uma exposição. Que tal? E Marianne, a gorducha? E a excelente, suave, carinhosa Karin? Se a vires não deixes de lhe transmitir tôda a minha ternura e admiração. Que faz ela em Paris, atualmente?

7

A Carmen mandou-me um lindo cartão de Natal com sêlos maravilhosos. Não respondi por puro desleixo e "mau-caratismo". Sou um sacana! Igual a Você! E o Mao que anda fazendo? Descreva-me minuciosamente a pessoa moral e física da feliz moça Caroline. Conte-me os seus planos. Suas piadas, tipo da dos Reis Magos do seu último cartão, são sempre m[to] engraçadas mas creio existir entre nós mais realidade que umas quantas gargalhadas embora o bom Rabelais tenha dito no princípio da sua admirável obra: (a propósito de risos e humor em geral)

"Aultre argument ne peut mon coeur élire,
Voyant le deuil qui vous mine e consomme
Mieulx est de ris que de larmes escrire
Pour ce que rire est le propre de l'homme."

Por isso, meu bom amigo Alécio (que tem a sabedoria Rabelaisiana) eu te perdôo mas mesmo assim quero saber mais detalhes da sua vida aí nesta cidade em que tanto sofri e onde fui tão feliz e tão homem.

Um abraço m[to] afetuoso do seu velho Carlinhos.–

I. G. CARDIM
RUA DOMINGOS FERREIRA, 226/802
COPACABANA - ZC 07
RIO DE JANEIRO, GB - 20.000
BRÉSIL
Brasil 73
2,00
SAVEIRO
BRASIL
CORREIO
1,00
Monsieur
Alécio DE ANDRADE
11, rue de la Harpe, 11
PARIS - Vème
FRANCE
VIA AEREA
PAR AVION
VIA AIR MAIL

Rio, 7 de fevereiro de 1968

(P.S. – Relendo esta carta achei-a particularmente pesada e mal feita. Estou emburrecido por excesso de trabalho. Desculpe.)

Meu querido Alécio!

Acabo de almoçar com o Paul. Estou de volta ao trabalho e terminei agora mesmo de ler a sua carta ~~[riscado]~~ que me trouxe muita saudade e vontade de apresentar sérias queixas porque V. se esqueceu tanto do seu velho amigo. Mas não faz mal, está tudo certo. Olha, a carta de que V. fala eu não recebi: nem a sombra dela. Portanto só podia pensar que V. não estava mesmo "a fim" de me escrever. Mas, ainda uma vez, não faz mal. Quero dizer não faz mal, fazendo. Você teria dito coisas esplêndidas, bem sei, e não algo com o qual eu pudesse não concordar, reprovar você, sei lá, como seu charme diz claramente. Quero tanto bem a você que tudo ficará para sempre igual, no coração, não havendo possibilidade de uma tão boba frescura, de eu deixar de responder assim. Bem, a culpa foi dos Correios e ponto final.

Estive fora, por uma semana apenas, descansando das ~~[riscado]~~ agruras enciclopédicas em que me meti para fazer mais dinheiro. Depois de trabalhar por mais de um ano e meio sem férias (não tenho direito legal a elas porque sou um mero <u>vendedor de direitos autorais</u> e não um empregado contratado) resolvi sair por minha própria conta e risco para um "merecido repouso" em Itatiaia. Nesse meio tempo me chega o Paul, ~~[riscado]~~ telefona pra minha irmã (antigo telefone meu) que me deu o recado quando cheguei, há 3 dias, mas êle não deixou nem nome, nem endereço, nem nada. Finalmente telefonou-me ontem e já hoje nos encontramos. Levei-o a almoçar no velho restaurante Rio-Minho, na rua do Ouvidor. Êle me deu boa impressão embora o francês que um suíço-alemão ~~[riscado]~~ consegue falar seja uma coisa execrável.

Mas, meu querido, acabo de ler a sua carta e as recomendações que Você faz serão cumpridas à risca (não fôsse êle seu amigo!) pode ficar descansado. Já vi que é pessoa de confiança. O que sinto é que V. não me escreveu antes dizendo o que diz agora. Por isso fui talvez um pouco reservado com o rapaz, sem deixar entretanto de observar a mais perfeita gentileza. Agora que já lhe tomei o pulso farei tudo o que estiver ao meu alcance para facilitar-lhe a vida. Já fomos juntos comprar sapatos no Moreira. Êle gostou muito.

Perguntei exaustivamente por você mas parece que ninguém sabe exatamente da sua vida. A única maneira de mostrar que houve realmente uma carta sua no longínquo Natal de 66 é dar uma resposta a esta, com a possível brevidade. Aquela se perdeu com tôda a sua prosa e tôda a sua poesia. Mas, se V. não responder sei que continuará a ser o meu velho amigo de sempre.

Li e reli o relato das suas tribulações e fiquei emocionado e contente (!) que tenha sido assim. Agora V. está tão mais adulto na alma; no coração que é mais importante. Vejo em você tanta coragem, sua pólvora soada, sua coragem diante do sofrimento da época do Parque Monceau. O que importa em tudo isso é o encontro da pessoa amada. Eis um achado melhor que qualquer emprêgo. Fiquei contente com os louvores a uma Caroline, de quem já gosto assim de longe, sem conhecer-lhe a palavra, o rosto ou o sorriso. Você vê, Alécio de Andrade, o que podemos fazer de bom nesse mundo só aparece depois de realizado aquilo de que somos capazes afetivamente. Lá, no fundo do nosso infeliz coração é que jaz a oculta chave, o ponto de partida para a solução do enigma. Mas o amor não é também amargo e difícil? Por quê diabo queremos sempre evitar o sofrimento? Vem tudo de mistura com tragos de

3

fel mas vale a pena assim mesmo. Eu te faço tôda essa horrenda filosofança para dizer que estou contente e que não poderia deixar de ser assim agora que te vejo gostando direito de alguém.

A pessoa a quem, segundo Você, aludo sempre muito de leve, existe cada vez mais fortemente. Há mais de um ano e meio nos gostamos muito e estamos vivendo dentro da possível felicidade. Lá vai como prova de confiança e amizade esta confissão. E Você sabe o quanto eu sou avaro de coisas desse gênero: A mulher que eu amo se chama Gilda Landim. Estamos juntos durante todos os momentos disponíveis e somos felizes no amor o quanto podem ser duas pessoas humanas. Você quando vier de volta há de conhecer a tão excepcional criatura que ela é.

Fiquei com muita inveja de Você ter conhecido o Miller! O meu entusiasmo por êle já declinou um pouco mas ainda resta muito da antiga admiração. Por que somos nós feitos assim mutáveis? Pode ser que eu ainda me restitua, intacto, aquêle Miller que conheci e amei na minha primeira viagem a Europa. Por agora o velho está um tanto esquecido mas eu não sou o que se pode chamar um mal-agradecido e sempre me lembro do bem que êle me fez quando perambulei por aí lendo, nos parques e terrasses de café, as aventuras do Sábio libertário. Faço essas pequenas restrições, Alécio, porque sou uma pessoa de totais devoções e procuro sempre me definir profundamente em relação a alguma coisa ou alguém que,

4

por bem ou por mal, me solicita, exige de mim e me
dá em troca. Assim também com os autores, a literatura, ponto
de tanta importância para mim.

Você pergunta pela minha vida aqui. Olha Alécio, está
tudo diferente de quando V. habitava estas miseráveis
paragens. Não vejo ninguém a não ser com, ou em
função de, Gilda. Não vejo o mundo mais a não ser
com ela e atravez dela. Ai vai a confissão. Sou
um terrivel passional, o fogo é o meu elemento.
Não conheço meias medidas no amor. Trabalho m^to,
vou para casa, levanto-me pela manhã e trabalho
outra vez. Todos os minutos disponíveis são dela e
para ela. Marquei encontro com o Paul aqui na
cidade porque à noite eu não cedo nem um tic-tac
de relógio para ninguém. Amém!

O trabalho aqui no Larousse vai indo mais ou menos.
Fiz bons amigos aqui. Dentre todos o que mais me
agrada é a excelente pessoa de Otto Maria Carpeaux
com quem almoço diariamente. É um dos melhores
sêres humanos que tenho conhecido. É também um
fanático de esquerda que faz tudo para ser preso,
mas a esculhambação brasileira se estende até à
ditadura que, sendo brasileira, é, por definição,
esculhambada. O Carpeaux faz e diz o que quer
e a polícia e os militares não o perturbam. Aini
ca coisa que realmente o incomoda é não poder escrever

I

mais um jornal. Êstes recusam-se a publicar escritos do Carpeaux para não terem complicações com a polícia. Ou pelo menos é isso que êle diz. Mas o bom Carpeaux apesar de muito gago é uma das pessoas mais brilhantes que já conheci. Da erudição dêle nem é bom falar: assusta. Como companheiro de trabalho é o melhor que existe. Êste é o meu ~~[illegible]~~ amigo, a pessoa a quem mais admiro, como espírito, atualmente.

Mas voltando ao Paul: êle está hospedado no Excelsior, na Av. Atlântica, com o Bloch apanhando-o de automóvel todos os dias de manhã, levando-o para passear de lancha com o Juscelino, pagando-lhe tudo e entregando-lhe não sei quantos dólares mensais (êle não quiz dizer). Êste país é uma bosta mas tem gente que gosta de bosta, que se há de fazer? Êle acha que o Brasil é um país novo onde há muito que construir. Contra o otimismo de um suiço, nem a burrice de um Costa e Silva. Mas o rapaz é simpático e bem educado. Tudo farei para que êle se sinta bem neste vale de lágrimas.

Assim de longe em longe, vejo o Marco Aurélio (que está aposentado da Caixa) e o Daniel, que continuam os mesmos excelentes Marco Aurélio e Daniel. Vou ao teatro, à praia e ao cinema, leio muito, como sempre, mas agora não rodo mais, absurdamente, pelos Zeppelins nem vejo mais os velhos companheiros daquelas asquerosas mesas. Eu estou melhor longe disso e você também está. Não é?

6

Você, como sempre, não me conta com detalhes em que lugar está
morando e de que maneira está instalado. Parece que o meu
querido amigo tem predileção pelas passagens torvas da existência.
Mas não é assim. Lembro-me de V. gostando tanto da vida,
conversando com a gente, bebendo seus copinhos com a gente,
assim tão pessoa que conhece o gôsto do mel. Então Alécio,
que bem levou êsse gôsto? Será que Você não tem
nada de bom para contar? E os Maôs, Peters e outros
tipos? E a Uta Faber, a Karin Haase, o inglês Don,
etc. Sumiram todos? Ou estão dormindo, ou volta-
ram a seus países de origem? Pergunto isso assim, à
falta de melhor assunto. A Uta e a Karin, não, essas
são pessoas de qualidade moral mais funda, mais cons-
truída. Mas, renunciei ao meu passado de aventuras e
peço a Você que suas cartas não se refira a
alguma ex-minha que casualmente encontrar por
aí. Tornei-me um moralão, há de pensar Você.
Mas não é assim. Estou vivendo
com todo o desprêzo. Mas não é assim. Estou vivendo
do mundo mágico e tenho medo de refe-
rências de mau agouro. Só o amor vale a pena.

Receba um forte abraço, muito saudoso, do seu velho
amigo que fica à espera de uma resposta.

Sempre seu

Cardim

P.S. - Muito obrigado pelos livros! Fico-lhe a dever um presente. Outro abraço, C.

Rio, 20.2.68

Meu querido Alécio,

Estou rabiscando êste bilhete, às pressas, que deve seguir pelo nosso Newton Carlos. Ainda hoje estive com o Paul Propst que me apresentou sua interessante ~~[illegible]~~ mulhersinha. Não creio que êle esteja precisando de nada porque não me tem telefonado e, além do mais, o Bloch está tratando dêle mto bem.

Espero que V. tenha recebido minha última carta em que dou notícias mais detalhadas do aparecimento do Paul. Infelizmente o Newton me disse que viajava só no último minuto, por isso não te escrevi com mais calma e nem tenho nada para te mandar, a não ser a minha bênção e um abraço muito amigo.

Preciso saber dos seus planos e ideias quanto à volta ao Brasil. Mas, se V. está bem aí, vá agüentando porque o Rio é a mesma coisa infecta de sempre. Só mesmo um suiço-alemão pode gostar disso aqui. Outro dia êle saiu-se com esta frase lapidar: J'atore zette fille (ville) que zue (sue)!, caminhavamos pela rua do Ouvidor e ao dizer isso o bom Paul pisou um grosso côcô de cachorro na calçada. Pobres farrapentos cercavam-nos por todos os

2

lcdos. Mas o Paul não se dava conta da misé-
ria reinante, sorria com sua boa cara de anjo
ou muar alpino, sei lá, sorria enfim, boa-
mente, encantado com o Rio, a merda, a po-
breza, a Joia, o Block, etc. Não sei
como é possível!

Escreva assim que puder. Hoje mesmo, por exemplo. J'embrasse très amicalement notre chère Caroline.

Pra Você, meu saudoso amigo, um forte abraço do teu

Cardim

P. S. – Escreva homem de Deus, escreva com mais detalhes reais, mais veraci-dade..

VERBÊTE

CARTA PRA ALÉCIO DE ANDRADE, POETA E BOM HOMEM.

NOME DO COLAB. CARDIM / Rio de Janeiro

RUBRICA E DATA [illegible] / 18.2.72

OBSERVAÇÕES:

Meu querido Alécio!

Depois de tanto tempo sem saber de Você, senão pelas boas referências que sempre circulam por aqui, me voltou agora uma grande vontade de te escrever.

Desde que chegamos da Europa as coisas não andaram lá muito boas pro meu lado. Andei procurando quem quisesse alugar o meu "talento" mas foi tudo em vão: durante meses estive gastando as solas e os nervos à procura de emprego e só recebi propostas ignóbeis. Sofri muito e me atraquei com as mais cabeludas angústias, daquelas, sabe, que agarram a gente no cangote e nas entranhas e estraçalham o coração com garras de aço.

Felizmente, tudo se resolveu por intermédio de um grande amigo: estou trabalhando na nova enciclopédia que a Britannica está patrocinando. Tenho um ótimo salário e o trabalho me agrada muito. Minha experiência prévia me valeu demais, e está valendo.

Meu trabalho é, atualmente, fazer leitura crítica, endireitar e reescrever verbetes de colaboradores os mais diversos, alguns ilustres. Mas, quanto mais ilustres pior: os caras não têm noção do que seja um artigo ou monografia para enciclopédia. Em geral, metem os pés pelas mãos (como diz lá o bom português) e fazem besteira de todo o tamanho. O trabalho é pesado mas faço-o com gôsto.

Tenho visto muitas fotos suas nas revistas Karamablochs. É sempre com o maior prazer que leio o seu nome, o que me faz lembrar your sweet expressive, sensitive, intelligent face. Gilda também lembra demais de Você e me "esculhamba" sempre, exigindo que te escreva, etc. Mal sabe ela o péssimo correspondente que Você é.

Pomba, Alécio! Quando é que Você aparece? Dá um jeito de fazer uma visitinha. Seu sucesso será tremendo! Faremos festas as mais belas e Ipanema, de rojões, a teus pés ajoelhada, entoará hinos em teu louvor. As mais excelsas mulheres, disputando um mero reflexo dos teus ócios, correrão a oferecer-te os ventres cálidos e as mais recônditas umidades.

Estou te escrevendo num momento de folga, enquanto a datilógrafa vai batendo um troço que escrevi sôbre o "pauvre Rimbaud". Tremem-lhe o peitos, suavemente,

TIPO PAICA

TIPO ELITE

FÔLHA N.º

(2)

VERBÊTE

NOME DO COLAB.

RUBRICA E DATA

OBSERVAÇÕES:

enquanto vai batendo as teclas, mas não de emoção, ao ler a vida excruciante de Jean Arthur, tremem-lhe os peitos, dizia eu, por causa do pêso material dos mesmos peitos, enquanto vão existindo ao longo do tempo que, mais tarde, os corromperá.

Aí na rue de la Harpe, transcorre a vida, terrível ou tranquila, cheia de gritos noturnos, flics e cocôs de árabes nas escadas. Mas tudo é tão belo: que sorte Você tem e como invejo Você, Alécio! Morar num dos mais cobiçados lugares do mundo: será que isso estava escrito na sua mão? E na minha, e na minha?

E Naruna, la douce? Anda aí assombrando os gauleses com seu mortífero sorriso, não é? Ela estava tão bonita aí em Paris, e seu coração Andrade pulsava suave, ensombrecendo os pobres seres, pálidos, perturbados passantes que se deixam aniquilar pela nostalgia do trópico.

Mas Alécio, o papo epistolar é, por definição, furado. Daí a minha perplexidade ao reler por um momento esta escrevinhação inconsequente. Me lembro sempre, pra consôlo desta verdade, de uma carta de Degas, uma longuíssima carta a um amigo distante, que êle termina, pedindo muito humana e simplesmente: "Écrit moi et divague le plus possible".

Assim também termino, pedindo que Você me escreva muitas laudas de papel, divagando o mais possível. Mas, se não puder, eu desde já te perdôo e te mando a minha bênção, o meu bem-querer, os meus votos da possível paz.

Um apertado abraço do teu velho

Cardim

P.S. - Caroline faz, aqui na terra, um grande sucesso quando mostro as fotografias que tiramos naquela bem-fazeja noite. Mando pra ela a minha melhor recordação e um casto beijo. C.

FÔLHA N.º

TIPO PAICA

TIPO ELITE

ainda no Rio de Janeiro, 3/12/73

Meu querido Alécio,

Sua partida foi aquilo que Você viu: uma reunião de seres amantíssimos recebendo de sua pessoa os últimos bons influxos da temporada. Que será de nós agora? O ar está denso de baixo astral, a maldade ronda os espaços, todos tememos o futuro.

Depois que Você se sumiu por aquela portinhola, tentando acenar com as mãos cheias de maletas, sacas, sacolas, livros de Drummond, agasalhos, cigarros, passaportes, tudo quase soterrando Você, depois da cena da portinhola, dizia eu, as pessoas que foram receber a sua bênção se dispersaram rápidas, apertando-se mutuamente as mãos suadas e se rebeijando dos dois lados da cara.

Noemi, Almir, Gilda e Cardim ficaram pra ver Você desembarafustar das entranhas do aeroporto, acenar mais desenvolto e subir no ônibus. Sua partida foi tão teatral que Noemi chegou a <u>ver</u> Você entrar em três outros ônibus que saíram antes do seu. Esperamos até o avião decolar e se transformar em distantes luzinhas piscando no céu. Foi triste e meio besta. Atiramos adeuses pro avião e depois fomos saindo devagar.

Almir nos convidou para jantar no Adegão Português, em São Cristóvão. Foi muito agradável, Almir se derretendo de gentileza, oferecendo todas as comidas e bebidas ao mesmo tempo, bom Almir; Noemi tristinha, com aquele sorriso doce, derramado, presença apaziguadora que faz bem a gente estar perto. Navegamos em duas garrafas de Dão, grande cópia de carnes lusitanas (cabrito, coelho, leitão, boi assado, tudo medieval, bom e forte) e muita conversa sobre Você e sobre Alécio de Andrade; Almir se revelou crente em Deus Padre todo poderoso, criador do Céu e da Terra. Respeitosamente, meio à medo, de leve, porque conheço a força dele e lhe tenho muita estima, ironizei e contestei um pouco uma sua apologia do saber oriental, Confucios e outros sábios amarelos ou alaranjados já tirando sobre o marrom quando se chega na Índia onde arribamos pela altura da sobremesa.

Aí foram pastéis de Santa Clara e conversas sempre amenas, com a voz de Noemi adoçando ainda mais. Batia uma suspeita de sono nas senhoras quando Almir, que nos pediu deixar de lado o "doutor",

mandou vir Chartreuse verde e todas as caixas de charutos, rigorosa-
mente todas. Lá vem o garçom com uma pilha mal empilhada nas duas
mãos. Escolhemos lentamente, Panatelas escuros, perfumados, charu-
tos muito decentes. Ao café percebemos que não havia mais ninguém
no restaurante. Os fâmulos nos lançavam olhares óbvios. Proclamei
a inferioridade do homem diante dos animais: "Os animais sabem tu-
do que precisam saber; nós ignoramos tudo que necessitamos, seres
atormentados, conhecemos e tememos a doença e a morte, estraçalhamos-
nos uns aos outros, somos solitários e desamparados", emfim, aquela
minha velha cantilena. Almir revidou arregaçando o Aristóteles e
empunhando o Platão. Me fulminou amigavelmente, com caridade e gen-
tileza. Não insisti nas minhas habituais maldades e sofismas e fi-
quei em silêncio, puxando meu Panatela meio de lado, mudando
de conversa e refalando no seu talento pianístico. Almir
quer porque quer te dar um piano: deseja ouvir Você tocar pelo te-
lefone internacional. Noemi, cada dia mais parecida com Naruna
(sem a malícia da Naruna, é claro), assentia com lentos gestos de
cabeça, os bonitos cabelos brancos charmosamente desalinhados.

O jantar chegou ao fim já meio moscovita, Gilda não agüenta
bebida mas Noemi, Almir e Cardim beberam de tudo com perfeita pro-
priedade. Levantamos-nos por entre os últimos louvores à sua pes-
soa e nos separamos com promessas de telefonar dentro em breve. Fi-
quei muito comovido com o carinhoso convite. Haverá retribuição
aqui em casa, com posterior relatório pra Você ficar sabendo de tudo.

Mas Alécio, chegando em casa não consegui dormir, meio destram-
belhado com a ingestão de tantos líquidos espirituosos e mais o ner-
vosismo da parrida. Remergulhei na correspondência de Jimmy Joyce
(já estou no fim, é um sofrimento que arrebenta com a gente)
e só fui pegar no sono lá pras tantas da madrugada. Te agradeço
muito o presente. Gilda está começando a ler, já prevenida quanto
à fossa que o livro dá.

Os Bulhões ficaram de telefonar. Gostei muito deles. Acho
que vamos telefonar primeiro. Em sua homenagem prometo não esculham-
bar com Montherlant, Jules Romains, Thornton Wilde e Rodenbach. Bem,
quanto a Rodenbach não garanto nada. Não deixe de escrever pra ele,
pra Elza e talvez até pra mim. Cartão postal serve.

- III -

Pra Naroona (influência de Joyce & Pound, Inc.), por quem acalento secreto e óbvio encanto, um breve beijo quase fraternal. Ela que olhe por Você, Você por ela e o Padre Nosso que está nos Céus por ambos. Ainsisoitil.

Entregue pra Caroline um beijo que eu mando. Me escreva se for o caso. De preferência me escreva. Gostei demais de ver Você. Te agradeço muito as visitas aqui nesta tua casa. Gilda manda muitos saudares e bons votos de tudo dar certo pra Você. Assim desejamos de todo o coração.

Um apertado abraço do
seu velho amigo

Cardim

Rio de Janeiro, 3/1/74

Meu querido Alécio,

Muito obrigado pela excelente carta do dia 18 de dez. último, posta no correio a 22 e recebida exatamente quando 1973 exalava os ultimos suspiros.

Depois da sua partida voltei pra casa matutando na sua recomendação de telefonar para o Zehvi. Passados alguns dias, depois que te escrevi, telefonei realmente para o homem e, xx na terceira tentativa do terceiro dia acabei pegando o bruto no telefone. O resultado foi tipo "estamos no fim do ano, você sabe como é, Manchete está atravessando uma crise etc. etc., deixa teu telefone que eu te toco".

Diante disso resolvi me mandar para as regiões austrais do Chile e Argentina a fim de diluir minhas angustias e decepções nas águas que descem das vertentes andinas. Se bem resolvi melhor executei: passei duas semanas confrontando minha astúcia com a das trutas que nadam naquelas neves derretidas. A vida animal é um santo remédio contra melancolia e depressões de vária etiologia, quando se tem a alma moída de porrada e o coração espezinhado pelas solavancos da vida (desculpe a frase, saiu bombástica e merdosa).

Mas eu estava dizendo que a vida animal é um santo remédio: levantar cedo, andar durante horas por dentro dos rios gelados, sofrx frer os ardores do sol de montanha e tiritar sob o vento cortante da Cordilheira, tudo isso cansa o corpo e descansa a alma. Retempera a gente para a volta às realidades das irrealidades e papos furados com que tratam o chômeur, indivíduo perigoso e triste, verdadeira ameaça para a sociedade.

Mas Alécio, levei comigo a bolsa que Você me deu e mais a moeda de cinco francos, seguro antídoto contra máu-olhado de judeu roncolho, que parece ser o pior máu-olhado que existe. O resultado foi excelente e eu tive um pouco da sua companhia enquanto vagava por aquelas agrestes paragens.

Você me escreveu uma carta que me fez um bem enorme. A única coisa que eu acho um pouco chato é que está um px tanto bem escrita demais. Mas foi uma grande alegria ver Você em plena posse de sua faculdade de dizer as coisas. O que Você diz: "Escrevendo sinto-me ser precário", é a pura verdade. Eu também me sinto precário, indefeso, vulnerável. Mas não escrever é muito pior que escrever. Não escrever é negativo, anti-vital, é a não ação, essencialmente destruidora das potencialidades da gente. É assim feito não repartir o pão. Comer sozinho, sem apetite. Te digo estas cruezas, estas barbaridades, não porque exija cartas de Você. Nós estamos além disso. Mas Você tem que escrever pra alguém, falar, botar pra fora. Todo mundo ficou meio apreensivo com o seu silêncio. Quero dizer, todo mundo menos eu. Eu fiquei só meio axp aporrinhado, meio inerte diante do meu velho e querido amigo. Mas está tudo bem, quero dizer, V. não mudou nada.

Quem te conhece te reconhece mesmo sob tempo incerto, sujeito a eventuais chuviscos e nevoeiros. Esta comparação meteorológica, embora restabelecendo minha velha intimidade com o lugar-comum, não me vai levar ao ponto de mencionar o sol brilhando outra vez etc. Não tema. Mas, nosso clima espiritual é mesmo o <u>brouillard</u>, acho que a gente vai morrer assim, o jeito é andar mais agazalhado pra evitar a pneumonia dos pulmões da cuca.

Quanto às gentes tenho a dizer que o Marcier me telefonou, falamos longamente sobre Você, sobre Naruna (a benfazeja presença, le sourire rassurant), sobre viver em Paris. Ele quer muito bem a Você, a gente também precisa gostar daquele pobre louco de Deus. Recebi dois cartões do Paulo Franco: um da Índia e outro do Nepal. Parece que ele atacou mesmo de Oriente, está encantado com tudo, à exceção de vacas sagradas que parece não apreciar muito. Chegou a dizer que a Índia seria o lugar ideal para viver. Por mim, tirando o <u>shrimp curry</u>, a Índia não tem lá muitos atrativos. O Paulo vai aparecer por aí, deve estar estourando por aí, procure vê-lo, telefone pro Álvaro e pergunte. O Paulo é uma das melhores pessoas que a gente conhece, ele tem a cara muito limpa, o coração aberto, é um amigo leal. É tão difícil fazer e conservar amigos. O Paulo aprecia muito Você, não deixe de vê-lo e dar-lhe um abraço de minha parte.

Tão logo recebi sua carta telefonei pra Noemi e Almir que se congratularam comigo pelo fato de Você ter escrito. Desejei-lhes paz e amor neste Ano Novo. Da nossa mentora espiritual recebi, através de Gilda, que teve entrevista com ela, uma oração para ser recitada diante de um copo d'água. Eu disse água, heim?

Voltando a falar na sua carta: não há razão para se evitar o que V. graciosamente chama "lirismo de algibeira". Inda mais porque V. tem algibeiras profundas e muito bem fornidas, o Senhor seja louvado. O problema é temperar a coisa com um pouco de merda, barrar ligeiramente as frases com uma leve demão de merda para lhes dar o lustro humano, a cor da vida na Terra.

Soube que há no ar um movimento internacional para a sua volta em junho. Continuo comprando bilhetes e fazendo empréstimos. Gostaria demais de poder aparecer por aí. Mas Paris não é o sul do Chile e da Argentina onde se vive muito bem com dez dólares por dia (no Chile 5). Aliás esqueci de te contar que fui e voltei (Chile) só através das brenhas, passando pelo Paso Puyhue, por entre montanhas, ainda cobertas de neve espessa. Uma coisa linda que vi na Argentina foi, durante uma pescaria no rio Chimehuin, uma corça bebendo a água límpida e, de vez em quando, levantando a cabeça para me olhar com seus veludos olhos negros. Você gostaria de estar lá com a <u>Leica</u>. Bicho é melhor que gente, trai menos.

Meti a terceira folha na máquina pra te dizer que digressões não são "enfermidades do espírito". Sem digressões vadias, delirantes, ficaríamos reduzidos à razão, coisa que o homem, esse filho da puta, julga ter e em quantidade bastante para que lhe sirva de base na sua precária comunicação. Mas não tem que ser assim, felizmente não tem, não sou francês nem termino minhas cartas com veulliez agréer, cher Monsieur, l'assurance de mes sentiments les plus etc., etc. Afirmo que a morte das fórmulas e a liberação através das digressões pode ajudar o pobre e triste diabo que perambula ici bas em busca do pão e (mais difícil) em busca da paz. Falemos pois, querido Alécio, com digressões loucas e aparentemente sem sentido. O sentido vem depois, filtrado através do nosso muito coração e pouca inteligência. O mundo vem procurando ser inteligente há muitos séculos, mas dessa inteligência vem escorrendo sangue e maldade, insatisfação e desespero. O melhor mesmo é tentar gostar das pessoas, já que compreendê-las não nos é dado. Dentre as definições do homem está em primeiro lugar esta: o homem é um ser que não compreende nada. Daí pra frente eu topo conversar.

Quando V. estava pra embarcar te falei da correspondência de Joyce, presente que Gilda e eu apreciamos muito. Varei o livro de ponta a ponta arquejando de sofrimento com o sofrimento de Jimmy & Nora. Que gente, meu Deus! Que amor humano, sensual, terrível! Assim é que serve! A gente deve rebentar o coração e os colhões. Se tiver que acontecer algo de bom na vida tem que ser assim. Te agradeço muito o livro.

Bom Alécio, acho que vou ficando por aqui. Já é de madrugada e em breve virão os jornaleiros e depois os lixeiros. Se ao menos levassem o meu lixo, a minha carga de lixo; mas não, preciso é de um rio caudaloso e de águas limpas que me passe por dentro do peito e da cabeça, lavando tudo à fundo e me restituindo ao mundo liberto do medo e da dor, limpo entre as pessoas que me amam e que eu amo.

Mas tem uma coisa, a digressão não pode ser passada a limpo. Se V. passar a limpo fica falso. E precisamos evitar o falso. Pelo menos entre amigos. Pros outros, "os tais são", aí sim, sejamos falsos, requintadamente falsos.

Muito te agradeço o Você ter escrito ao Adolpho. Ele gosta de Você. Tenho fé e espero.

Terminando, mandamos a Você, Gilda e eu, abraços e beijos, nosso amor fraternal e muitas saudades.

Teu velho amigo,

Cardim

(1)

Rio de Janeiro, 20 de setembro de 1977

Meu querido Alécio,

Ia escrever meu querido irmão gêmeo, filho natural e entranhado amigo Alécio de Andrade mas achei que ficava muito gagá e, por vergonha, não escrevi. Estou trabalhando numa tradução para a Editora Record. É uma merda duma tradução de um livro de culinária. Pasme. Vai sair com o nome de Antônio Houaiss e o meu. Estou fazendo porque é muito bem paga e terei porcentagem sobre as vendas, coisa inédita na história da tradução brasileira. Mas chega de realidade. A realidade "envilece e estiola". É do sobrenatural que quero falar. Quando se pensa que o passado passou il revient à galop e te inunda de lembranças, vivas demais para que a gente as possa ignorar. Você vai ter que agüentar. Eu vou ter que agüentar. Estou pra te escrever há quase um ano. Tanta coisa ruim me aconteceu que a alma do Cardim ficou toda amassada, virada pelo avesso. Na volta de Paris a realidade envilecedora estava me esperando no Galeão. Assim que me viu, flechou em cima de mim e, com um ódio gelado, tomou-me nos braços e mordeu-me o coração. Foi em janeiro, estiolante janeiro de 39° à sombra e aquele cheiro de horror e querosene me humilhava a alma. Virada pelo avesso, como já te disse. Estou fazendo análise e entregando tudo o que é meu. O filho-da-puta ouve e faz hum! hum!, perplexos grunhidos na penumbra onde ele assiste. Tem saído troços de arrepiar os cabelos. Os meus cabelos, porque o cara é careca e careca não arrepia cabelo. Mas sai coisa boa também. Entre as quais Você, por quem professo minuciosa saudade e exata devoção irremediável. Eu que aborreço as declarações enfáticas acabo de escrever isto. Está escrito! Foi o avesso da alma que escreveu. Recebi um cartão do Paulo Franco, dizendo que almoçou com Você no Dôme, e eu fiquei com inveja. A inveja é um sentimento baixo, mas eu não sou exatamente um ser sublime e virtuoso. Atrás do Dôme fica a rue Delambre, por ali rolaram muitos pecados meus, fugas, madrugadas aflitas e abandonos vis. Mas Montparnasse leva lá ninguém à sério? Foda-se, foda-se, gritavam as velhas casas arrimadas umas às outras, solidárias e mesquinhas como concierges, mas se odiando como concierges e me odiando também. A rue Delambre viu a paranoia de Strindberg mas não viu a minha, porque eu tenho saúde mental e quase não sofro de maniadeperseguição e o diabo nunca me apareceu, a não ser sob a forma de moças de 19 anos. -Esteve aqui o indivíduo Racz*. Jantou com a gente numa mesa grande, com velhos amigos e todos o queriam homenagear e reconhecer, mas sabe como ele se fez reconhecer? Pediu duas garrafas de vinho chileno, do melhor, porque disse que tem o estômago delicado pra vinho nacional e na hora de pagar compareceu com uma nota de cem toda amassada, declarando que não possuía mais. Indivíduo Racz* trazia a nota num bolso separado e se safou assim. Nós pagamos a diferença, é claro.- Uma coisa muito séria aconteceu. O nosso Marco Aurélio esteve em perigo de vida. Fez duas operações gravíssimas e eu cheguei a pensar que ele ia pegar o boné e dar uma incerta na atual residência do Malraux. O pobrezinho perdeu 12 quilos e eu vi, Alécio, o medo estampado na cara dele, entre uma operação e outra, 60 e tantos dias no hospital. E a coisa ainda não acabou: vai fazer outra operação pra acabar uma ligação no intestino. É cruel, ele quase perdeu o juízo. Agora está em casa à espera de recuperação para enfrentar o 3º esfaqueamento. Rogo a Você, meu querido irmão gêmeo e filho das entranhas da minha amizade e admiração + irrestrita, escreva-lhe um cartão, porra! Ele tem absoluta necessidade de receber uma palavra sua, porque te quer bem, porque Você faz parte da mitologia dele, do amor dele, e ele está ferido com a sua indiferença, que eu sei que está, embora calado. E não me diga que não sabia, meu filho, porque o Paulo com certeza te contou. Se Você não escrever, não mandar um cartão da Torre Eiffel todo escritinho com a tua sensível [illegible] letra drumondiana, Você não valerá para mim nem um pedaço de boceta seca! Quero dizer, vou ficar um tanto chateado com Você, o que me parece inadmissível na ordem geral das coisas. A essa flor de pessoa que é Naruna (dentre as minhas parentas, a única que de verdade amo platônica e socraticamente) faço o mesmo pedido. A ela não encareço como fiz com Você, porque tenho cerimônia e conheço o meu lugar, mas simplesmente peço, com toda a gravidade que o assunto exige. Com o pedido vai também um carinhoso e fraterno abraço e mais a promessa de apoio logístico por ocasião da instalação do restaurante que ela e o nosso bom Pedro vão abrir aqui no Rio. Foi o Almir que me contou isso quando encontrei com ele e a linda Noemi na exposição do Zé Maria. Noemi estava envolvente e de um poder de carinho como poucos seres humanos poderão jamais possuir. Fico extasiado com ela. Almir me disse que tem uma nova aparelhagem de som e que eu preciso ir lá ver. Vou, demais. Só sinto é que com certeza a vitrola do Capitão Nemo levou a breca. Ouvi dizer que o museu de Kaliningrado deseja adquirir aquelas válvulas enclausuradas em alumínio. Eram realmente notáveis aquelas válvulas, aquela parafernália dantesca que alegrou a nossa juventude. Que será do Nautilus sem aquela sacrossanta vitrola? Que será de nós, que sabemos dar o justo valor às coisas? Outro dia passei pela praia do Leblon e contemplei o perfil autêntico do teu edifício, recortado de encontro ao céu de setembro. Lá estava ele, mais autêntico que todos os setembros, inabalável, inesquecível, inesquecido. [illegible]. Alécio, a Michelle me causou uma funda impressão. Nunca tive chance de dizer isso a Você mas achei a Michelle muito atraente, interessante na alma também. Um pouco inteligente demais talvez. É a única restrição que lhe faço. Espero que ela não me queira mal por eu não ter encontrado le mot juste. Na verdade a juventude me perturba e me confunde. Creio que quando nasci já contava 47 anos e meus dentes não estavam lá em muito boas condições. - Na nossa casa Você é constantemente lembrado com exagero de cuidado e carinho. Gilda tem por Você uma verdadeira amizade. Tem até saudade.-As coisas vão melhorar, não vão Alécio?

Está anoitecendo aqui no Castelo. Não há andorinhas mas também não há morcegos. Daqui a pouco vou pra casa, de ônibus, sozinho e bem comportado. Vou trabalhar na minha outra tradução (Inferno, de Strindberg). É um livro fascinante. VIRE →

*Ele, no fundo, não é mau. É um homem que sofreu muito. Desculpe a brincadeira! C. Um forte abraço do teu Cardim

②

DISTRIBUIDORA RECORD DE SERVIÇOS DE IMPRENSA S.A. — Favor bater 32 linhas – espaço 3

Títulos da Obra — Lauda n.°/Pág. orig. n.°

Observações do autor, tradutor ou revisor: 1/2 noite do dia 20 de setembro de 77,

0 Alécio! 9 18 27 36 45 54 63 72

Cheguei em casa e reli a carta. Achei horrível e sem relação nenhuma com o que
eu pretendia te escrever. Mas não quero admitir que a comunicação entre nós está
difícil ou que caminha para o impossível. Tenho tido constantes fantasias a
seu respeito, imaginando que Você realmente nunca saiu daqui e que anda
assombrando as esquinas da Ataulfo de Paiva e adjacências. Mas a distância
atua também como proteção e preservação da amizade, embora não haja
necessidade da gente exagerar o silêncio e a separação.

Só estou escrevendo este pedacinho novo porque talvez eu tenha sido
jocoso demais com o assunto Marco Aurélio e quero desfazer o tom de brin-
cadeira. Alécio, não é brincadeira, é sofrimento mesmo, físico, moral
e emocional. Depois de 8 1/2 anos de análise o Marco Aurélio voltou
ao divan para poder enfrentar a nova operação. Desculpe a exigência
que te fiz mas renovo aqui o meu pedido (e agora de próprio punho
para ficar mais convincente), escreva-lhe não um cartão postal da Torre
Eiffel, como eu brincalhonamente te pedi, mas uma carta, uma car-
ta inteligente e sensível como Você sempre soube escrever.* Analisando
bem o meu pedido e a minha insistência chego à conclusão de que
se trata de medo de me acontecer algo semelhante e de me ver di-
ante da morte abandonado pelos meus, pelos amigos a que amo. A
gente já não tem religião (o que é uma inferioridade e uma burrice)
não tem Deus (somos uns miseráveis sem fé) e vai daí não temos
também amigos, outras pessoas como nós que nos assistam com algu-
mas palavras ou mesmo sem palavras, com um gesto já que to-
das as palavras se desgastam e ficam existindo só para nos trair,
nos desdizer, não deixar que a nossa expressão profunda venha
à tona. Que escravidão, meu caro Alécio! Que solidão amar-
gas e enlouquecedora! – Desde que cheguei atravessei fossas horrí-
veis. Estou atravessando. Se tivesse forças pra contar, contava. Con-
tarei um dia, pessoalmente. Espero sinceramente que não esteja lon-
ge o dia que vou ver Você, te abraçar, tomar umas cachaças,
ouvir música talvez, como aquela noite na tua casa, eu senta-
do na confortável poltrona Délabrée, copo na mão, Bartok no
ar, a tua mulher e a minha mansas presenças cheias de har-
monia. Gostei demais da tua casa e da tua mulher. Desejo-te
a felicidade e a continuidade da felicidade. Que tudo pra Vocês
seja sempre como no começo. Tenha sempre coragem e queira bem,
constantemente, ao

Seu amigo

Cardim

P.S.
* – Não mencione ao Marco Aurélio que te contei a operação etc. Diga que foi o Paulo.

M. AURÉLIO : ATAULFO DE PAIVA 80/APTO. 409 – LEBLON

Rio de Janeiro, 13 de setembro de 1978

Meu querido Alécio!

Foi com a maior alegria que recebi, através do velho Almir, o teu pedido para que eu traduzisse o poema do Drummond. É uma das melhores coisas do mundo quando alguém acredita que somos capazes de fazer alguma coisa. E quando esse alguém é pessoa da nossa especial predileção, devoção e carinho sentimo-nos assim feito um menino que ganhou uma medalha no colégio. Ou, mais seriamente: um deus nos visita e nos sopra [na alma uma força nova.

Olha aqui Alécio, como você sabe, eu não acho fácil traduzir um poema do Drummond. Mas como é para você, como fala de você e da sua Arte, ficou sendo quase fácil ou, pelo menos, possível. Mudei as palavras mil vezes, troquei a disposição das palavras e versos outras mil vezes. Finalmente cheguei a isto que aí vai. Você é livre de usar ou não. Eu já nem lembrava do poema. Mas é muito bom e acredito em tudo que está lá, e mais ainda.

Recebi ôntem, do Bulhões, a revista com o teu poema e as tuas fotos de Nova York. Gostei muitíssimo e te mando um carinhoso abraço de parabéns. O texto parece muito com você,

2

por isso é belo, tem alma, tem humanidade, tem inspiração, tem inteligência. Em resumo: É verdadeiro!

Estive jantando recentemente, chez Marco Aurélio, com a prodigiosa Noemi e o grande Almir. Eles estão em grande forma e me deram muitas notícias tuas. Até mesmo a da separação, que recebi lamentando o possível sofrimento, o necessário sofrimento. Se assim é, assim seja. Deus te dê paz (y a mi no me olvide).

Caiu bem o teu recado na margem da revista. Eu estava chegando do trabalho com o corpo cansado e a alma meio amarfanhada. Nesse momento chegou também o padeiro com o pão. Sentei-me a ler Você, abri uma garrafa de <u>Cabernet</u> chileno e comi o pão todo e bebi quase todo o vinho. Comemos, lemos, vimos, bebemos (Gilda e eu) e nos lembramos de Você com muito amor. Comunhão.

Um apertadíssimo abraço do teu,

Cardim

P.S. - Fale-me do livro, da exposição aqui, da tua visita.

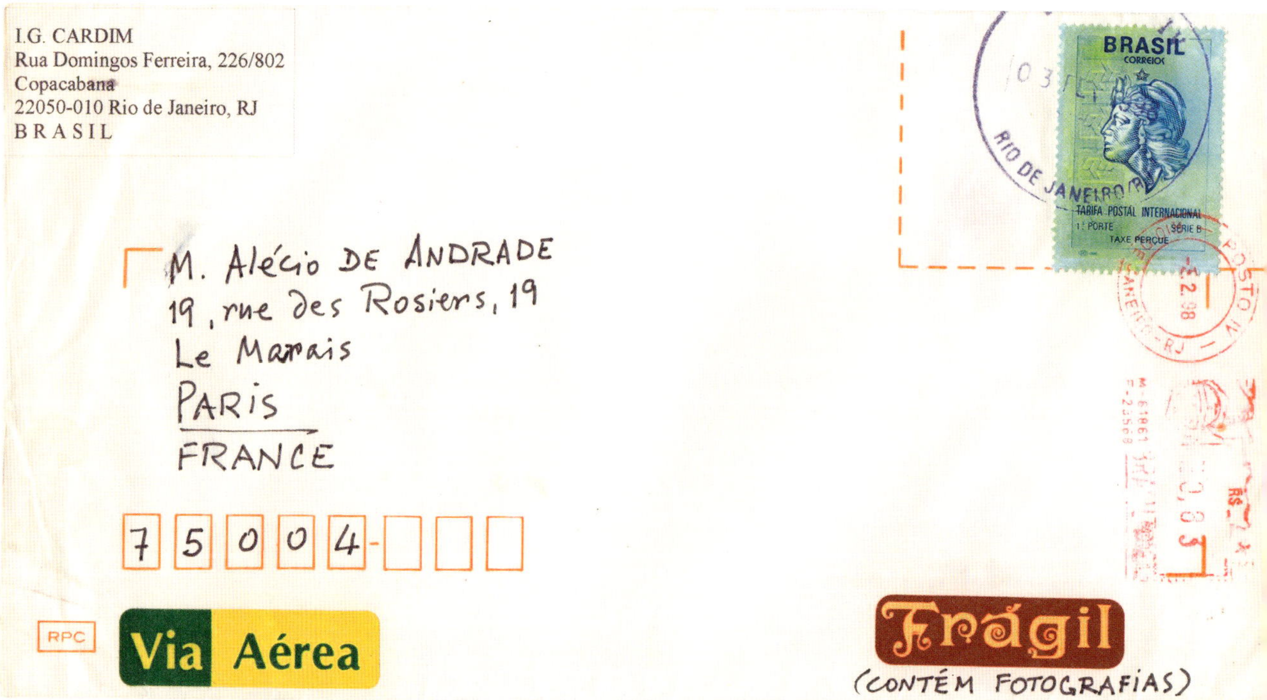
I.G. CARDIM
Rua Domingos Ferreira, 226/802
Copacabana
22050-010 Rio de Janeiro, RJ
BRASIL
BRASIL
CORREIOS
TARIFA POSTAL INTERNACIONAL
TAXE PERÇUE
RIO DE JANEIRO
M. Alécio DE ANDRADE
19, rue des Rosiers, 19
Le Marais
PARIS
FRANCE
75004-
RPC
Via Aérea
Frágil
(CONTÉM FOTOGRAFIAS)

DIANTE DO REAL

Diante do real, à sombra do imaginário, o espectador, subjugado, completa um jogo de que o artista é a primeira peça.

A fotografia é um compromisso com a verdade: Alécio de Andrade a ela se rende com seu trabalho de amorosa exatidão. Estas imagens são vivências cotidianas de um homem em face dos seres e das coisas; um homem com o entendimento alerta e o coração desperto, sob o incessante alarma do acontecido.

Coexistem aqui coisas eternas como sorrisos ou breves como catedrais góticas. E é bom que São Paulo, com sua alma generosa e altiva, venha ver a arte de Alécio pois muitas outras cidades já a contemplaram, já sentiram a vibração que emana desses claro-escuros tão severos, tão verdadeiros.

Há mais humanidade nessa ausência de cor que no sofisticado arco-íris da tinturaria fotográfica. Todos verão, mais uma vez, que há um nexo profundo e implacável nessas formas que se filiam à tradição dos espaços e das massas. Sempre foi assim com a gravura, essa tia vetusta e rica a quem a fotografia deve recorrer nos seus momentos difíceis.

Quer sob os ares preguiçosos do Rio, quer sob os ventos impertinentes que arrepiam o rio Sena, a trajetória de Alécio de Andrade sempre foi regida por um primado imutável que quero agora relembrar: o Homem, com seu lixo e sua glória, suas baixezas que fazem chorar e seus momentos de imagem e semelhança; sua face que se exalta no altruísmo e no perdão ou que tantas vezes cora de vergonha.

É isso que vocês vão ver aqui: imagens fixadas desses baixos e altos do ser humano que nos fazem pensar naquilo que somos (ai de nós!), naquilo que recebemos e que transmitimos.

Só nos cabe comemorar, com os olhos frios do Poeta, estes emblemas com que Alécio nos devolve o mundo visível: verdades que tomaram partido entre o supérfluo e o necessário.

Ismael Cardim

ISMAEL CARDIM

"Diante do real", Fotogaleria - Fotóptica, São Paulo, 1981

Rio de Janeiro, 3 de julho de 1981

Meu querido Alécio!

Ainda mal refeito do assombro "moral" e afetivo que o teu livro me causou "tomo da pena" para te mandar, primeiro, um abraço apertadíssimo de parabens por essa vitória do seu talento e do seu esforço.

Fiquei muito saudoso de Você e comovido com o teu gesto de me incl na dedicatória. Mas, quer saber de uma coisa? Acho natural que Você me queira bem e retribua a minha entranhada amizade. Mas também não precisava exagerar... A verdade é que fiquei encantado e orgulhoso de Voc O livro está uma beleza! O Almir já me contou que o Walter, da Kosm encomendou 20 exemplares dessa edição em alemão. Me parece que ele está contentíssimo, assim como toda a multidão dos teus admiradores, a verdadeira torcida que Você soube construir com a bondade do coração e a inteligência da cabeça e a força do espírito. Ainda não falei com Noemi mas vou fazê-lo breve. Falei com o Bulhões que também está exultante. Que parto! Você deve estar com os fundilhos da alma bem arrebentados pe esforço. Mas feliz, tenho certeza, isso é que importa!

Reli lentamente o texto do Cortázar. Acho-o excelente, às vezes um tanto sofisticado. Mas ele é sul-americano. Há que perdoar isso ao pobre argentino. De resto, grande contista, cheio de um humor originalíssimo. Os "romances" dele é que são ligeiramente ilegíveis. Você conhece <u>Historias de Cronopios y de Famas</u>? É um livro que vale a pena. Ele comenta com grande acerto o esforço de viver, a inutilidade absurda de todas as coisas, o grotesco que é o nosso cotidiano. Mas ele sabe fazer rir e isso é uma incomensurável virtude.

Querido amigo, estou acabando de acabar o meu Dicionário! São muitos anos de paciência. Nem sei onde fui encontrar paciência. Me apareceu a paciência depois de velho, como uma doença da idade. Veio lentamente e se instalou em mim e me

(2)

deixou fazer alguma coisa. Por pouca merda que seja. Ora
bem, nós estamos aqui, pois não estamos?

Gostaria muito que você tivesse planos de aparecer de visita,
enquanto não aumenta o calor. A nós nos parece impossível
visitar a Europa com esse dólar de cr$ 110 no câmbio negro.
As coisas que estão acontecendo neste país são inomináveis e inex-
tríveis. Politicamente então, me parece melhor esquecer, pensar
noutra coisa. O desemprego é geral. Quem tem um ganha-pão
qualquer aferra-se a ele e vai tocando. Pra quê? Pra nada.

Mas, não quero ficar assim tão pessimista ou tão realista:
"Human Kind cannot bear very much reality" disse o nosso
Eliot. Aliás, não entendi muito a citação que você fez dele.
A propósito, quem é a Mary, posso saber meu caro poeta?
Mas você tem razão, nada funciona sem mistério.

Almir me disse que você foi recentemente à Suíça tratar a edição
francesa e "toucher quelques sons". Que bom! Ah, meu Alécio
que saudade de te ver aí, te encontrar na terrasse do Lipp ou
no Balzar, te explicar como é Paris...

Estou no fim de um dia de trabalho. É sexta-feira e sin-
to-me depredado pelo labor de rabiscar, redigir, compilar, traduzir,
ralar a bosta da cabeça compulsando alfarrábios. Logo eu que
sou um manual, um instintivo, um pescador solitário e sau-
doso da natureza. Devo tirar férias em breve. Irei pescar
nas águas geladas da serra da Bocaina. Você é tão urbano,
tão irremediavelmente citadino. Você entende minha paixão de nature-
za, meu amor por águas correntes, claras, transparentes?

Te mando outro grande e amoroso abraço junto com Gilda que tam-
bém, como eu, te admira e te quer. Teu do coração, Cardim

Rio de Janeiro, 6 de julho de 1981

Meu querido Alécio!

Te escrevi uma cartinha endereçada a casa da Naruna. Depois me lembrei que o nosso Almir (está orgulhosíssimo de você) me disse que ela teria viajado para a América do Sul (estranhas paragens!) "após" uma trupe de teatro.

Não me ocorreu (não consegui) dizer o quanto me impressionou o seu livro. Não queria, entretanto, deixar de declarar o quanto ele se parece com você, tem o seu jeito, é um retrato (portrait craché) da sua alma poética e profunda. E é por isso que ele é bom e verdadeiro. Reflete a sua experiência vital e espelha a sua visão onírica, aquilo que seus olhos de vidente captaram dos seres e dos sons da cidade que mais marcou a nossa sensibilidade desvairada. Fiquei mais do que contente ou orgulhoso de participar da Dedicatória: Me parece também uma vitória minha; fiquei emocionado com a sua lembrança, com o você se recordar de mim por escrito e impresso.

Gostaria de dizer algo sobre a coerência do seu livro, sobre a autenticidade dele: a relação das fotos umas com as outras constitui a mágica que faz o livro ter um significado pessoal. É um livro quase preconceituoso na medida em que você persegue encarniçadamente um laivo da verdade. É o seu compromisso com o sonho, com os lados menos prováveis da existência, que faz a força das suas imagens. A Paris que pode ser pesada e medida cede lugar às forças que a inspiram, ao ser secreto e dissimulado que reside sob a face imediata que se deixou captar.

É tão difícil falar sem focinhar no pedantesco, naquilo que justamente a gente quer evitar. Relendo, acho insuportável, acho distante o que acabo de escrever. Tenho vontade de recorrer ao humor, à piada sacrílega que salva as nossas pobres mentes de tropeçarem no academismo, no conformismo que resseca tudo e termina por nos deixar abandonados pela verdade, como a língua que não sabe louvar, as mãos que desaprenderam de aplaudir.

②

Eu queria te escrever uma notinha apenas. Só pra dizer que te
mandei uma carta pra casa de Naruna. Agora já vou entrando
pela segunda página. Acho que é mesmo vontade de conversar
com Você, saber das suas vibrações e inspirações.
Acabo de falar com a Elza que me relembrou o seu endereço da
rue Grenéta. Ela está exultante com a sua vitória. Agora
estou querendo saber quando que o livro vai aparecer em francês.
Almir (que foi gentilíssimo comigo) não me soube dizer coisas
concretas sobre a publicação. Ele passou pela minha porta, na-
vegando no enorme Cadillac, e me entregou o volume em mão,
não teve tempo de subir ao nosso tugúrio onde eu queria tomar uns
tragos com ele. Depois fui ao cartório devolver o livro. Foi
como uma visita sua, um pouso breve da sua gentil pessoa.
Sentimos muito a sua falta.

Bem, meu querido amigo, estou no trabalho e devo voltar
a ele. Penso no verão europeu que vem ao seu encontro, fazen-
do Você pendurar o agasalho e sair mais livre em busca de
alguma côte, d'algum azur, da tentativa de liberdade, do exer-
cício de ir e vir, ver e viver. Me sinto muito amarrado aqui,
atado à mesmice. Que fazer? Espero conseguir um novo
contrato com a Editora, agora que acabo de terminar mais
um trabalho.

Te mando a minha bênção e o meu estrito abraço. Mande-
me um cartão ou algo assim. Sinto muita falta de ver você
por escrito também.

Toda a amizade e o afeto do seu

Cardim

Rio de Janeiro, 28 de setembro 1984

Meu querido Alécio!

A Leilah está fechando as malas. Então eu me sentei pra te escrever este bilhete apressado. É só uma recomendação que acompanha a clâmide em cujo bolso a encontrarás. A Leilah fecha malas como quem sela um destino: solene e peremptoriamente. Fecha-as também com antecedência, com certeza para evitar o arrependimento, doença que o Tinhoso espalha sobre a nossa pele moral.

Se a clâmide em questão não der certo em você, culpe o destino (e tb. o seu cunhado Pedro que foi quem me deu o seu nº), ou então culpe-me a mim que já há tanto tempo te vejo só através da imaginação. De qualquer maneira, se não estiver mais ou menos justa sobre esses teus lombos bíblicos, grite por Patrícia, a implacável, a leniente, e ela saberá converter tudo, já que

II

soube até consertar você, te desempenando a alma e as partes íntimas (do peito).

Estão aqui, dentro dos muros da cidade de São Sebastião, o semi-oriental Shiró (que já adotei como amigo) e o velho embaixador Costa Franco bom de filosofia e bom de copo. Em breve vou reuni-los para, principalmente, falar de você, fazer carinho na sua pessoa tão exilada, tão distante quanto cara.

Soube que você está fazendo um livro sobre os cachorros de Paris. Não deixe de me incluir. Sei que não deixará pois por muitas encarnações reniflei o cheiro azedo que sobe do Petit-Pont, e rondei a Contrescarpe em busca de osso. Aí vai o meu latido fiel: AUF! AUF! SLURP!

Que a túnica te proteja da <u>bise froide</u> e dos olhos invejosos. São os meus votos saudosos. Com toda a velha amizade, estreita-te nos braços o teu, Cardim

Rio de Janeiro, 16 de abril de 1985

Meu querido Alécio!

Tenho ouvido muito o Serkin. Ignorante em música como sou, devo confiar em você para poder tirar o maior partido possível do seu presente, como que um pouco da sua presença. Depois de ouvir muitas vezes, coloquei o disco em exposição permanente no aparador, em frente à porta do seu quarto. Lá está ele, aquela carinha de santo feito gente, apoiado no cartaz da sua expo; a menina subindo a escada na corrida e o velhozinho de olhar doce que não julga e não reprova.

Estou há meses tentando te escrever. Uma forte inibição me tem impedido de concluir as várias cartas que comecei. Como você conhece perfeitamente esse problema, posso me abster de maiores comentários. No entanto, direi que não é sem sofrimento que não te escrevo. Evocando nossa velha cumplicidade, posso crer que você compreenderá. Agora agarrei esta ficha de dicionário, mais ou menos do tamanho do teu cartão azul, e vou conseguindo rabiscar o que já rabisquei até aqui. O importante é não tentar dizer nada de importante. E depois não mentir, isso é que o mais difícil. Quero dizer, mentir = a usar de artificialismos e coisas ± falsas. No entanto, como a sinceridade é insuportável, tenho medo de cair na minha própria armadilha.

Surpresa mais do que agradável: outro dia na casa do Marco A. vi uma moça que reconheci, mas, atravessado pelo medo de não ser reconhecido, não ousei falar com ela. Era a Rosa Costa Ribeiro que não

2

tem mais 16 anos. Mas ela não só me reconheceu como me disse uma coisa extremamente gentil. Eu te direi pessoalmente, qualquer dia desses, o quanto ela me cativou. Fiquei rendido. Foi num concerto da Raquel, bastante bom apesar de ela ter tocado Nazareth, com quem implico. O calor reinante raiava o inacreditável. Ouvia-se o farfalhar contínuo dos leques das senhoras. A nossa Raquel tocava bravamente mas as notas ficavam meio engastalhadas no ar espesso e só com grande dificuldade atravessavam a sala inundada de suor. Sentado ao lado de Almir (que está muito amigo meu e até nos telefonamos para longos papos), eu contemplava os cabelos branquinhos da jovem Noemi sentada entre Gilda e Rosa. Apesar do calor, senti-me possuído por uma sensação de conforto, de convivência pacífica com o passado, com o passado Alécio, imagine, que me agride tanto, a ponto de eu não poder suportar fotografia antiga! Naquele tempo a gente tomava até Cuba Libre. E gostava. Tudo era programa; que inocência! - Bem, sem mais digressões, no intervalo Noemi me mostrou um retratinho de Patrícia, na Grécia, numa praia, tem um cachorrinho vira-lata dentro d'água. Pareceu-me completamente brasileira a moça. Me agradou demais. Aí conversamos sobre o menino de vocês, le petit Flo. A princípio estranhei mas agora estou reconciliado e gostando muito do nome Florêncio de Andrade, nome de rua. Até de avenida. Quem viver verá!

Estamos passando um mau momento, já longo demais, com a custosa agonia de Tancredo Neves. Todo o Brasil lamenta. Você nem pode imaginar. Que desgraça para o país. Outro dia Almir me telefonou e só falamos disso. É impossível não falar, não lamentar. O homem conquistou o Brasil inteiro. Má sorte.

Topei com isso no diário de Pavese, Il mestiere de vivere: Chi non fa figli per non mantenerli, manterrà quelli degli altri. Que palavra certeira a do poeta Pavesi! Eu mando a vocês três um abraço apertado. Saudades de você!

Teu velho, Cardim

(Gilda manda muito carinho)

Rio de Janeiro, 31 de out. de 1985

Alécio!

Com a morte de meu pai muitos livros dele
ficaram para mim. Outros já eram meus e eu nunca
os quis levar da casa dele porque sempre morei em apar-
tamentos pequenos. O problema do espaço já vai se tor-
nando grave.

Mas a história é que resolvi tentar uma nova
aproximação com Lima Barreto. Trouxe para casa as
obras completas dele. Folheando o <u>Diário Íntimo</u>,
topei com essa pequena obra-prima de que estou te
mandando uma cópia.

Talvez você não se deixe impressionar muito.
Eu fiquei varado de emoção. A genialidade é só
um instante. Ou então um mal-entendido. Ou ambos.
Pergunte ao Sarkin. Mas talvez você não goste.

II

Tudo é tão subjetivo. Tão difícil. Acho que
o que me impressionou mais foi a tensão de que
o autor impregnou o ambiente. É. É um peque-
no conto de atmosfera. Só isso.

Mas se você não gostar não ficarei te que-
rendo mal. Só bem. E cada vez mais.

Machado não poderia escrever essa página
porque não fumava, não bebia e não falava
com prostitutas. Ele falava, preferentemente,
com homens de bem como Nabuco, Rio Branco
ou Rui B. Machado era de moral ilibada. E ti-
nha horror a gente de cor. Principalmente de cor
parda. Ele deixou páginas memoráveis. Mas era,
no fundo, um chato.

Beijos para Patrícia e Florêncio.

Teu do cor.

Cardim

P.S. - Obrigado pelos joguinhos da caixa de fósforos.
Tenho medido m^to^ com o metro amarelo. Uma graça!

Rio de Janeiro, 28 de set. de '87

Meu muito querido e saudoso Alécio!

Sabendo o quanto nos tortura a angústia da protelação, vou logo te concedendo (reservando o mesmo para mim) a indulgência epistolar plenária, isto é: anistia total e intemporal das omissões passadas, presentes e futuras diante da folha branca que nos solicita mas ao mesmo tempo nos paralisa a mão (só a mão e não o coração).

Acabo de ler a correspondência de Voltaire com Mme. du Deffand por isso estou um tanto contagiado pela retórica barroca do séc. XVII. Naquele tempo não era menos difícil a comunicação com os amigos e a protelação já havia sido inventada. Enfim, o homem é o mesmo pobre-diabo de sempre: conhece o bem e pratica o mal. Só os santos fazem o contrário. E eu [rasura] não posso me incluir entre os santos.

Serei breve, sabendo o quanto te inquieta a leitura de cartas longas. Quero apenas fazer um pouco de festa pela vinda do jovem rei Balthazar. Sei que ele chegou grande, guloso e gritão. Imagino com que força não reclamou ele o seu pedaço de Montparnasse com bastante manteiga. Para Balthazar os nossos mais ardentes votos de que o mundo lhe seja amável! Estou curioso para saber quais foram os comentários de Florencio I (que agora tem que dividir seu império em duas metades, junto com os cavalos, os cães de caça, os falcões e as mulheres do harém). Aproveito para mandar-lhe um beijo e minha bênção avuncular (de tio e não de avô como você pensou).

Estive visitando ontem o meu bom e sincero amigo Almir de Andrade que recentemente rachou um osso da perna, tomando um tombo ali na curva do piano. Coitado! Sofreu bastante no hospital (conversamos longamente muitas vezes por telefone) mas agora está bem, embora um tanto preocupado demais com a saúde. Conversando com ele, não consegui trazê-lo de volta a assuntos mais humanos, mais amenos, mesmo iscando o meu anzol com fígado de Kant e prepúcio de Espinosa*. Ele não mordeu. O grande Almir está vidrado em pressão e porcarias assim. Mandou buscar o aparelho dele (médico e louco!) e tirou a minha pressão também: FOC! FOC! FOC! Resultado: a dele está melhor que a minha. Agora a preocupação ficou comigo e ele continua bem

* em português, Espinosa mesmo.

2

tranqüilo lá no meio dos seus alfarrábios. Nisso entra Noemi com uma tigela de sopa de beterraba. Veja você! Noemi continua com aquela carinha adorável que me faz tanto bem.

Recentemente, Almir e Noemi me mandaram presentes e mensagens de carinho pelo meu aniversário. Almir me mandou a tradução dele do Quixote. Excelente, como não podia deixar de ser. Conheci na sua casa uma jovem pombinha-rola moreninha chamada Pilar; sua prima ou algo assim. Chama-se Pilar. Fiquei encantado com a menina.

Alécio querido! Há muito estou te devendo agradecimentos. Que beleza é o seu livro novo! Gostei muitíssimo embora deva dizer que você tem que tirar fotos novas, que diabo! Isso é inadiável, entenda! Shiró, o grande samurai no exílio, também pensa assim. Até com mais veemência que eu. Japonês muita força quando tem opinion, non? Agora escute bem: Muito mais importante que o livro (cujo texto, sinceramente, é difícil de gravar) são as suas fotos transformadas em cartões postais! Foi a nossa Naruna que me mandou essas fotos e peço encarecidamente a você que não se esqueça de transmitir-lhe os meus agradecimentos. Acho que esses postais são <u>a maior vitória da sua carreira</u> e espero um dia comprar um deles num <u>tabac</u> que existe ali perto da fonte Saint-Michel onde costumam vender fotos dos grandes mestres-fotógrafos-da-humanidade em todos os tempos. Sempre acreditei que você é um deles e tem, mais do que talento, certo sentido que eleva os simples mortais à categoria daqueles a quem os deuses lambem.

Para Patrícia, bela rainha-mãe do jovem reizinho mago Balthazar e do imperador Florêncio I, os nossos mais afetuosos abraços e beijos pelo grande acontecimento.

Com o carinhoso abraço de sempre e te dando muitos parabéns, estamos aqui vivos, fiéis e atentos a tudo que é teu.

O velho amigo,

Cardim

Rio de Janeiro, 3 de fevereiro de 1998

Meu querido Alécio,

Estou te escrevendo, quer você não responda ou, sim, responda, se te der na telha. Não importa, me deu vontade. Você é sempre top priority nas nossas conversas. Nossa casa é permanentemente habitada por você.

Dia 4, amanhã, Noemi faz 90 anos! Já telefonamos para ela, que vai passar o aniversário com uma irmã em Juiz de Fora ou Petrópolis. O calor aqui está vulcânico, é o mínimo que posso dizer. Eu, que nasci em Inverness, não me acostumo e não encontro maldições suficientes para execrar este clima próprio para jacarés e mosquitos.

Tenho falado muito com o Bulhões, nosso bom amigo. Passamos o reveillon no apartamento dele, bebendo líquidos de qualidade e comendo bons pirões. Vimos os fogos e suamos a camisa, e as calças que até parecia mijo.

Mandei uma foto ampliada para a moça da PHOTO STATION, cujo nome ignoro. Dei a ela seu telefone para ela mostrar a foto e você ver o que é foco absoluto. Talvez uma casualidade, porque a gente (eu) nunca sabe direito o que vai sair. Mas a pobre LEICA (Leica dos pobres) MINI ZOOM também faz suas gracinhas. Quando quer.

A foto do Adrian saiu uma bosta. Parece que ele está cercado de um ectoplasma, uma aura, boa para ser interpretada por um espírita. A foto da namorada dele tb. está horrível mas mando assim mesmo. Porque o máximo do cafagestismo é dizer

II

que a gente vai fazer uma coisa e depois esque-
cer. Nunca perdoarei o Mário V. de Melo que
me disse (em 1964) que eu não devia fumar
BALTO (um cigarro daquele tempo) e prometeu-me cai-
xas de Chesterfield. Jamais me deu e eu comen-
tei o fato com o Carlinhos Oliveira (que Deus haja)
e concordamos em que o Mário era realmente um
requintado cafajeste da pai e mãe.

Gilda e eu (e tb. uma multidão de pessoas) não
perdemos a esperança de ver você por aqui, que
Diabo.

Alécio querido, esta é a primeira vez que me
comunico com você (one way) neste Ano da Graça
de 1998. No dia 11 partiremos para a Argentina
(Patagônia), mais precisamente bosque sub-
Andino. Vou exercer a minha paixão pela pesca
com mosca (fly fishing). E aquelas que eu te
dei? Segundo você dão uma sorte danada com mulher

Ora, você vai achar uma bobagem o sem assun-
to desta carta. Mas ela segue assim mesmo.
Nossos abraços e beijos para Florêncio e Balthazar
que estão sempre no coração da gente.

E o negócio do livro do Louvre? Um dia ele
sai, tenho certeza.

Receba o nossos melhores votos para o Ano Novo
com a certeza de que nossas almas são da mes-
ma estirpe e nós te queremos bem sem parar.

Abraço apertado do
sempre seu
Cardim

Roberto Alvim Corrêa, Rio de Janeiro, *c.* 1964

Roberto Alvim Corrêa

(1901 – 1983)

Um anjo da noite acompanha Alécio de Andrade, poeta da fotografia. A fotografia, particularmente em preto e branco, é uma arte noturna e até onírica. Anima, como os sonhos, o que foi, e, por ela, da sombra nasce a luz. Da sombra que, por vêzes, estava em nós. O que significa, também que pelo menos nas mãos de nosso poeta, a câmara nos mostra aquilo que íamos inconscientemente carregando, aquilo que não sabíamos ter visto, mas que de repente, impõe-se com fôrça à nossa atenção. Num fragmento de segundo, a objetiva daptou aquilo que uma criatura talvez tenha de eterno e, com certeza, faz que seja o que é; captou o que era secreto, oculto; e o revela.

É êsse poder de revelação que a presente mostra salienta. Alécio de Andrade expõe uma série de imagens dedicadas ao insubstituível i t i n e r á r i o d a i n f â n c i a , não tentando, como faria, com certa ingenuidade, quem fôsse menos intuitivo do que êle, dar a impressão do movimento, fazer acreditar que se move uma reprodução imóvel, mas fixando, e como que gravando em nossa sensibilidade, essas sínteses do movimento que podem ser os gestos.

Como que na seda das páginas, onde luminosidades e sombras, brancos e carvões, cernem rostos, braços, mãos, pernas de crianças, vagas marinhas, galhos, brinquedos, janelas, flôres, nosso rapsodo do silêncio expressa tristezas, espantos, diálogos, sonhos. O que êle registra através do olhar ciclópico do aparelho são as reações das crianças diante de sêres e coisas, diante também de certas descobertas, por exemplo a primeira viagem, solitária e proibida, até o fim da rua.

Explorações dessa ordem, que incluem curiosidades, apreensões, começos de aventuras, nos são contadas por um Ariel, invisível, como convém. Meninos e meninas ignoram e devem ignorar a presença daquêle que os vê e nos deixa vê-los para sempre; daquêie que aguardou com paciência o instante de plenitude em que, vistos de certa maneira, êles se tornam o que realmente são: diabinhos passionais e surdos (surdos a tudo quanto não seja o que, momentâneamente, prende sua atenção). Alguém espreitou nêles a atitude vital que resume as outras e liberta uma criatura da confusão gregária.

Ariel compôs um vasto poema, caligràficamente, como nos tempos dos artesãos e dos incunábulos, isnpirado em fontes que não sabem que são fontes, as crianças (neste particular parecidas com os santos, provávelmente santos sem o saber). A "parte de Deus" requer testemunhas, e hoje temos a nossa: um jovem poeta de imagens inesquecíveis, que nos relembra ao seu modo serem as crianças fontes, imprevistas e inesgotáveis, de vida.

ROBERTO ALVIM CORRÊA

Itinerário da infância, Petite Galerie,
Rio de Janeiro, 1964

Marco Aurélio Matos, Rio de Janeiro, *c.* 1964

Marco Aurélio de Moura Matos

(1920 – 1992)

Rio, 18.1.65

Meu caro Alécio:

Esplêndido seu cartão natalino. Congratulations, Sir! Quem tem razão é o filósofo montanhês: "Paris é realmente uma grande Cidade!" Êle se referiu à topografia, você penetra outras densidades.

Amigos aqui em boa ordem.

Saudoso abraço do

Marco Aurélio

(segue carta).

Rio de Janeiro / GB / Brasil
Praia de Copacabana
Copacabana Beach
La Plage de Copacabana

Via Aérea

SR.

Alécio Andrade
13, Rue St. Sulpice
Hotel de l'Odeon, VIème
PARIS

Rio, 18 de janeiro de 1 965.

Mon cher Alécio :

Ao chegar de Belo Horizonte há 15 dias atrás, encontrei seu cartão parisiense. Claro que me lembro daquela boulangerie, se me lembro ! Vejo que você está apto a percorrer êsse nôvo território com olhos maduros, e com braços longos para medir corretamente as distâncias. E' importante que assim seja, para que se possa passar da geografia à geologia cultural de uma Cidade, de uma civilização.

Mandei-lhe hoje também um cartão copacabanal : os cartões têm um estranho poder de servir de picante aperitivo para as conversas mais longas. Por isto, quero carta sua, depoimento, testemunho, inventário das suas reações mais amplas diante de Paris. Diante de qualquer coisa que v. conhece de há muito e que só agora foi reconhecer.

Aqui continuamos burros como convém à República em épocas de crise ; burros e encalorados, assistindo à partida de muitos aviões, como aquêle em que viajou o nosso Tenório (encontrou aí ?) para outras altitudes, num movimento de sabedoria invejável. Tem visto Zelinda ? Parece que há um carta ou cartão dela para mim em sua casa, que ainda não tive tempo de ir buscar; sua mãe (que me disse pelo telefone que está saudosa de você) avisou-me do evento, e Naruna também já me deu notícia dessa correspondência. Quero ver se vou à sua casa hoje, para buscar essa gentileza e responder a ela como é preciso.

Meu caro Alécio : aguente-se por aí o mais que você puder ; faça uma vilegiatura cívica pela Embaixada nossa, é bom que saibam que você é um brasileiro em Paris. Se precisar de qualquer coisa por acá, diga -- sejamos solidários não sòmente no câncer, mas também nas viagens dos amigos que valem a pena.

Me diga o que está vendo, o que está lendo, o que está comendo (se possível) nos vários sentidos desta fecunda palavra. Coloque-nos a par dêsse pique-nique grandioso que você está fazendo à margem do Sena : pique-nique no sentido de um mergulho em ares mais puros, mais abertos, mais oxigenados.

Não resisto a um pedido (como bom brasileiro) : veja se você descobre, nas suas andanças estéticas, uma partitura de August Alexander KLENGEL (Dresden, 1783; Dresden, 1852) - <u>Canons et Fugues dans tous les tons majeurs e mineurs</u> , que pretende ser uma réplica do nosso mui amado CRAVO bachiano; me diga se há, quanto é, para eu mandar dinheiro a você para que você me mande a coisa. Me desculpe, não resisto.

-2-

Os nossos amigos acompanham sua viagem com carinho, e sei que você os está municiando com boa carga epistolográfica. Cardim estêve aqui em casa sábado, com os nossos habitués de praxe - incluindo o Albano e senhora, e mais o dr. Marcondes e senhora, que Deus a conserve. O Albano está com uma agressiva mania de Proust, e comboia atualmente um herói pernambucano dos mais temíveis, que pretende resuscitar aqui no Rio um Clube Proust ou coisa que o valha ; começo a pensar num foguete ou num robot qualquer para fugir ao cêrco que me estão fazendo para reuniões, debates, etc., um horror ! Ademais, não sou proustiano, nunca li Proust, não sei se vou lê-lo, quando, como e para quê. Se o fizer, jamais será com intúitos publicitários; neste sentido, basta Machado de Assis.

Você escreveu ao Daniel ? Parece-me que êle reclamou qualquer coisa, talvez enciumado pelas notícias suas que dávamos a êle, nós que havíamos recebido cartão seu. Escrêva-lhe, se ainda não o fêz. O homem vai bem, mas desatualizado em relação à sua viagem.

Me escreva rápido e cumprido.

Abraço muito saudoso do

Marco Aurélio.

Conselho Superior das Caixas Economicas Federais

Nº —

Rio de Janeiro, 26 de fevereiro de 1965

Mon cher Alécio:

Pela pica de Apolo! Eis que surgem da sua carta última o espírito e a forma de um João de Barros, maravilhosa carta: foi lida e relida por vários heróis desta e de outras paróquias, que tôdos nela se debruçaram para buscar o azul de Paris, a geometria de Paris, a sabedoria de Paris, o Paris de Paris — que você tão magistralmente ali jogou, como se jogam dados em cima de um veludo preto, estendido no chão de uma ilha encantada! Vejo, pela missiva, que você já é condômino desta coisa de 2000 anos: Paris. Mas é assim mesmo que se conquista uma cidade que tal: olhando-a, sentindo-a, captando-a a partir das pessoas. Não há dúvida de que a sua vitória se deve à velha pedagogia bachiana, que você transpõe inconscientemente para o seu plano vital — há uma textura polifônica nas suas impressões, uma integração de planos, uma concomitância de múltiplos conhecimentos. Uma coisa assim como uma Gestalt que traduz a sua visão e a sua vivência mediatas: daí a temperatura da missiva, que ferve de alegria, ao contrário da água, que ferve de ódio do fôgo que a inquieta e espevita. Viva a luz da Cidade-Luz!

2

Conselho Superior das Caixas Economicas Federais

Nº

Rio de Janeiro, ______

Muito bonita a história da moeda, da moça e do guarda-chuva; a coisa me pareceu (e me parece mais, agora) autobiográfica da sua parte. Tanto melhor, meu caro: combaterás à sombra de um guarda-chuva.

Veja tudo, não se incomode de seguir velhos e cansados roteiros turísticos: há uma sabedoria escondida nos chamados roteiros turísticos, que os anos não conseguem aniquilar. Sobretudo, não despreze os guias que, na sua humildade e na aparente monotonia de suas filosofanças e explicações, são muitas vêzes iluminados por Apolo (o da pica inicial).

Para rebater o seu <u>intermezzo</u> auto-depreciativo (fl. 2 da sua carta), lembro a você aquêle trêcho do nosso Apolo lusitano: "Tudo vale a pena, se a alma não é pequena" (cito de memória). É exatamente porque a sua alma não é pequena (o contrário de pequena é grande), tudo que você fizer com alma vale a pena. Onde, então, as "mazelas súbitas"? Não vejo qualquer necessidade de deslocá-las "para o lado esquerdo do corpo". Sem embarcar na canoa wildeana, de um esteticismo <u>faisandé</u>, é bom aceitar aquela palavra do velho Machado: "Grande coisa é ter recebido alguém o dom de saber relacionar a natureza das coisas". Ouso dizer que outro mérito não terá tido a famosa civilização helênica que, como você sabe, educou

3/

Conselho Superior das Caixas Economicas Federais

Nº

Rio de Janeiro, —

sòzinha o barbarismo do Ocidente e até hoje — benza-a Deus! — nos educa a nós, pobres filhos de um século de trevas iluminadas. Você, que sabe (sem a menor dúvida) relacionar a natureza das coisas, considere-se helênico!

Sua tese em relação aos lusitanos reforça a minha, que é resultado de muitos anos de observação até involuntária: são seres estranhos, circulares, não têm capacidade dialética; o mais ilustre dêles tem permanente nostalgia do óbvio, do elementar no sentido pobre da palavra. O nosso Cardim se irrita com esta tese, quer destruí-la, mas afogo-o em exemplos antigos e recentes. É a verdade verdadeira. Quando se refinam muito, caem nos subúrbios da stupidez. Num século de técnicas (técnica é vida, é arte — como cansaram de explicar os gregos), são artesãos mecânicos, automatizados pelo hábito — filólogos quase sempre.

Fuja das livrarias, ai! Pelo que me conta, é o diabo que fornece êsse luxo de livros, de coisas impressas, essa cachoeira de prêto no branco. A livraria inglêsa descrita por você é uma delícia, digna de ser posta num romance de Dickens.

Ora, as dinamarquesas! Como são lindas as dinamarquesas, principalmente quando não são vistas com ênfase... Atire-se à sua dinamarquesa,

4/

Conselho Superior das Caixas Economicas Federais

Nº

Rio de Janeiro, ______

que na Dinamarca está a alma cívica do mundo. Nós, destas Américas, sempre soubemos que na Escandinávia mora aquilo que os povos de língua inglêsa costumavam chamar de happines. Portanto, não recue: avance pela dinamarquesa afora, e se fôr alta e esguia, tanto melhor — sua área de felicidade será maior, mais generosa.

Por aqui, entoamos o hino da burrice, como sempre, e como acontece nos momentos de crise; há um bate-caixa suspeito em dois clubes no fundo dêste meu edifício, para sufocar o tédio nacional. O pior é que sufoca mesmo — o carnaval por aqui mostra as garras lentamente, e os orçamentos começam a ranger como as galeras cabralinas. O Rio, agora, é o fino em matéria de antiguidade: Debret por todo lado, até na Avenida, que está enfeitada até no talo de Debret. O Municipal, meio enxombrado, vende os seus camarotes pelos milhões que a inflação multiplicou; a coisa é na base do leilão, quem der mais fica com o Teatro todo por dois dias (são 2 os bailes que eram um, imagine você!). Sabe quem chegou hoje? Romy Schneider, aquela da Sissi que virou Imperatriz; uma flor

5/

Conselho Superior das Caixas Economicas Federais

Nº

Rio de Janeiro, ——

da pessoa; falo dela porque os jornais não falam de outra coisa; vai ao Municipal fantasiada de mulata, um amor! Espera-se Lolobrigida amanhã, para completar o júri dos grandes prêmios! Pela pica de Apolo!

Quanto aos heróis:

I. Cardim escreveu a você, carta grande e substanciosa de notícias; temos estado juntos, via Daniel;

II. Este anda mais tranquilo, outro dia procurou portador para levar – imagine o quê! – um remédio para Lina, que parece está em Londres: o remédio era um específico para o fígado, com um nome engraçadíssimo;

III. Sua família vai bem, tenho-me avistado com Naruna, no Zeppa.

IV. Albanico de La Mancha doido de pedra, lamentando o asfaltamento da Av. Rui Barbosa;

V. Começou o IV Centenário, estamos fodidos;

6/

Conselho Superior das Caixas Economicas Federais

Nº

Rio de Janeiro,

VI. Hélio Pé publicou pequeno artigo na revista JÓIA, sôbre o divórcio: bonito, mas inverossímel;

VII. Amilcar dando parecer sôbre a pintura de Albanico, provocando (involuntàriamente) em mim e no Cardim um perigoso, mas contido, início de frouxo de riso, chez Albanico;

VIII. Drummond dando uma ligeira esculhambada no Schmidt, em artigo discreto mas não-panegírico; confirma, assim, sua ira...

IX. Quanto a mim, programo uma bachiana para os dias de Carnaval, comandada pela Isabel, que dizem estar novelando desbragadamente (a quem vi hoje, num ônibus via Lagoa).

O negócio do Klengel não é álbum nem disco; é partitura, em todos os tons maiores e menores; morri de rir com a história

7

Conselho Superior das Caixas Economicas Federais

Nº

Rio de Janeiro,

da velhinha das partituras. Não se incomode com isto; se encontrar, bem, se não, bem também.

Ao caro Clare, é evidente que você tem razão.

Todos os postais aos nossos heróis foram recebidos. Cheguei, todos receberam.

Dei uma primeira palavra sôbre o meu desejo de europar com o sábio Josué Montello, meu padrinho. Vamos ver em que dará a coisa.

Não faço nada a não ser trabalhar e sentir calor, que está para lá de afrodisíaco. Leio o Quixote também... Proust, não! Fica para estação mais amena.

Escreva, quero saber de tudo.

Abraço saudoso do seu

Marco Aurélio

P.S. Recebi cartão de Jacqueline. Vou responder a ela. Tem visto? Dê-lhe um abraço meu, na boca! MA.

St. Moritz Hotel
ON THE OCEAN AT 16TH STREET
MIAMI BEACH, FLORIDA
AIR MAIL
LINCOLN
4c
UNITED STATES
SR.
Alécio Andrade
Rue de Lisbonne, 26
PARIS, 8ème
AIR MAIL
FRANCE

Rio,
1 de Setembro, 1 966.

Mon cher Alécio :

Vou provocá-lo para uma carta caprichada para mim, já que você sumiu-se nas dobras do mistério epistolar ! Acabo de conversar com seu pai pelo telefone, a quem havia telefonado para pedir-lhe o seu nôvo enderêço. Fiquei sabendo que você se encontrava em plena Riviera (amor a quanto me obrigas !), gozando dêste sol, dêste mar, dêste céu helênico - amplo e aberto para receber e batizar todos os Ulisses dêste e do outro mundo. Por aqui também - modéstia à parte - tem feito um sol dos mais surpreendentemente belos, principalmente sôbre o Leblon, o nosso Leblon-Sur-Mer. Aviso a você que o apedeuta José Carlos Oliveira, um dia dêstes, ousou falar mal do Leblon por escrito, no que foi contestado por mim - ai de mim ! Pois não é que o apedeuta voltou feroz, mal-educado, piorando as regências verbais e os adjetivos. E' um inimigo feroz que temos pela frente, o peralta ! Quando percebi que a coisa azedara, malgré moi, tirei o corpo e a pena fora : não discuto com apedeutas, é o meu fraco. Felizmente, o bairro melhorou fantàsticamente : temos um boliche dizem sensacional, uma buate elegantíssima nos fundos do meu terreiro, vamos ter cinema nôvo (prédio) e o mais que a civilização vai concedendo aos seus afilhados. Venha, que o Brasil o espera para novas e insuspeitadas aleluias. Você certamente não o conhecerá : libertâmo-nos do Estado, êsse desconhecido, estamos em explosão editorial das mais interessantes, as moças estão algumas lindas, e outras lindíssimas. O país regorgita de sede de saber, <u>fervet opus</u>. Uma graça, só você vendo e ouvindo.

Tenho estado com o Cardim, sempre. O homem avançou tremendamente em direção a novos horizontes, comprou apartamento aqui ao meu lado, logo depois da ponte : uma cobertura de fazer inveja ao Walter Moreira Salles, se algum dia a êle se pudesse fazer inveja ! Do apartamento dêle vê-se todo o dôrso da praia, e o silêncio lá, no cu da madrugada é qualquer coisa de aterrador. Está trabalhando ferozmente no léxico que a casa Larousse vai editar no Brasil, ganhando milhões, é o <u>nouveau riche</u> dos verbetes dicionarizáveis. O homem está bom que dói.

Quanto a mim, transportei-me para a Hélade, porque para lá também se transportou a alma cívica do universo. Estou de Heráclito, Parmênides e Zeno de Eléia em punho e, ao primeiro sinal de abatimento ou mal estar, saco eu do meu farnel helênico o néctar de Júpiter ou o mel de Apolo e ingesto-os sem a menor cerimônia. A sobremesa é a Bíblia, recentemente descoberta por mim, principalmente nos setores chamados metafísicos : Cântico dos Cânticos, Psalmos do Rei Salomão e -- <u>above all</u> ! -- esta ducha para o espírito que é o gigantesco Eclesiastes ! Digo a você, em verdade - em verdade vos digo, que ousei até a arquitetar um poema que se chamaria (ainda não tive peito para dar-lhe a forma conveniente) Eclesiastes, Capt. XIII . Você sabe que o Eclesiastes só tem 12 capítulos e, assim, eu faria uma paráfrase do que vem após o fim, evidentemente pedindo licença ao Pregador (the Preacher, dizem os inglêses, e dizem bem) que escreveu aquelas linhas magistrais. Há audácia na coisa, sem dúvida, mas há também uma estranha humildade, que não consigo bem definir. E' um negócio que me começa a coçar os cascos, e não sei se resistirei à tentação - que bem pode ser a do Demo - de escrever a coisa.

Comunico-vos, ó parisiense sans peur et sans réproche, que estou prestes a deixar o divan do Divan Ribeiro : o nosso gerente analítico me comunicou há dias que " estamos nos arrematês dos arrematês ! " E já não é sem tempo, digo-vos sem mêdo à heresia de considerar-me autônomo para enfrentar a chamada " difficulté d'être ". Me conte o que anda e andou fazendo aí pelas Europas, se volta ainda nesta década e, last but not least, se pretende ingressar algum dia em sôlo pátrio.

Outra comunicação estarrecedora : estou escrevendo um livro, que vai-se chamar - se não me falhar a memória - A Educação de Aquiles ou Guia dos Aflitos e Perplexos. E' uma espécie de porta-de-tinturaria, onde cabe tudo : memórias do interior de Minas Gerais, para servir à sociologia do País; estudos, confissões e frustrações de tôda ordem, catálogos intermináveis de bibliografia variada, palpites sôbre música e sôbre músicos, um capítulo à parte sôbre o Tião Medonho, educação, Escola Pública, Faculdade de Direito, Rio de Janeiro, literatura própria e alheia, poesia, impressões dos amigos e mais coisas que a minha imaginação puder ou quiser fornecer. Vou aproveitar o mito grego de Aquiles, buscado evidentemente em Homero e a partir daí em busca do velocino de ouro ... Vou contar a minha experienciazinha analítica de maneira a fazer corar o próprio Rousseau, que nas suas Confissões pretendeu escandalizar o mundo, coitado ! Vou na linha dos ensaistas inglêses, que é uma boa linha, entremeada do môlho machadiano, que é um bom môlho. Você vai ver, será o caminho da glória ou, então, do mais irremediável ridículo. Vou arriscar, quem não arrisca não petisca ...

Chega de falar de mim. Falemos de outras pessoas : Tolipan continua erasmiano, com idéias estranhas num corpo estranho. Jacqueline está linda como os amores, e esvoaçante como a borboleta amarela do Rubem Braga. Quem mais ? Ana Judith é outra que sumiu-se nas dobras do mistério epistolar também, nunca mais me escreveu, tendo-me escrito cartas divinas. De Clare, sabe-se por aqui que ancorou na Embaixada do Brasil e atualmente se interessa por papoulas holandesas. Verdade ? Segundo suponho, o ano que vem viajo para a Europa : Munique, meu caro, a Cidade da boêmia, aliás da Baviera, alegre, culta, editorial, a Paris da Europa Central. Depois, Paris ou Londres, para envernizar o meu espanto.

Pelo tipo desta máquina, você já viu tudo : já viu que sou outro homem. E sou mesmo : de repente, não mais que de repente, comecei a enxergar o mundo, o perfil das coisas e a verdadeira biografia dos homens. E a verdadeira topografia das mulheres. Uma graça, seu Alécio !

Cuidado com o Adolfo Bloch, se você me permite um conselho : não é, na verdade, nem Adolfo, nem Bloch : é Ariadna Blochina, personagem de Dostoievski, em férias na Riviera francêsa.

Me escreva, não demore.

Abraça-o, com o coração na ponta dos dedos, o seu

Marco Aurélio

St. Moritz Hotel

ON THE OCEAN AT 16TH STREET

MIAMI BEACH, FLORIDA

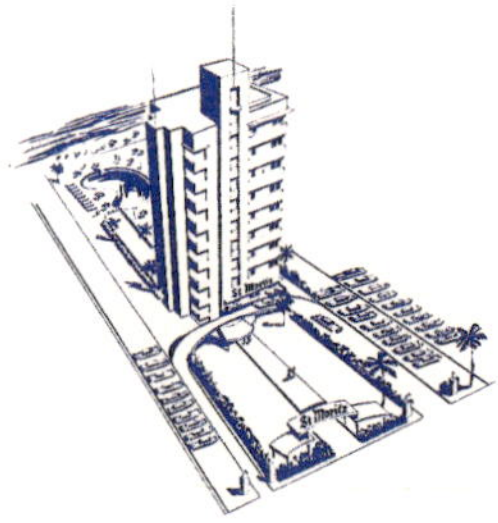

Miami, 6.5.67

Mon cher Alécio:

Estou aqui (com mais 4) em missão oficial.

Não sei se você está a par das minhas andanças, mas a verdade é que pretendo partir daqui no dia 12, para estar em Nova York 13, 14, 15 e 16; em seguida, Londres — talvez a partir do dia 17, onde devo ficar 2 ou 3 dias. Isto quer dizer que devo estar em Paris aí pelo dia 21 ou 22 dêste mês. Claro que telegrafarei a você de Londres, dando-lhe as indicações exatas da minha chegada aí. Estou com uma lista de hotéis que o Marcel de Almeida me forneceu, ainda não escolhi; deve ser coisa de uns 6 ou 7 dólares ao dia.

Quero de você êste favor: aguardar-me aí em Paris, para orientar-me neste primeiro impacto, e me encaminhar ao destino hoteleiro pré-determinado. Devo ficar em Paris por uns 8 ou 10 dias — e quero combinar com você as possibilidades de umas pequenas incursões laterais.

Estou levando coisas para você, mandadas por sua mãe; almoçamos, eu, Carolina e Daniel em sua casa, a convite de sua mãe e de seu pai, pouco antes da minha saída do Rio — a 28 de abril. Estou aqui em Miami a serviço do Banco Nacional da Habitação e da Caixa, seguindo um curso rápido de matéria ligada à nossa atividade.

Tenho coisas a contar.

Abraço agradecido e saudoso do

Marco Aurélio

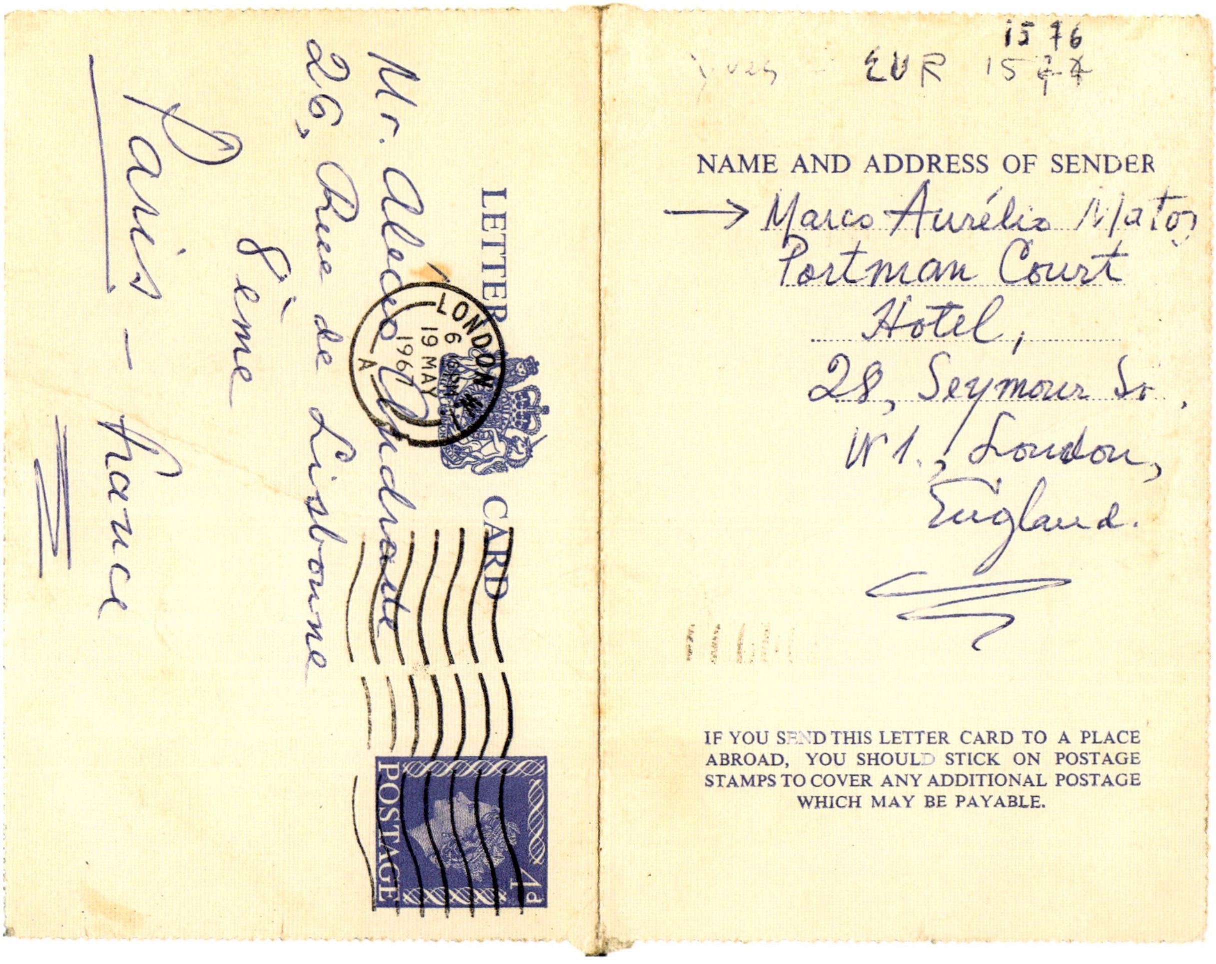

LETTER CARD

LONDON W. 6 19 MAY 1967 A

POSTAGE

Mr. Alécio Andrade
26, Rue de Lisbonne
8ième
Paris – France

EUR 1576

NAME AND ADDRESS OF SENDER

→ Marco Aurélio Matos
Portman Court
Hotel,
28, Seymour Sq.
W1, London,
England.

IF YOU SEND THIS LETTER CARD TO A PLACE ABROAD, YOU SHOULD STICK ON POSTAGE STAMPS TO COVER ANY ADDITIONAL POSTAGE WHICH MAY BE PAYABLE.

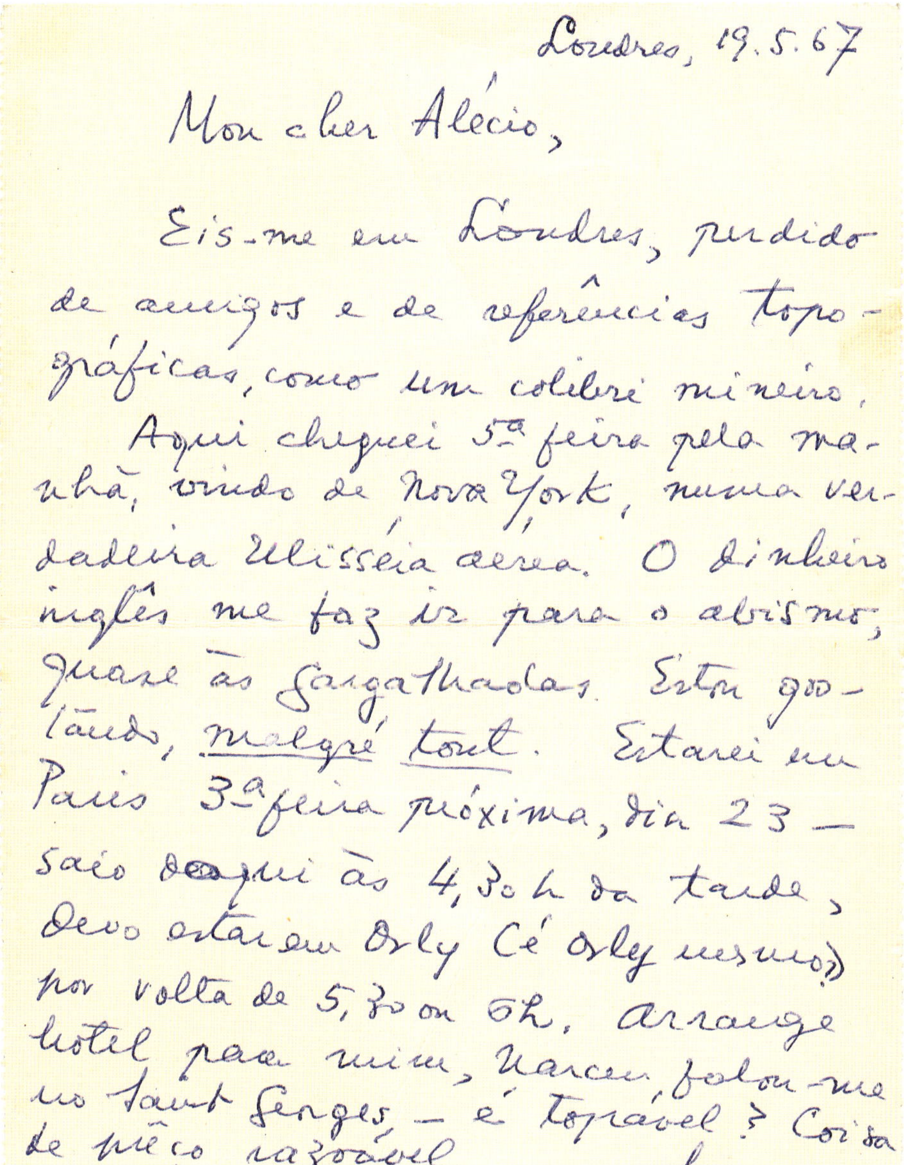

Londres, 19.5.67

Mon cher Alécio,

Eis-me em Londres, perdido de amigos e de referências topográficas, como um colibri mineiro.

Aqui cheguei 5ª feira pela manhã, vindo de Nova York, numa verdadeira Ulisséia aérea. O dinheiro inglês me faz ir para o abismo, quase às gargalhadas. Estou gostando, *malgré tout*. Estarei em Paris 3ª feira próxima, dia 23 — saio daqui às 4,30 h da tarde. Devo estar em Orly (é Orly mesmo?) por volta de 5,30 ou 6h. Arranje hotel para mim. Marcier falou-me no Saint Georges — é topável? Coisa de preço razoável.

Um abraço — Até breve

Seu
Marco Aurélio

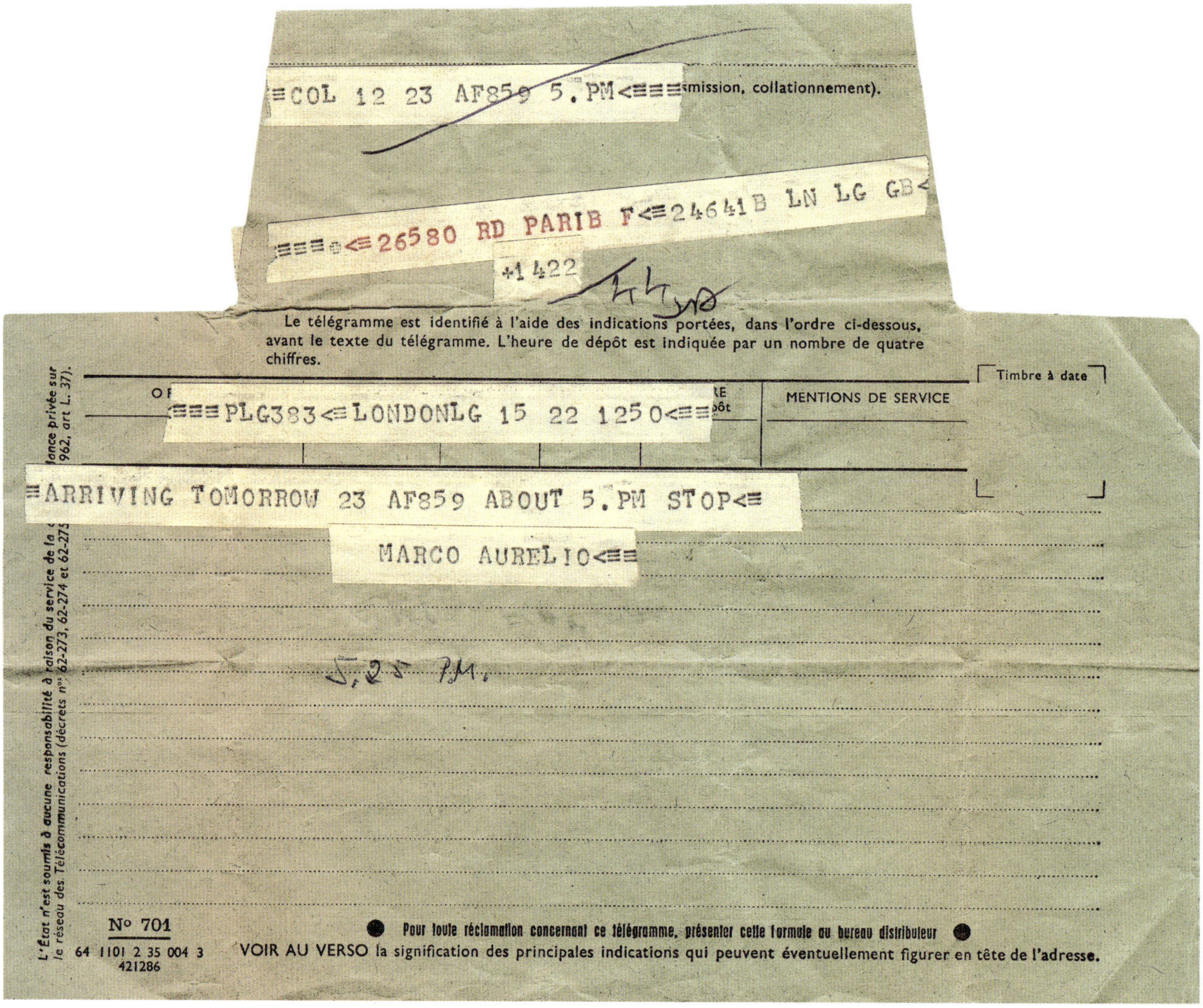

≡COL 12 23 AF859 5.PM<≡≡≡mission, collationnement).

≡≡≡≡<≡26580 RD PARIB F<≡24641B LN LG GB<

+1422

Le télégramme est identifié à l'aide des indications portées, dans l'ordre ci-dessous, avant le texte du télégramme. L'heure de dépôt est indiquée par un nombre de quatre chiffres.

≡≡≡PLG383<≡LONDONLG 15 22 1250<≡≡≡	MENTIONS DE SERVICE	Timbre à date

≡ARRIVING TOMORROW 23 AF859 ABOUT 5.PM STOP<≡

MARCO AURELIO<≡≡

5,25 P.M.

L'État n'est soumis à aucune responsabilité à raison du service de la correspondance privée sur le réseau des Télécommunications (décrets n° 62-273, 62-274 et 62-275 ... 1962, art L. 37).

N° 701

64 1101 2 35 004 3
421286

● Pour toute réclamation concernant ce télégramme, présenter cette formule au bureau distributeur ●

VOIR AU VERSO la signification des principales indications qui peuvent éventuellement figurer en tête de l'adresse.

Rio,
29 de junho, 1 967.

Mon cher Alécio :

Devo-lhe desculpas pela demora em escrever-lhe após a minha chegada a estas terras brasílicas. Em parte, devido a um resíduo da própria viagem : o futuro dêste país (dizem) está nos seus técnicos, e os técnicos são por natureza insaciáveis : tive de submeter-me a um seminário de administração, com discurso, palestra e conferência intermináveis. Ou quase : a coisa acabou realmente sexta-feira última, dia 23. Alívio ? Nada. Estou traduzinho uma xurumela sôbre crédito popular para o BNH, fruto também dessa liberalidade de que me vali para viajar. É um nunca-acabar, seu Alécio; em têrmos canônicos, uma <u>merda perénis atque universalis</u>.

Logo que cheguei comuniquei-me com sua mãe e com Naruna. E dei-lhes notícias suas, ao nível da sua desenvoltura parisiense, de que também me aproveitei. Sua mãe mostrou-se satisfeita (como tôdas as boas mães dêste mundo) em saber que o filho enfrenta eficientemente a metrópole do Velho Mundo. Sem brincadeira, dei-lhe notícias corretas a seu respeito.

Por estranho que pareça, não estive ainda ao vivo com o nosso Cardim. Falei-lhe logo pelo telefone, conversamos bastante a respeito da velha Lutécia, mas acabamos nos desencontrando, até o momento. Houve uma tentativa de um almôço em casa do nosso Erasmo (Daniel Tolipan, caso você esteja deslembrado das essencias nomais de acá) mas frustrou-se, por causa dêle mesmo -- que arma a coisa e não me avisa a tempo; como eu tinha, à data, programação diversa com uma XXXX dama, obriguei-o a desmarcar o evento, e nunca mais se falou nisto, o que prova uma sabedoria geral.

A minha retomada de trabalho foi penosa, e ainda é. A escandalosa pasmaceira em que estamos mergulhados teve sôbre mim efeito danoso : um tédio faraônico apoderou-se do seu amigo e é a duras penas que consigo o mínimo para sobreviver no convívio diário. Uma lástima, seu moço. Tudo velho, enferrujado, lerdo, lento, pobre, monótono, chatíssimo - numa palavra. As próprias damas, outrora donas de uma vivacidade suportável (às terças-feiras), hoje se mostram com uma burrice que faria inveja ao asno de Buridan. A final, todo nós estamos burríssimos, como convém a uma República em crise permanente. O que nos salva é o cinema, que, de qualquer maneira, tem um poder de nos projetar no escuro e abafar as nossas idéias, ou a nossa falta delas. Não é só o mundo oficial que está assim embaciado : é tudo. Por exemplo : ninguém de boa saúde mental aguenta ler mais jornais, tais os disparates e a bobice com que são escritos. Reuniões ? Antes a geena, com o seu suave azeite fervendo e os gritos consoladores dos aflitos.

A música, acima de tudo — bem mais, muito mais que qualquer outra coisa; de que tive vc nova agora, num concerto genial de Nelson Freire, tocando o 3º de Prokofieff. E ontem, com Maria Lúcia Godoy, cantando admiravelmente. Vamos ter em julho um ciclo Beethoven, com gente de fora. GRAÇAS! MA

Vai ficando, meu caro. Retiro as palavras otimistas com que prefigurei a realidade cotidiana do País. Não é um fato político, é algo metafísico, além da experiência. É o reinado da chatura, com aquelas componentes que você tanto conhece. Agora, abriram um troço ali perto do Túnel Novo, chamado <u>Canecão</u>. São 2 500 lugares para as pessoas tomarem chope e ouvir a pior música do mundo, lugar imenso, espécie de maracanã etílico, onde não se pode conversar. Um grande exercício de sado-masoquismo.

No mais, tudo bem. Agradeço-lhe a paciência com que V. costurou o meu roteiro parisiense e a ajuda que me deu, inicial e final.

Lembranças minhas à Caroline.

Abraça-o o seu Marco Aurélio

Rio,
12 de novembro de 1 967.

Meu caro Alécio :

santé !

Estou escrevendo a Você para dar-lhe conta das primeiras e das últimas. Junto a esta carta está seguindo um formulário da Fundação Guggenheim de Nova York, a fim de que Você, tomando tento no seu conteúdo, se digne de responder-lhe as questões para o fim de articular uma bolsa de estudos naquela dita fabulosa Cidade. A gênese da coisa é a seguinte : como Você deve saber, o nosso querido Amilcar tirou o prêmio nacional de viagem à Europa (escultura) e, a partir daí, deu-lhe a chamada louca da viagem intercontinental ; em seguida, aplicou-se a uma Bolsa de estudos junto à Fundação Guggenheim, de Nova York, sem mais aquela, e tirou-a, como se diz em linguagem vulgar. Imediatamente após o seu sucesso junto à Guggenheim, remeteram-lhe uma nova carta pedindo-lhe que indicasse algumas pessoas brasílicas que estivessem aptas a pleitearem uma outra Bolsa nos States. Muito bem : respondemos à carta da Guggenheim, indicando o seu nome como candidato a uma bolsa, que pode ser da sua livre escôlha (fotografia, poesia, língua inglêsa, o diabo ! , conforme você verá pelo folheto que vai anexo). Agora, Você terá de preencher o formulário próprio, remetê-lo a Nova York e aguardar aí, ou aqui, o desfêcho da coisa -- se esta lhe interessar, como achamos que interessa.

Falei ante-ontem com sua mãe, pelo telefone, e longamente, para explicar tudo isto, pois o expediente da Fundação Guggenheim foi remetido para o seu enderêço aqui no Rio, e evidentemente não se sabia na sua casa de que se tratava. Posso garantir a Você que sua mãe mostrou-se satisfeita, embora com enormes saudades de Você -- mas, segundo expliquei a ela, vamos tentando buscá-lo para mais perto do Rio, ao menos para o Continente americano. Pondere tudo isto e veja se a coisa lhe interessa. Tenho a impressão de que a bolsa será de uns 500 dólares por mês, não sei . A do Amilcar é de 700 dólares, mas creio que será diferente - porque dada a pessoa premiada. Pode ser também que seja uma coisa uniforme, e assim Você entra na gaita tranquilamente. Também estou nesta jogada, e meu nome está entre os possíveis candidatos, juntamente com outros amigos seus aqui no Rio. Somos ao todo 6 recomendados pelo Amilcar. Quem sabe se não vamos morar por uns tempos em Nova York, e conhecer de perto a famosa esculhambação am-

-2-

ricana ? Tudo pode acontecer neste mundo de Deus ...

Escrêva-me para dizer das suas intenções quanto à Bolsa que segue junto a esta, e me conte dos seus planos imediatos.

Clare chegou há uns dias, e está tateando, à procura de uma situação que a recoloque no cáos brasílico. Falei a ela hoje, e sei que êsse negócio de readaptação não é brincadeira.

Abraços grandes na colônia nossa aí.

Minhas recomendações à Caroline.

Seu, ex corde,

Marco Aurélio

Marco Aurélio

P.S. O formulário deve ser remetido à Fundação Guggenheim, em Nova York, até 1.º de Dezembro! A postos, portanto!

MA.

Monsieur
Alécio de Andrade
Avenue Ledru-Rollin, 1 4 2
P A R I S - 11ème.
F R A N C E
CENTRAL FILATÉLICA
O meio prático de comprar selos
e peças filatélicos - C.P. 04-0400
Brasília - DF
APT - LEBLON
DR - RIO
BRASIL
12,50
VIA AÉREA
PAR AVION

Rio,
5 de março de 1 968.

Mon cher Alécio :

Ingrato dos ingratos ! Salutem !

Estou aqui com o Amilcar, que está de partida para New York, e lembrei-me de alinhavar umas poucas linhas para você. Amilcar está indo numa bolsa da Fundação Guggenheim, a mesma que vai nos dar, daqui a pouco, outra bolsa. Recebeu os papéis da Guggenheim ? Está animado ? Mandou a papelada para New York ? Me diga uma palavra, seu ingrato dos ingratos ! Há uma expectativa grande em tôrno dessas bolsas por aqui - somos ao todo seis heróis que remeteram papéis para a Guggenheim.

Estou escrevendo hoje também à Jacqueline, pedindo -lhe que me arranje aí a partitura do drama sinfônico de Erik Satie - Socrate, chez Max Eschig, rue de Rome 48. Se ela já estiver partido daí rumo ao Rio (é o que me informa a mãe dela, hoje), quero que você me faça êsse favor : conseguir, a qualquer custo, essa obra de Satie, inclusive a partitura (redução) para piano e canto. Aguarde, portanto, para eu saber ao certo se a moça veio mesmo ou se a minha carta ainda a alcança em Paris.

Estamos todos com saudades de você, e temos conversado longamente sôbre a sua possível (ou impossível ?) volta às praias cariocas. O Brasil está uma delícia, só você vendo. Sou agora teatrólogo, acabei a adaptação do Quincas Borba e estou esboçando uma peça em que figuram paralelamente dois destinos : o de Sócrates (daí o interêsse na partitura de Satie) e o de um revolucionário século XX (1950), com a metade do palco para cada uma das situações. Minha peça anterior está com o Gianni Ratto, para ser lida e receber um opinamento dêle.

Estive com Naruna um dia dêsses : a moça está linda e perfeita criatura, como sempre. Colhi dela vaguíssimas notícias suas. Escreva, rapaz, que o céu é dos que escrevem, principalmente epístolas aos amigos.

Amilcar está mandando um abraço para você. Cardim, não vejo há muito tempo ; sei que continua feliz, como um conquistador mexicano.

Minhas recomendações à Caroline.

Abraça-o afetuosamente o

Marco Aurélio

Rio de Janeiro,
3.10.68

Alécio, mon cher :

Um grande e saudoso abraço, com as minhas recomendações à Caroline.

Estou em falta com você : desde que sua mãe retornou de Paris estou planejando escrever-lhe - primeiramente, para agradecer a você a remessa do Erik Satie (<u>Socrate</u>) ; em segundo lugar, para reavivar notícias e saber mais atualizadamente como você estava passando aí nessa revolta Cidade.

A oportunidade de escrever-lhe, agora, acentuou-se : há cêrca de uma semana sua mãe telefonou-me, convidando-me a ir jantar em sua casa, a fim de despedirmo-nos do Marcier, que viaja para a Europa. Lá vou hoje, e então esta carta segue pelo nosso pintor barbacenesco.

Parece incrível, seu Alécio ! Há mais ou menos um ano atrás encontrava-me eu em Paris, com a alegria acrescida de tê-lo abraçado e de tê-lo como meu guia nessa Ville Lumière! Rolam os tempos - e com êles todo o mistério da vida e da morte, e as coisas se sucedem e se amontoam de maneira imprevisível para os homens ! Estou absolutamente metafísico nesta tarde carioca, de céu aberto, sol escandalosamente claro e um princípio de calor que nos deixa a todos com a certeza de uma Primavera-prima-irmã-de-verão.

Há poucos dias conversamos muito sôbre você, seus amigos. É preciso que eu lhe diga que você não é jamais esquecido e que todos os seus amigos, reiteradamente, se lembram de vossência com forte saudade. Tenho visto coisas suas por aqui, e sua mãe relatou-me sua calma atuação durante os conflitos parisienses recentes, inclusive o episódio com o grande Cartier Bresson.

Notícias objetivas : a) o nosso imortal Zeppelin fechou-se, por venda ; o velho Oscar parece que estava cansado da coisa e, num dêsses momentos de irreflexão germânica, vendeu-o a um herói local, Ricardo Amaral, que parece vai fazer daquilo ali um <u>drugstore</u> ou coisa parecida ; houve despedida mais ou menos solene (a que não compareci), embora discreta, porquanto o velho Oscar afirmara que não aguentaria a emoção de uma despedida em regra, como se planejava realizar para êsse fim ; b) Cardim e Gilda estão firmes, têmo-nos visto bastante ; c) Daniel Tolipan bastante mudado, para melhor : hoje é um homem calmo, tranquilo, à altura dos acontecimentos ; d) Amilcar e família em New Jersey, perto de Nova York - de onde tem-me escrito cartas homéricas, de um entusiasmo e de uma alegria de viver realmente espantosos. Por falar em Amilcar, a <u>nossa</u> vez chegará um dia de visitar mais calmamente os Estados Unidos : as oportunidades estão-se multiplicando e parece que se alargam as liberalidades. No momento, os States estão numa confusão dos diabos e num dilaceramento terrível - o que informam as pessoas que de lá regressam.

Por aqui, as coisas andam mais calmas. Os chamados cassados estão voltando aos poucos, e parece que sem grandes perspectivas de repres - são.

Quanto a mim, estou em calmaria de trabalho : traduzo coisas em casa, trabalhando para Zahar Editôres. No momento, entre outros traba- lhos menores, traduzo o Freud, de Ernest Jones, a edição resumida. Não re - solve nada, mas dá uma ocupação ininterrupta, de que preciso. Não sei se disse a você, mas estou aposentado, graças aos Céus ! A sensação inicial foi melhor do que a presente - já não me aguentava mais, estava no fim da minha resistência burocrática. A inflação não diminuiu grande coisas nes - tes últimos tempos, e êste é um dos motivos mais fortes da angústia geral brasílica, inclusive a minha.

Minha namorada passou, agora, por Paris - nas não pôde pro - curá-lo, como eu desejava, porque estêve poucos dias e seguia para um Con - gresso de Psicologia na Holanda, de onde foi para Roma e, daí, de volta para o Rio.. Minha namorada chama-se Maria Apparecida Rudge Rodrigues, creio que você não chegou a conhecê-la, pois ela não se lembra de você, apesar de pertencer ao grupo que o conhecia. Nesse tempo estudava na PUC, curso de psicologia. Disse-me ela que ficou hospedada nos Champs Elysées e mal teve tempo para rever imprescindíveis relações antigas.

Meu caro Alécio : quero ver se, desta vez, provoco-o a umas mal traçadas linhas. Sei que você anda afobado e trabalhando muito - mas faço-me porta-voz de todos daqui para que você se decida a escrever-me. Sua mãe me contou que Naruna ainda está por aí. Recomendações a ela.

Com o melhor abraço e os melhores agradecimentos do seu

Marco Aurélio

Marco Aurélio

Rio,
9.5.79

Alécio , mon cher :

Estou vindo agora da Petite Galérie, aonde fui buscar a fabulosa fotografia que você nos deu : a menina que sobe pelas esca - darias com o ímpeto lúdico com que busca a vida. Quero cientificar-lhe que a moça lá, cujo nome esqueço, foi gentilíssima -- não só me atendeu rapidamente como também me deu de presente a moldura de vidro. Sua ex - posição está lá, continua lá - com a postura de quem cumpriu sua sagrada missão de fazer ver as coisas e as pessoas. Como é bonita uma exposição hors de service de bureau ! Mais uma vez eu e Cida lhe agradecemos du fonds de notre coeur que, como já dizia (e bem) Pascal, "a ses raisons, que la raison ne connaît point " ...

Esperamos também o aparecimento de seu livro : contra mim mesmo, lhe declaro que é preciso publicar, dar à luz, para que possamos viver (e morrer) em paz : este ano, se os deuses não me atrapalharem, publico também um livro de contos fantásticos, tipo Borges -- um troço que está no meu caminho há já três décadas batidas!

/ Fui conferir aqui o meu Pascal, para citar corretamente essa pons asinorum que é o le coeur a ses raisons, e descobri lá, vizinho dessa frase famosa, uma outra - que condiz muito bem com as suas lumino - sas fotos, pelo menos com uma parte lúdica delas : "La Sagesse nous en - voie à l'enfance ! " Fica como dístico de sua exposição - de um setor dela, bem entendido. /.

Aqui começa, repentinamente, um calor agônico, últimos ves- tígios do verão tropical e escandaloso : agora é esperar o chamdo clima frio, para colocarmos as nossas suéters compradas na Europa.

Piano : Raquel perguntou muito por você, depois da exposi - ção ; acho que ela queria ouvi-lo tocar o nosso Tião Medonho, ou, mais especificamente, queria ouvi-lo tocar piano. Mas não deu : fica para outra vez. Mas vá estudando, que quem toca piano (bem, como você) já é meio-condômino das harmonias celestes - isto mesmo,das harmonias celes - tes !

Cardim e Gilda, de pé pelo Brasil, como diria o Joel Sil - veira, naqueles áureos tempos em que uma frase era uma espécie de balão - de - oxigênio para a alma cansada dos habitantes desta Cidade gloriosa e bárbara.

Não se preocupe muito (preocupe-se um pouco, é claro !) em me responder : vou-lhe escrevendo, ao bel-prazer das necessidades vitais amigas, para dar-lhe informações mais ou menos atualizadas do País ; atra- zadas sempre, porque o telefone de sua família naturalmente adianta-se a qualquer veleidade de atualização. Em todo o caso, escrevâmo-nos : é bom que os amigos se escrevam, regular ou irregularmente, não importa. As epístolas são a presença das coisas e pessoas ausentes.

Para você se divertir, quando for à Casa Durand ou a qualquer outro grande magazine musical : veja se localiza a obra de um sujeito chamado Alexander Klengel, autor de 48 fugas, que passam por serem as mais belas já escritas nesse estilo, depois de Bach ; tiro esta nota do livro de Guy de Pourtalès - FREDERIC CHOPIN, le Club du meilleur livre - les grands musiciens, Gallimard, página 121; andei atrás dessa obra, escrevi a casas alemãs e consegui localizar a possibilidade de cópia xeroz desse novo Cravo Bem-Temperado : não consegui, no entanto, que me remetessem essas 48 fugas, espero ainda. Veja se você consegue esse troço e estuda a obra, Chopin elogiou o homem, quando passou por Dresde, rumo a Paris (para ficar, como você), vindo de Varsóvia. (Parece que Chopin <u>ouviu</u> Klengel durante uma noite inteira - e, como você sabe melhor do que, Chopin não era nenhum Carlos Gomes !).

Nossas recomendações muito afetuosas a Naruda e ao Pedro, com muitas saudades.

Cida lhe manda também um abraço e agradecimentos renovados, sua fotografia será devidamente entronizada no nosso <u>salon bleu</u>.

Abraço grande do seu

Marco Aurélio

Marco Aurélio

P,S. Meu telefone atual, <u>just in case</u> : 2 5 9 - 4 1 1 5./ MA.

Rio,
21.9.84

Alécio :

Malgré tout, filho ingrato !, escrevo-lhe estas poucas linhas para apresentar-lhe nossa afilhada dileta ANDRÉA PEREIRA DE SOUZA, que segue para Paris para entregar-se a um curso de escultura sob a forma de bolsa-de-estudo dada pelo Governo francês.

Evidentemente, Andréa precisa, nestes primeiros momentos nessa megalópolis, de orientação e de amparo, e é para isto que o convoco, a Você que também já passou por esses momentos cruciais *post partum*.

Não o concito a me escrever porque Você, realmente, está sob um pacto de virgindade epistolar. Parece que Você reformulou por uma paráfrase a frase-chave do *Quincas Borba* : Aos amigos, as batatas !

Mesmo assim, vai aqui também um abraço hortigranjeiro do

Marco Aurélio

MARCO AURÉLIO MATOS
R. BULHÕES DE CARVALHO, 633/601
CEP 22081 - COPACABANA
TEL. 287-2030
RIO DE JANEIRO, RJ - BRASIL

Rio de Janeiro,
14 de abril de 1986.

Alécio caríssimo :

Estou recebendo hoje (agora) os dois discos que V. me mandou por intermédio do Gerschmann, que cortou a entrega a seu pai e me trouxe essas preciosidades diretamente. Eram precisamente 11,30h da manhã, estava eu escutando um quinteto de Mozart (depois de haver escutado um quarteto de Beethoven), e deixei passar uma pequena pausa - espantei os eflúvios rococó e românticos do meu novo aparelho de som (Gradiente Profissional) - e comecei a ouvir a nossa Divina Tureck neste disco que é uma obra-prima e uma lição infitina de pedagogia essencial : o Einführung zu Bach, com as pequenas peças geniais do Klavier"ubung für Wilhelm Friedemann e outras pequenas peças do Anna Magdalena ! Eu já conhecia algumas peças desses discos - inclusive já escutamos juntos, por ela mesma, o Concerto ao Estilo Italiano e as fabulosas Variações de Uma Ária em Estilo Italiano, lembra-se ? Mas o disco Carte de Visite ou Introduction (ou Einführung zu Bach) era para mim inteiramente desconhecido, e de agora em diante será um dos meus favoritos : uma espécie de frango-na-vitrina, tão perfeita e belamente é tocado pela nossa querida. Rosalyn Tureck ! Com que emoção nos lembramos dela, numa capa de disco antigo, tocando o estilo de sua grande personalidade ! De moça turca, recentemente saída dos Dardanelos, passou a essa estupenda bucetácea de corpo inteiro, ao lado de um pianão Steinway, cuja função erótica é bem visível a olho nu ! Que Deus a tenha ! E que peitos bachianos, empinados como se fossem uma réplica da Fantasia Cromática do velho Tião Medonho ! Fico-lhe, assim, mil e setecentos vezes grato por esse recado de eternidade, pela música do nosso Grande Rio (ou Riacho, como querem alguns mais afóitos filólogos alemães : B A C H). / Com o perdão da audácia : vou estudar, calmamente, o I Duetto de Bach, aquele que vem na 2a. Parte do KlavierÜbung. E´ diabolicamente fácil, quer dizer, difícil pela simplicidade que encerra.

Agora, vamos às coisas em nível pessoal e intransferível.

Sua carta-cartão foi um sucesso, em todos os sentidos. Fiquei deslumbrado com a sua nova fase de comunicação epistolar. Não deixa a coisa esmorecer ! Vamos conversar, animadamente, através dessas epístolas, principalmente sobre coisas de música : estou numa fase feroz, com professora nova (23 anos), recentemente formada, para me relembrar, novamente, o BA-Bá da arte de "Klavier zu spielen ". E´ um deslumbramento ! A Fantasia de Mozart, K. 397, que li (como o faria John Ford, com as suas diligências, que saíam íntegras do alto da colina e chagavam lá em baixo com uma só roda e às vezes sem roda nenhuma): assim vou, pela Fantasia abaixo, mas de qualquer forma condômino, ainda que inadimplente, dessa música que causa inveja aos próprios deuses.

Estou certo de que Você continua estudando também o seu piano, que é o seu "violon d'Ingres". Vá em frente, quem um dia tenha sido picado por essa cascavel sonora - o piano - jamais deixará de lado o seu fascínio, ainda mais Vocês, que conseguiram o domínio de uma técnica capaz de enfrentar as peças imortais e definitivas.

Você tem plena razão : os métodos de ensino de piano se sucedem em vão, no fundo são como os dicionários : copiam verbetes uns dos outros. Mas, não sei bem por quê, tenho uma queda especial para os pedagogos massacrantes, como o nosso imortal Czerny : a gente percebe uma fúria operacional das mais alucinadas, mas o aprendiz de piano sai dessa experiência amansado como um burro bravo que se supunha indomável. E´ grande também o nosso Bela Bartók, com o seu misterioso MICROCOSMOS: apenas um defeito, a meu ver, para tocar aqueles exercícios, V. precisa saber a priori tocar piano ! E´ quase um Método Berlitz, para falar o idioma estrangeiro Você precisa conhecer o vocabulário estrangeiro, isto é, saber a língua que vai aprender ! Mas, nesse terreno, examine aí em Paris o livro de JÓSZEF GÁT, traduzido por István Kleszky (Corvina, Budapest, 1958). A autora de THE PERSISTENT PIANIST, Eileen D. Robilliard (Oxford Universty Press), afirma neste livro : " A monumental work ; quite the most fascinating book on piano technique I have been privileged do read " (Pág. 71, ibidem). Você não precisa de nada disto, mas é sempre bom dar uma olhadela naqueles que descobrem e facilitam a técnica pianística, tirando-lhe as hervas-de-passarinho e as obstruções meramente demagógicas.

Agora, o nosso Florêncio Constantino : começa a expressar-se numa língua que somente os Anjos da Guarda entendem e assimilam. Nós, mortais, não penetramos os umbrais da infância, da 1a. infância, chamada assim - acho que nem os da segunda ou os da terceira. Nossa fatalidade é viver adultamente, em confronto com a criança que fomos e com a qual não sabemos mais conviver. Mas a memória - e graças a Bergson ! - nos dá uma segunda vida, além da matéria, e além das falsas autonomias da recordação. Lembrar é recriar, recriar é viver, viver é não lembrar !

Falei agora com sua mãe, deslumbrado que estava com a sua carta. Sua mãe ficou alegríssima e acha, como eu, que Você vai disparar apístolas para o Rio - rompendo a sua castidade epistolar de alguns anos. Vamos lá, homem ! - escreva-me : a grande música nos espera. Volvamos a Beethoven : A música é maior e mais abrangente do que a filosofia. Não é à toa que Platão irradiava suas metáforas a partir de exemplos musicais - que Sócrates, para falar sobre a imoortalidade da alma, buscou a comparação com as notas da lira, que desaparecem mas não morrem ...

E Patrícia, como vai ? Cida manda-lhe um grande abraço, conjuntamente com o meu.

Estivemos com Naruna, nessa última visita sua : mas somente pelo telefone. Abraços nela e no Pedro.

Até à próxima epístola !

Com o melhor abraço do

Marco Aurélio

Marco Aurélio

P.S. Estou-lhe mandando, junto a esta, um soneto meu - feito para desentupir os canais convencionais da sensibilidade, como talvez dissesse Kant.

MARCO AURÉLIO MATOS
R. BULHÕES DE CARVALHO, 633/601
CEP 22081 - COPACABANA
TEL. 287-2030
RIO DE JANEIRO, RJ - BRASIL

Rio de Janeiro,
10 de novembro de 1986.

Meu caro Alécio :

Nossos votos de saúde, extensivos a Patrícia e ~~o~~ ao herdeiro Florence.

Carlos Ribeiro me entregou anteontem, sábado, o disco que V. me mandou : a Sonata em Si Menor e as peças Trauergondel I & II, assim como as Légendes, tudo isto do velho Liszt.

Passei domingo escutando essa gravação exem - plar. A gravação é realmente notável, e de certa meneira me reconciliou com a Sonata, que nunca me impressionou, de maneira nenhuma. O pianista Brendel é meu velho conhecido, e tenho dele algumas gra - vações, mesmo de LIszt (creio que as Harmonies du Soir).

Suas considerações sobre Liszt merecem, sem dúvida, atenta reflexão. Há muito tempo que leio - e releio - que o velho Liszt tem uma importância maior do que se pensa geralmente ; o seu lado comicial, <u>feux-follets</u>, e o virtuosismo tipo Paganini atra - palharam a correta difusão de suas grandes peças. Li, há pouco tempo, no livro de Laurence Davies (Londres, Dent & Sons, 1967, página 95) - THE GALLIC MUSE, um grande elogio a uma peça de Liszt, BAGATELLE SANS TONALITÉ (em húngaro : Hangnemnél kuli Bagatell (1885) - e an - dei energicamente atrás dessa peça ; quem me arranjou a preciosidade foi o prof. Heitor Alimonda, que me mandou uma xerox da partitura. Na verdade, o nosso Franz chegou mesmo aos subúrbios do impressionismo...

A influência de Lizt é incandescente em Ravel, cujo brilhantismo pianístico a par de combinações harmônicas paradi - síacas são o dedo do gigante. Acho que todos os impressionistas fi - zeram essa viagem a Weimar, renegando (da boca-pra-fora) o mágo de Bayreuth ; fugiram de Wagner mas caíram nos braços do sogro, que é ainda mais abrangente e mais genial.

Quanto a Bach, só os séculos vindouros dirão. Se não fossem as peças mais accessíveis (em termos), como as Fugue - tas e as Invenções, incluindo-se, é claro, o Livro de Ana Magdalena, Bach estaria realmente sentado no barril do mistério ... Música para centopéia, os nossos pobres 10 dedos não chegam para abarcar o Tião Medondo !

E seu livro ? Quando é que nos apresenta este novo trabalho seu ? Seu pai telefonou-me um dia destes - para um outro assunto nosso - e me informou que V. já havia publicado o li - vro ; Cida está curiosa para ver o texto, que lhe interessa.

Estou às voltas com o Satie inicial. As Gymnopédies e as Gnossiennes, e mais alguma coisa a meu alcance. Já me conformei a essa desgastante prática do amador : cercar frango, a vida toda, do galinheiro alheio ... !

Lembranças nossas a Patrícia e ao Florence. Carlos Ribeiro trouxe boas notícias de Vocês. E quando é que aparecem ?

Abraço grande do

Marco Aurélio
Marco Aurélio

P.S. Os comentários de Brendel são primorosos. Nunca li nada tão competente e profundo sobre a <u>Sonata</u>!

Rio de Janeiro,
15 de fevereiro de 1988.

Meu caro Alécio :

Estamos em pleno carnaval e em plena catástrofe também. Parece que a dialética (a grega, não a dos burocratas do marxismo do museu de cera que foi o século XIX ...) resolveu instalar-se em nosso meio, e mostrar a que veio : a destruir o lado social (carnaval) e o lado trágico dos sem-teto e sem comida, hoje representados pela metade dos habitantes de Petrópolis. Você já deve ter tido notícia do que aconteceu em Petrópolis, certamente : a metade da Cidade desapareceu em desmoronamentos glaciários ... Uma visão quase dantesca, que a Televisão massacrou dias a fio. Agora, melhorou com a cessação momentânea da chuva, mas a ameaça continua ...

Paguei com a língua : de tanto falar em assiduidade e falta de assiduidade dos que me deviam escrever, que fiquei em falta com vários amigos, inclusive com Você. Resíduos de Natal, difíceis de a gente por em dia.

Recebi as duas obras-primas que Você me mandou : uma, a das 4 sonatas de Haydn, executadas por ALFRED BRENDEL, põem a gente suspensos sobre o abismo de uma perfeição cada vez mais difícil de atingir ; a outra o seu livro e co-autoria com FRANÇOISE DOLTO, em alemão, que é uma beleza de texto e de ilustração ou de trans-lustração de sua parte. Gostei de ver a autora nuançar o título : Erinnerungen in die Kindheit. O título plat seria Erinnerungen in der Kindheit, assim no genitito, mas a dama percebeu a diferença e colocou in die, que movimenta a frase para "dentro da infância" ou "no interior da infancia", e este sentido último é fundamental para compreender-se que se trata de uma coisa dinâmica no interior das lembranças infantis, que são sempre móveis ... A língua alemão permite essas formidáveis sutilizas.

Sábado passado (dia 6 deste) tivemos as celebrações dos 80 anos de sua mãe, em casa de Vera ! Uma festa tão tranquila e ao mesmo tempo tão alegre, D.Noemi exigindo os seus 80 ipês da serra como se tivesse realmente apenas 60 ! Extraordinária mocidade, com a alegria de sempre : foi uma noite e tanto, e eu e o Cardim comentávamos exatamente isto ; e, nume longa conversa que tivemos nós três, a um canto da sala movimentada, apontava para isto mesmo : o poder de não envelhecer de determinadas pessoas, dentre as quans sobressaía-se sua mãe. Lá estava também seu pai, bastante emagrecido, mas de fisionomia excelente e de ânimo solto ; falamos a ele que precisava emagrecer mais uns 10 quilos, com o que concordou imediatamente. Achei seu pai de saúde francamente recuperadora, e um pouco mais magro ficaria numa posição de saúde perfeitamente satisfatória. Naruna e Pedro, como sempre, ótimos e contentes. Gostamos muito e termos ido a essa festa de sua mãe.

Voltando ao Brendel : achei a princípio que havia um equívoco de classificação na la. sonata do disco (Hob.XVI, 52), quanto ao Es-dur (mi bemól maior), mas depois me lembrei de que os alemães, além de usar es e sis para bemóis e sustenidos, ainda afirmam o caráter maior ou menor da escala. Os franceses anotam diferentemente. Assim, está tudo certo : Mi bemól maior (dur). As sonatas, como afirmei acima, são lindíssias e constituem uma obra-prima. Brendel está sozinho em Haydn : ninguém, ao que eu saiba, toca emlhor esse estranho e pouco difundido autor, que galopa tranquilo ao lado de Mozart, no mundo sideral das sonatas !

Ando pelejando com um livro elementar (uma intrdodução a Shakespeare) em co-autoria com a Bárbara Heliodora. O negócio é mais difícil do que eu pensava.

Esta carta vai por Naruna e Pdro, e aqui vão as nossas saudades e as nossas mais recomendações afetuosas a Patrícia e à família-Florêncio (cuja fotografia achei deslumbrante) e a Baltazar, que ainda se acha no casulo da Bíblia.

Abraço forte do seu velho amigo :

Marco Aurélio

Marco Aurélio

Rio de Janeiro,

6 de setembro de 1991.

Meu caro Alécio :

Estou-lhe escrevendo para lhe dar os meus pêsames pela morte de seu pai , os meus e os de Cida também.

A morte de seu pai foi um choque para todos nós : para vocês, da família, e para nós seus amigos.

Infelizmente não pude ir ao enterro, estava numa crise de pressão baixa, não podia sair de casa, fiquei de cama o dia inteiro : a mesma coisa se deu com missa de 7º dia -- tenho frequente - mente dessas crises, provenientes da hemodiálise a que me submeto há 8 anos. Um pqueno inferninho particular.

Cida esteve com sua mãe, no velório ; achou-a forte e consolada, como sempre - porque D. Noemi não é deste munho, pes - soa extraordinária que é. Os amigos acorreram e, como não podia deixar de ser, estiveram presentes a todas as cerimônias.

Você tem se consolar-se também, porque só tem boas lembranças do seu pai. Isto é uma alegria para sempre !

Ando aqui pelejando com a minha hemodiálise e com os meus demônios particulares. A certa altura de vida a gente vai ficando aterrorizado com a própria vida, mas a verdade é que o otimismo ainda é o melhor consolo para todos nós ; vamos ficando velhos e perdendo os amigos, o que é trágico superlativamente.

E a música ? Você, ao que eu sei, continua fiel à música, ao piano, que é um instrumento de Deus. Temos assistido aqui a uma série de concertos para piano e orquestra de Mozart, todas as segundas-feiras, na TVE (Têvê educativa, do Governo Federal). O so - berbo "musisicien angélique" cada vez nos surpreende mais. Você tem to - cado Mozart ? Se não tem, volte a ele imediatament e estude a Fantasia K. 394, que você já deve conhecer- é o Mozart em sua plena genialidade, com arpegios e acordes que levam a gente para os Campos Alíseos !

Tenho estado, pelo telefone, com o Cardim. Sem- pre o bom amigo que é. Ele me disse que havia falado com Você, recente- mente. É bom você ter este contacto com o Cardim.

Vou ficando por aqui.

Cida lhe manda também os seus pêsames.

Quando é que você aparece ? Estamos todos com saudades de Você.

Fica aqui o abraço amigo do

Marco Aurélio

Marco Aurélio

Elza Proença e Marques Rebelo, Paris, 1965

Elza Proença da Fonseca
(1918 – 1998)

CASTELLO BRANCO
BRASIL
CORREIO
Mr. Alicio de Andrade
Rue de la Harpe, 11
PARIS - Veme
FRANÇA
VIA AÉREA
PAR AVION

Rio, 30-11-73

Alécio, querido

Acabo de chegar em casa, de volta do teu embarque, e não resisto à vontade de escrever a você.

Não tenho palavras para dizer o quanto você me comoveu nestes meses. Tentei, inúmeras vezes, confessar minha amizade e gratidão, mas me faltou coragem sempre - seria um desastre para nós dois.

Estou muito triste, meu querido Alécio, muito triste mesmo, e sei que isto vai custar um bocado para passar. Cada dia sinto mais saudade de Rebelo.

Todos nós, seus amigos, ficamos um tanto apreensivos por sua causa, mas confiamos que em breve você mande notícias favoráveis a respeito de seus problemas. Você tem amigos verdadeiros, meu caro, e sabe que pode contar com eles. Bulhões... nem é bom falar, este não existe. Minha casa é sua - venha quando quiser.

Todo o afeto da

Olga

Meu querido Alecio

Você não faz idéia de como eu fiquei prosa, convencida, me sentindo com o rei na barriga e muito comovida com a dedicatória nas costas da menininha subindo a escadaria. Querida e amada Elza! Foi demais. Quase chorei de emoção. Notei nos olhos do nosso Bulhões uma pontinha de despeito e ciúmes, imediatamente disfarçados e transformados em olhar de aprovação. Estou muito orgulhosa com o seu sucesso. Espero que esteja botando um pouco de ordem na sua cabecinha. Fico às vezes bastante preoocupada quando Bebinho me transmite, ao terminar um telefonema com você, suas (dele) apreensões. Gostaria que estivesse perto de nós — aqui ou aí.

Toda ternura da

sua

Elza

Marques Rebelo, Rio de Janeiro, *c.* 1964

Marques Rebelo (nascido Eddy Dias da Cruz)

(1907 –1973)

Alécio de Andrade é jovem e inquieto - inquietude do seu tempo difícil, desorientador, contraditório e perturbante, cheio de agonias e derrotas. Buscando o campo salvador para a sua explicação, motivação e afirmativa andou pela música, pela poesia, pela ficção, embebedou-se na solidão que as multidões trazem no seu bojo largo e gritante, acabou musical e poèticamente na fotografia, onde a vida se mostrou afinal na plenitude que aspirava. Seus olhos, ainda com reflexos de infantil pureza e encanto, tocados duma suave miopia que a exata objetiva corrige e ordena, encontraram na infância das praias, dos parques, dos colégios e das calçadas o seu caminho emotivo, passional e absorvente, neutralizador da angústia, e dela nos tem dado, com doce impressionabilidade e com a mobilidade do seu ser ansioso de beleza e verdade, alguns momentos extáticos, encantados, desapercebidos aos olhos comuns, momentos efêmeros e eternais.

A fotografia é uma técnica e, como técnica, quanto mais apurada mais perspectivas oferece, nem será cabível a um artista prescindir da cozinha da arte que abraçou, do íntimo conhecimento das coações, dos temperos, dos truques e macetes, que a prática, a curiosidade e a paciente pesquisa sàbiamente permitem armazenar. Mas pela técnica simplesmente, e por mais perfeita que ela se torne, a arte não se eleva, não se engrandece, não consola, não desafoga, não se transmite nem perdura. É fundamentalmente necessário que seja argamassada com a sensibilidade. E sensibilidade, fina, esquisita, penetrante, cativante, é que não falta a Alécio de Andrade.

Agora vai para a Europa estudar, isto é, ver, ver muito - o mundo é grande, os horizontes infinitos e infinitos os territórios do sonho ! Mas antes da partida, como se pretendesse mostrar o quanto poderá apreender nas suas andanças, encontros e humilde aprendizagem, dá-nos esta pequena e mágica exposição - flagrantes de crianças, jardim de sonhos, risos e não posadas atitudes, onde a sua alma se compraz nas alegrias da criação, cantando o tempo que não será perdido e do qual maravilhosamente, em prêto e branco, nos ajuda a reapossar.

Itinerário da infância, Petite Galerie,
Rio de Janeiro, 1964

AD IMMORTALITATEM
ACADEMIA BRASILEIRA

Rio, 1º de janeiro de 1965

Querido Alécio

Seu cartão parisiense de Natal tem resposta hoje, primeiro dia de 1965, que é ano importante para a nossa cidade. Não pode imaginar quanta alegria nos deram as suas linhas, algo poéticas e assinalantes de bom estado d'alma. Verá que para pessoas como você certas viagens são necessárias, abrem campos novos, sistematizam certos conhecimentos, e abrem brecha para a nossa famosa saudade, de procedência lusa, mas que tem calhado bem cá no nosso sentimento. E não é duvidando jamais dele que antecipo linhas suas dando conta de nostalgias cariocas e percebendo que importante mesmo é a terra onde se nasce, grande ou pequena, culta ou subdesenvolvida.

Novidades há muitas, mas não seria eu que iria alongar uma carta como esta. Quando me lembrar pegarei numa revista ou num punhado de jornais que enviarei para você certo de que terão imensa utilidade. Por agora, só posso não deixar de comunicar que vou me dedicar todos êstes meses iniciais do ano a fazer uma coisa que nunca fiz - um discurso. Tenho imaginado o tema e creio que me sairei bem da empreitada. Quando a conselhos à distância, mando-te um - coma bastante pão francês. E se encontrar a Clare diga-lhe que recebemos a sua preciosa missiva. Vai ser respondida.

Afetuosos abraços nossos

Ru Bob /

Rio, 7 novembro 66

Querido Alécio

Bulhões chegou sábado, ontem estêve aqui e trouxe sua carta, hoje aqui estou agradecendo as palavras e as lindas caixas de fósforos. Já estão na coleção brilhando intensamente.

Depreendi da carta que você continua sempre Alécio. Na verdade nunca deixamos de ser o que somos - e para o lugar que formos carregaremos os nossos desespêros, nossas angústias, nossas inquietações. Assim como carregamos a nossa própria pele.

Outra lembrança que me deu : brasileiro não deve sair do Brasil por mais de três meses. É condição peculiar ao ser brasílico.

E eis por qual razão estou de viagem para aí, mas não pretendo na excursão tôda gastar mais que noventa dias. Devo chegar no dia 11 pelo voo da Air France, pois já estou de passagem comprada e marcada. E Clare já me comunicou a existência de um estúdio no qual me esconderei com dona Elza. Mas tão logo chegue irei procurá-lo. Espero tê-lo em minha companhia muitas vêzes. Talvez possa te mostrar muita coisa parisiense, e muitíssima do Rio, que você também não conhece.

Tenho a informar que sua licebça no Ipase termina em dezembro. E Elza, com a sua experiência funcional, informa que poderá ser demitido por ausência, seja por abandono do cargo. Não telefonei aos Andrades - só o farei em véspera de partir para saber se têm mandados para você. Mas acho que deveria escrever ao Almir a respeito do caso.

Até lá. Afetuosamente o

NNNNZCZC MRF582 BMA039

FRPA CO ENBA 013 000

BARCELONA DE 13 25 1155

ALECIO ANDRADE 11 RUE DE LA HARPE PARIS

ARRIVE DIMANCHE AIR FRANCE

REBELO

COL 11

Rio, 10 abril 67

Querido Alécio

Deixei Londres, com relativa tristeza, pois me sinto meio britânico, acompanhei Paulo a Espanha, que não é coisa da minha paróquia. Até que Toledo serve, para um dia, é claro - El Greco me enjoa muito, mas visto lá deixa certa simpatia e compeensão. Bem, os amigos se foram para El Brasil, e me marchei para a mediterrânea Barcelona e evistei-me (se assim se pode dizer) com o oculista famosa, que confirmou a catarata nascente. E lá para novembro deve ser encarada a hipotese duma operação. Lógico que farei, não sei é onde. Aqui, se você não sabe, trabalha-se bem no ramo. E então cheguei aos States. Dona Elza gostou muito - e foi aquêle comprar sem conta. E como confirmei minha simpatia por aquela civilização que explora meio mundo e o Brasil totalmente, estou certo de que em dezembro lá irei outra vez. Mas há sempre a possibilidade de fazer viagem triangular. E Paris estaria no roteito apenas por sua causa, à qual incluo Caroline, cujas fotografiasem JOIA causaram a maior sensação cá no grupo das Laranjeiras. E vi que você já arrumou as coisas com Block. Narceu, encontreio aqui na redação e sem mulherzinha, e concluo que brasileira de Ipanema é fogo ! Não escrevi logo, pois encontrei a vida aqui muito limitada com os racionamentos de água e luz, já se regularizando, e então me fui a São Paulo e depois a Cataguases ver Chico Peixoto, como na Chicago brasileira fôra ver Paulo Mendes.

De caso pensado não dei muita confiança a família Andrade, até saber a vida de Alécio, o beija-flor. E só quando dei conta de que se arrumava, a ela me dirigi fornecendo cópia de boas notícias e agora a você, dando meus parabens por um lado e os meus sentidos pêzames por outro. Você tem o direito de escolher os seus caminhos e sempre andará nêles com aquela dignidade jamais desmentida, o que me enche de alegria. Mas é preciso que sempre vá aumentando as doses de realidade nas suas ações, e nos seus projetos, para que o limbo do sonho não acabe por torná-lo um deficiente na dura e inarredável competência humana. Ora, apesar de algumas faltas técnicas, você está se saindo um bom jogador de basquete, coisa para orgulhar a torcida brasileira, quando se sabe que êste nosso imenso paizinho já foi bicampeão mundial e continua disputando as finais de todos os torneios internacionais da bola ao cesto.

Quando você tiver um tempinho, mande notícias para que eu coloque na sua ficha funcional. Se mudar de endereço, já sabe, comunique. Diga a Caroline que Costa e Silva subiu ao poder e já está preparada a tropa de invasão de Auvergne. Promessa cumprida será quando os valentes brasileiros desembarcarem - ela será a duqueza de Auvergne, com direito a comer 12 refeições por dia. Previna que iremos passar sumariamente pelas armas todos os cineastas franceses.

Bem, Elza está em forma e saudosa do passeio e de vocês. Paulo e Thais mandam saudades. Bulhões e Maria Silvia já no apartamento novo, que ficou muito bem e Maria Silvia, livre de um emprêgo chato que tinha, está maravilhosa de alegria e operosidade doméstica. José Maria já saiu das mãos do analista e está bem, pintando, calmo, esperançoso. Maria Cecilia mudou de emprêgo, para ganhar mais, e está feliz na nova colocação. E quando receber notícias suas e da gentil francezinha voltarei a fornecer material nativo para as suas conjecturas.

Afetuosamente

Roberto

AD IMMOR TALITA TEM
ACADEMIA BRASILEIRA
WENCESLAU BRAZ
BRASIL
CORREIO
Correio do Brasil
1ª missa de c. portinari · 20 cts
1468 – 1968
Brasil correio
nascimento pedro alvares cabral
Correio do Brasil
MADRE JOANA ANGELICA
Correio do Brasil
MADRE JOANA ANGELICA
Mr.
ALECIO DE ANDRADE
11 Rue de La Harpe
PARIS - Vème.
FRANÇA
VIA AÉREA
PAR AVION

Rio, 7.2.68

Querido Alécio

Fiquei sempre na espera de uma carta sua. Mas não escrevi por ter sabido por Clare que você se mudara e não dera a ninguém o seu enderêço. Mas que voltara a trabalhar na Manchete e estava bem. Continuei a não escrever - tomei o enderêço daquele órgão em Paris e bati para a Europa em Dezembro com êle no bôlso, disposto a chegar aí. Mas deu-se que Portugal me prendeu, corri-o todo de ponta a ponta e fiquei muito bem impressionado - melhor que tudo em geral aí mas Europas. Pelo menos não se envergonham da decadência. E parece-se bastante com isto aqui, quando nós xxxaéramos infantes, sómente mais limpo. Dépois tive que ir a Esapnha, e lá me mexi também. Quando chegou o tempo de me mandar para Paris, vinham notícias de cheias e frios raros naquela cidadezinha morta, e resolvi arrepiar carreira. Mesmo tinha compromissos aqui e não poderia estender a jornada turistica. E aqui estou. E ao chegar, mestre Bulhões tem em mãos a sua lembrança, encantadora e mais as suas linhas que me deram imensa alegria, por terem vindo de ti, por trazerem notícias alentadoras. Muito bem. Hoje é carta pequena, apenas para não falhar nos meus tradicionais rigores de inegligência. Mas depois irei dando mais de mim. Andei publicando livros, alguns de minha bossa, outros de pura compilação, mas enviarei todos pois acredito que possam te fazer bem, matando saudades, tomando um pouco o pé nas coisas pátrias. A Antologia Escolar que mando tem um defeito de encadernação, mas como é a única que tenho em mão, e só poderia arranjá-la no Ministério, o que demoraria, pois não se vende em livraria, é para venda direta da Campanha Escolar ao público, vai esta mesmo. Vou enviar uma Antologia sôbre o Rio que ficou muito divertida. E uma novela - O Corobel Madureira. E mais coisas.

José Maria melhorou bastante de emprêgo. Está satisfeito e o coração marchando agora com decencia. Elza está muito bem - entrou nos gloriosos 50 anos e está, pelo menos eu acho, muito lépida. E a nossa auverganheza ? Mande-me informações das suas macacoas e do seu admirável apetite.

Muito obrigado e muito afeto do velho

Rebel

AD IMMORTALITATEM — ACADEMIA BRASILEIRA

Rio, 5/1/1969

Querido Alécio

Recebemos seu telegrama de Ano Bom e ficamos muito satisfeitos. Pela vibração, extensão e latinório, comprovamos que a vidinha sua realmente aí está indo direitinha, motivo para duplo contentamento.

No ano passado, estivemos em Portugal e Espanha, uma boa rodada, mas não foi possível dar uma chegada até Paris, para vê-los. Paulo e Thais foram conosco e estão bem.

Dia 16, estamos de viagem marcada para Barcelona, onde irei sujeitar-me a um tratamentozinho de olhos. Conforme as modas, daremos um pulo para abraçá-los. Não serão muitos dias, certamente, mas os bastantes para uma boa conversa. Temos idéia de ir para um hotel que Di Cavalcanti aconselha, um tal de Paris Dinart, na Rue de la Cassette. Diz que é bom e barato. De Barcelona passaremos telegrama para você, avisando a chegada, e você nos esperará nos Invalides. Salvo se você conhece hotel mais barato naquela zona - Rue de Rennes, Boulevard Montmartre, Raspail, que nós conhecemos bem. Não preciso dizer que Paulo e Thais irão conosco.

Até breve.

Rebelo

Rio, 18.12.72

Querido Alécio

Bulhões me trouxe boas notícias suas. Fiquei feliz e sabe ter sido a você que não anda bem. É a velhice. Precisamos ter paciência.

A caixa é linda! Relembra um tempo que vivi – o tempo [illegible] em que se podia fazer coisas de grande formato. Será sempre perdida. [illegible] [illegible] era a Belle Époque!

Elza vai bem. Ainda espero abraçá-lo um dia.

Afetuosamente

Rebelo

Otto Lara Resende, Paris, 1973

Otto Lara Resende

(1922 - 1992)

THE CARLTON TOWER

Londres, 3 de julho de 1969.

Alécio amigo,

uma palavrinha só para lastimar o nosso desencontro.

Telefonei dois dias seguidos para a Manchete. Da primeira vez, só tinha um número, o BAL 8466, que estêve longamente ocupado. Ainda assim, deixei recado e esperei largamente no hotel. Você não apareceu. No dia seguinte, quando cheguei ao hotel, você tinha telefonado. Quando retruquei, você tinha saído. Em suma: perdi eu.

Antes de voltar ao Brasil, quem sabe ainda o verei aí. Espero. Ou quem sabe você se anima a aparecer em Lisboa, que é relativamente perto da Europa?

Lá fico às suas ordens, com saudades de um papo: Embaixada do Brasil, Praça Marquês de Pombal, 1 - 4º.

Lembranças ao Ney e a outros visíveis amigos que aí haja.

Lamentando mais uma vez não o ter visto, como desejava, nesta viagem tão atropelada, aqui vai

o velho abraço amigo do

(Otto) Otto.

Cadogan Place, London, S.W.1 | BELgravia 5411 Telex 21944 | Cable Address: Hocoam London, S.W.1

EMBAIXADA DO BRASIL

Praça Marquês de Pombal, 1, 4.º

LISBOA-PORTUGAL

Marcio Peixoto Sequeira
Bruno Lara Resende

HOTEL LONDRES ET NEW YORK
15, Place du Havre
Paris - 8ème

38+3510

Lisboa, 14 de janeiro de 1970.

Caro Alécio,

meu filho Bruno (Lara Resende) está em Paris, em companhia de um amigo, Márcio Peixoto Sequeira. Desde ontem. Estão no Hotel Londres et New York, 15, Place du Havre, 8ème.

Êles não querem chatear Você. Dei-lhes o seu telefone na Manchete, mas por certo não vão aparecer. Queria apenas que V. lhes telefonasse, visse se está tudo bem com êles e, sendo o caso, lhes sugerisse um programa que valha a pena. Fico-lhe gratíssimo por isto. Se V. puder vê-los, sem se chatear para tanto, seria ótimo. E se pudesse fazer uma foto do Bruno em Paris para enriquecer a iconografia de um futuro varão ilustre, hoje com 17 anos, então será le comble! Mas nem ouso pedir...

Que é que há com Você, seu? O Cláudio Mello e Souza foi aí ante-ontem e voltou no mesmo dia: não o viu. Você estava na Alemanha, parece.

Tem notícias do Brasil, dos amigos? Marco Aurélio escreve sempre. Agora é monarquista, sabia? O Amilcar dá notícias de New York.

Vou-me embora a 1º de abril, quando me desligo da Embaixada. Penso passar aí nem que seja um fim de semana antes de regressar à base. Espero ver Você. Escrevo-lhe com antecedência, avisando, se fôr mesmo, como desejo.

Recebi hoje um convite do Adolpho Bloch, via Justino Martins, para trabalhar numa nova revista. Dirigi-la. Ainda se lembram do velho Otto. Tenho sido mais lembrado do que me parecia razoável. Até o Fernando Sabino, com o Rubem Braga, me tenta para uma publicação que vão empreender. E há outras tentações. Mas ai que desânimo, como no Macunaíma.

Dê notícias, conte o que há. E, se puder, veja o Bruno e o Márcio. Fico-lhe imensamente grato. Sei que é chato. Mas ao menos lhes telefone!

Saudoso, receba o de sempre

Abraço amigo do

(Otto Lara Resende) OLR.

V. adoraria a pracinha que fica aqui ao pé, o tal Jardim das Amoreiras, com o aqueduto das Águas Livres ao fundo - um cenário de paz em que se é obrigado a ser feliz...

EMBAIXADA DO BRASIL

Praça Marquês de Pombal, 1, 4.º

LISBOA · PORTUGAL

Lisboa, 5 de março de 1970.

Caro Alécio,

recebi sua carta, a que a queimadura do cigarro deu um tom artístico que vai muito bem com a sua bela caligrafia... Foi pena, de fato, que o Bruno não o tivesse encontrado. Agora, êle já se encontra no Rio. Partiu, com a Cristiana, dia 23 de fevereiro último. O André é que está ainda em Londres e pretende passar uns poucos dias aí em Paris. Não sei qual o hotel que reservou, mas imagino que tenha o Madison Elysée em mira (aquêle mesmo, na rue Galilée, 52 - se não me engano). Escrevi-lhe sugerindo procurar V. na "Manchete" e vejamos se êle tem mais sorte do que o Bruno. O André está metido a fotógrafo e leva uma Nikon fabulosa. Acaba de fazer um curso de Inglês em Londres e volta para o Rio para fazer a Universidade, pois foi aprovado no vestibular. Aqui estamos, em Lisboa, as Helenas e eu. Heleninha está digna de ser seu modêlo, pois é vivíssima, encantadora e vedette - adora posar... É uma pena que V. não tenha vindo aqui durante o tempo em que aqui estivemos. Não foi por falta de convite... Cansei de lhe dizer que viesse! Teríamos feito uns bons passeios e tenho certeza de que V. gostaria de reencontrar,em Portugal, algumas raizes, pelo menos algumas, do Brasil. Por uns dias, Lisboa é repousante. Na minha possante Mercedes, que foi a Paris - lembra-se?, teríamos corrido o país de lés a lés e V. teria visto Óbidos, Nazareth, Évora, etc. Agora é tarde. Pois estamos de partida para o Rio, naquela lufa-lufa horrível de providências finais. Já estamos praticamente de pé no avião, para sermos devolvidos à tumultuada rotina carioca. O meu substituto chega a 28 dêste, quando, espero, já estarei velho no Rio. Vou reassumir lá a minha vida, o que assusta e põe sal-de-fruta na alma (como diria o nosso silencioso amigo Marco Aurélio). Mas, afinal, quem me mandou ser brasileiro? É aguentar firme! Quem está querendo vir aqui, com uma bolsa-de-estudos, é o Amilcar, que trabalha e é feliz (parece) em Nova York. Temos sempre nos correspondido. Do Rio, ninguém escreve. Sei que o Fernando Sabino levou uma cadeirada num bar, que o Hélio foi absolvido na Justiça Militar, que o Paulo fêz anos (deve estar próximo do centenário), que o Vinicius casou de nôvo (também no centenário... matrimonial), que o Rubem e o CDA engordaram, que a Lupe Cotrim morreu - e por aí afora. E V. - até quando fica parisiense? Compreendo os seus problemas manchetiano-blóchicos. Aliás, ouço ecos de um grande forró entre os Karamabloch, com a descoberta de falcatruas, etc. Desconheço pormenores, mas dizem que a coisa está feia - V. deve ter sabido aí melhor do que eu. O Cláudio Mello e Souza dirige aqui a "Manchete", escreve e fotografa, como V. deve saber. Está muito bem instalada a sucursal. Gostava imenso, Alécio, como aqui se diz, de puxar um papo com Você, pachorrento e descansado, retomando inclusive os temas da sua impressionante missiva. Mas estou obturado pelos problemas, sem tempo e na maior ansiedade com a partida. Se me dér na telha, telefono-lhe - será que o encontro? Bem que gostava de ir até aí, mas a baba (é o $$$) não dá para essa digressão, à guisa de despedida da Europa, que, ainda ontem li num editorial aqui, começa mesmo além dos Pirineus. Vá V. ao Brasil então; ou espere que os ventos me tragam de volta, com escala por Paris - quando? Indo a Londres, V. não deu de cara com o André? Dê notícias e receba, muito amigo, o velho abraço do Otto.

É preciso ver nos olhos dessas crianças que V. fotografou, ver-se nelas, ver seus olhos, de Você, Alécio, olhos que vêm e fixam essa luz desses olhos infantis... Etc. Chef-d'oeuvres Alécio.

Rio, 19.3.87.

OTTO LARA RESENDE

Alécio, mon cher:

Você me apunhala com esse punhal de mel de "Enfances", mas se esquece de me mandar o seu endereço. O belo livro foi postado aí a 5 de fevereiro, vejo pelo carimbo, mas só hoje consigo o que pode ser, mera hipótese, o seu endereço. Como não é certo, me dá vontade de adiar esta conversa, ou me dá preguiça de esticá-la até onde é preciso, em pura perda, já que, não encontrando o destinatário, meu esforço se esvai pelo mundo. Em todo caso, Alécio, se V. está me lendo, saiba que fiquei muito feliz - primeiro pela obra-prima que V. realizou – angelicamente ilustrou – e segundo por ter-se lembrado deste seu amigo aqui na tropicália. Sua dedicatória tomou o jeito de uma crônica e é pena que V. se tenha detido de repente, como se não tivesse querido deixar-se levar pela corrente lírica, na onda de uma crônica atravessada pela nostalgia do temps passé. Escreva essa e outras crônicas, com essa bela caligrafia que já ninguém tem. Sim, os anos passam, muitos e muito depressa. Ultimamente passaram-se muitos anos, como disse o velho Braga (vi-o 6ª feira longamente). Não adianta querer parar o curso desse malvado - O temps, suspends ton vol. O jeito é chorar lamartinianamente, romanticamente. Ou esconder no fundo do coração esse espinho que dói e sopra. Dói porque passou e sopra porque é reminiscência, pode ser revivido, até escrito, apud Marcel, le petit, le pauvre Marcel. V. me tornou presente a esse momento passado, ce dimanche heureux 1978, Você poète au regard émerveillé par les enfants du monde - et tu n'étais pas encore le père de Florêncio. A idéia de contar a própria infância aprisonou para sempre, e dela participamos, a infância de Françoise Dolto. Nous avons été ensemble, cette réunion amicale nous est donnée comme un cadeau d'anniversaire. Não falta nem o ange gardien! Dê sinal de vida, Alécio. Le temps passe... Ah que eu gostaria de vê-lo, que V. estivesse aqui também para fotografar meus netos, daqui a pouco Caetana, dois anos, completará 20 e já não será criança... Saudades mil. Gratíssimo. Nao me canso de ver. Amigo de sempre, seu velho OLR

Fernando e Lígia vão a Paris pela Semana Santa (Londres antes ou depois).

Demorei a lhe escrever porque NINGUÉM sabe o seu endereço direito! Qual é o código postal? A última carta que lhe mandei para essa rua des Rosiers terá chegado?! Assim não dá...

Alécio querido,

obrigado pelo seu telegrama – uma palavra de carinho numa hora tremenda. Você conheceu o Hélio e há de estar pensando como pode ter desaparecido aquele generoso amigo que juntos vimos ali na Praia do Leblon, ao lado de sua mulher e do seu filho. (Será que V. tem fotos daquele instante final de seu convívio com ele?)

Você, tão sensível, que tudo sabe, imagine então o que foi para mim a brutalidade da notícia. Pior: da realidade – o Hélio vivo, ainda quente de vida, estendido na cama, poucas horas depois de me jurar que não ia morrer, que eu dormisse tranqüilo e passasse cedinho lá na clínica. Iríamos juntos a BH visitar meu Pai, que anda num calvário, aos 94 anos de idade.

Mudando de assunto, porque a vida continua: o Lulu Borgerth, amigo do Roberto Civita, falou-lhe como coisa sua sobre o seu aproveitamento aí pela Abril. O Dines me escreveu com a máxima simpatia. Vai passar um ano em Lisboa. Admira V. o está certo de que V. será contratado como free lance, pra não despertar ciúmes no pessoal do quadro daqui, sempre doido por uma oportunidade fora, surtout à Paris.

Ah, Alécio! Cada dia que passa, estamos mais tristes. Fique V. alegre e, pelo amor de Deus, seja feliz, para a gente se agüentar aqui mais um pouco. Aqui=ici-bas. A vida é boa, quand meme.

Abraço muito amigo deste pobre sobrevivente,

Rio, 13.4.1988.

seu velho

Otto

Rio, 30, não, 28 de abril de 1989.

ME ESCREVA!

Achei um cartão seu de 1965! E outros! Depois escrevo umas coisas en-
graçadas - será que ainda tem? V. é fantástico, Alecio - e a Lipp? Remember me.

Alécio querido,

ando adiando a carta que eu gostaria de lhe escrever, porque o correio aqui vive entupido de gente, por causa do tal selo do pedágio (e carta pra fora tem de passar pela máquina, a fila é imensa). Ontem comprei os selos aqui na Gávea e hoje boto este bilhete só pra lhe dizer que suas fotos são MARAVILHOSAS, o Hélio está vivo, nem agüento olhar. No mais, como lhe disse aí, tá todo mundo morrendo, morreu o Marcos Vasconcellos, a Beth e o Ronaldo (o casal que estava aí em janº, os dois morreram no acidente do avião do Ronaldo, am J.deF. - V. chegou a vê-los?, tinham comprado um ap. aí), bom, morte é o assunto mais vivo aqui no Brasil. O Carlinhos foi homenageado no Antonio's, mas eu não fui. Não aguentaria. Vi notícia e fui convidado, telefonei. V. conseguiu se efetivar na Abril? O FS agora é do júri da Abril, foi a SP no fim da semana passada pro jantar da entrega dos prêmios. Marco Aur, entreguei o disco, mas está mto mal agora, apesar de forte, sai, almoça 5ª com o Autran, o Sette, o FS foi uma vez, eu não tive coragem, prometo, mas chega na hora e não vou. Minha mãe está internada, o que me obriga a ir a Minas. Estou subindo pra Petrópolis, reescrevo o "Braço Direito", que é maior merda do planeta, mas me comprometi com uma edição discreta no Círculo do Livro, recebi o tu tu em 88 (mil dólares), gastei, agora é tocar. Helena e Heleninha adoraram as fotos, Heleninha baba de inveja. Penso todos os dias em Você, com saudade e afeição, ando pensando em ir embora do Brasil, como?, pra uma universidade no Canadá ou nos USA, mas estou mto velho (67) e acho que o jeito é morrer mesmo. Mas viva!, lembrs ao clã, les enfants, ta femme, viva!

Seu velho CH

Fernando Sabino, Paris, 1975

Fernando Sabino
(1923 - 2004)

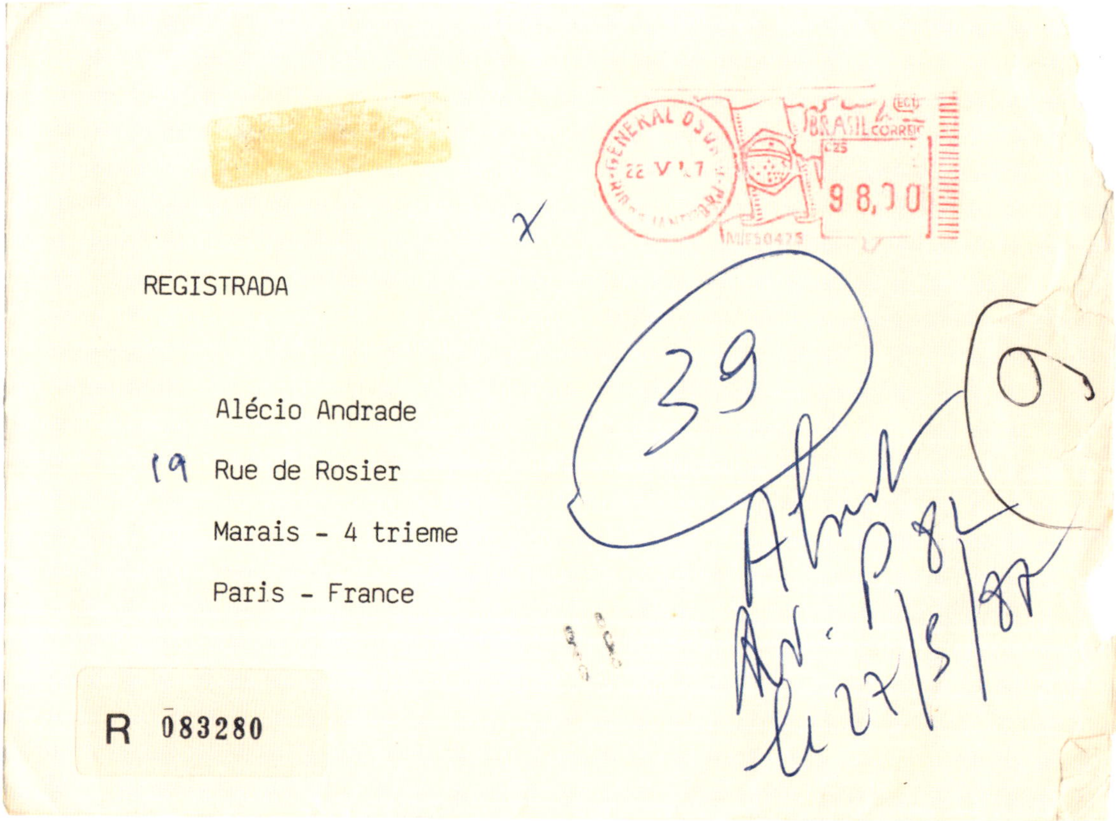

REGISTRADA

Alécio Andrade

Rue de Rosier

Marais - 4 trieme

Paris - France

R 083280

FERNANDO SABINO

ALÉCIO E A VOLTA ÀS ORIGENS

Carlos Drummond me telefona dizendo que o Alécio chegou. No mesmo dia Vinícius me diz que o Alécio está no Rio. O próprio Alécio me informa que sua vinda se liga ao estado de saúde de Marques Rebelo.

Que Alécio é esse, tão amigo de poetas e romancistas?

Eu poderia dizer que é filho de outro escritor, Almir de Andrade — o que por si já constitui uma respeitável apresentação. Um escritor, portanto. Mais precisamente, um poeta.

Mas o que o Alécio escreve não se diz: seus poemas existem só para os raros. Em compensação, se você for a Paris pergunte pelo Aleció em qualquer bar ou bistrô de Rive Gauche. Entre numa portinha na Rue de la Harpe, suba uma escada, bata na porta. Dois olhinhos vivos, atrás de um par de óculos de aro fino e encimados por uma coroa de melenas encaracoladas, surgirão à sua frente como num desenho animado da UFA. O sorriso se transformará numa risada de menino, como se sua presença fosse a coisa mais engraçada deste mundo. Você será naturalmente convidado a entrar para um mundo que tangencia o de Tom Sawyer e o de Alice no País das Maravilhas. E conhecerá o verdadeiro embalo parisiense, que lhe dará um dia o que contar a seus netos. A começar pelo próprio Alécio — porque ele tem, entre outras, essa virtude fantástica para os que não crêem em bruxarias, que é a de realmente existir.

☆☆☆

Às vezes, dentro da noite gélida de Londres, o telefone tocava como um alarma de incêndio, e eram três horas da manhã. De Montparnasse, bebendo calvados *no La Coupolle na companhia de Narceu de Almeida, ou Samuel Becket, ou Karl Marx (o brasileiro Carlos Marques), era Alécio que se lembrava de mim:*

— Está fazendo muito frio aí?

Um dia resolveu verificar pessoalmente, pegou uma carona com um casal de franceses. Foi despejado em Dover, onde outros passageiros teriam de ser incorporados, não havia mais lugar para ele. Mas o casal o botou num trem, depois de o convidar para uma festinha que haveria naquela mesma noite em Londres.

— Onde é a festinha? — perguntei, precavido.

Eu o vira chegar à minha casa minutos antes, alegre como um passarinho, carregando a sua mochila. Procurei no mapa o endereço que ele me deu:

— Sabe que todo transporte em Londres termina à meia-noite?

Já passavam das dez — mas assim mesmo lá foi ele para a tal festinha, que era para lá da casa da mãe Joana. Não fiquei apreensivo ao acordar no dia seguinte e ver que ele ainda não havia voltado — conheço meu eleitorado. Só chegou às duas da tarde:

— Era realmente longe — desculpou-se.

☆☆☆

Depois de uma longa viagem de trem e mais alguns quilômetros a pé, encontrara o endereço que buscava. Havia mesmo uma festinha, mas o casal de franceses não estava lá. Ainda assim entrou, e embora naquele tempo não falasse inglês, foi maneirando, tomou umas e outras, foi ficando. A festa apesar de inglesa, era animada. A certa altura percebeu que todos já se retiravam. Quando deu por si restava só duas moças, donas da casa — uma delas com o namorado. Eis que o casal, sem mais aquela, desaparece escada acima, logo seguido da outra moça. Não tendo mais nada a fazer nem para onde ir, esperou um pouco e acabou indo atrás. Viu-se num escuro corredor — abriu uma porta, deu com o casal numa cama docemente acomodado. Abriu outra, viu a segunda moça também na cama, docemente nua. Não vacilou: tirou a roupa e meteu-se na cama com ela. A moça, olhos fechados, o aceitou sem uma palavra, em nome da Inglaterra. Depois ambos dormiram o sono dos inocentes.

Quando ele abriu os olhos, a janela filtrava um raio de luz pálida daquele sol anão que só Londres sabe ter. Não se lembrava de nada, não sabia onde estava: em seu quarto de Paris não era, *chez* Sabino em Hampstead muito menos. Era um quarto de moça — sobressaltado, pulou da cama, vestiu-se rápido e foi tratando de cair fora. Desceu sorrateiro as escadas e de repente — bem, de repente deu com uma família inglesa reunida em torno à mesa, tomando *breakfast*: o pai, a mãe, as duas moças, o tal namorado que não era senão o marido de uma delas. Os velhos o acolheram com britanica civilidade, não teve outro jeito senão tomar o seu lugar à mesa, já reservado pela companheira de cama. A conversa transcorreu amena e distraída — pouco se importou que não entendessem seu francês, também não entendia o inglês deles. Ficou lá até uma da tarde, fizeram questão de lhe ensinar o caminho de volta. E no mesmo dia ele regressou a Paris, me dizendo, ao despedir-se:

— Londres é mesmo uma cidade engraçada, gostei muito.

☆☆☆

"ALÉCIO DE ANDRADE — Né en 1942 à Rio de Janeiro — Résidence Paris — Etudes à la Faculté de Droit de Rio, puis études littéraires. Obtint un prix de poésie à la Semaine d'Art Contemporain de Rio — Assistant de cinéma pendant un an — Exposition de photos à Rio, Berlin, Rome, Bonn, Heidelberg en 1965. Vient à Paris en 1965, et travaille pour Elle et plus particuliérement pour Manchete **— Avec Magnum, premier contact en 1970, et depuis 1972, collaboration plus active".** (Reporter-Objetive — **Le Magazine du Reportage Photo-Cinéma — Paris, Janeiro de 1973).**

Magnum, para os que não sabem: uma cooperativa que reúne apenas 25 fotógrafos, entre os melhores do mundo. Fundada por Cartier Bresson, George Rodger, David Seymour e Robert Capa — os maiores cobras da fotografia em todos os tempos. Como é que Alécio de Andrade foi parar entre eles? O Alécio, aquele menino de Ipanema e mais precisamente do chope no Zepelim, amigo do Carlinhos de Oliveira e do Marco Aurélio Matos, transando literatura comigo, tocando Bach ao piano depois de ter aprendido com Arnaldo Estrela e Fontainha — como é que ele acabou sendo um grande fotógrafo?

E' uma longa história curta. Antes de partir para Paris como quem parte para a lua sem foguete de volta, já tinha uma camera e vivia flagrando tudo que via. Principalmente crianças — outra afinidade sua com Lewis Carrol. Para ele, tudo o que há de mais importante está acontecendo ao acaso em torno da gente, basta saber ver. Confessa-se um *voyeur* nato. A série admirável de fotos suas ilustrando poemas de Drummond trasformou-se numa exposição que correu mundo.

Em 1965 fui encontrá-lo num bistrô de Rue de la Seine, onde seu crédito para espetos já era direito adquirido, como nos demais das imediações. Que diabo você está fazendo aqui? E ele: estou olhando. Já tinha sua camera e volta e meia saía correndo pela rua para fotografar alguma coisa que só ele via. Hoje me diz que sua consciência profissional nasceu mesmo em maio de 1968, com a rebelião dos estudantes. Foi quando cruzou com Cartier Bresson, correndo como ele em meio ao tumulto dos jovens e à pancadaria dos *flics*. A certa altura deu com o velho cambaleante, braços abertos, emergindo de uma nuvem de gás lacrimogêneo, depois de levar uma cacetada na cabeça. Teve de ampará-lo, mas logo o mestre se sentiu melhor e se meteu de novo no bochincho. Dava gosto ver o velho topando qualquer parada. No enterro de De Gaulle, por exemplo, escondeu-se no topo de uma escada durante oito horas para colher uma foto de determinado angulo.

No entanto, a entrada de Alécio na *Magnum* não se deve a Henri — como hoje carinhosamente o trata: foi à casa do diretor da cooperativa, deixou lá uma coleção de fotos e no dia seguinte o chamaram. Já trabalhava para Manchete, o que queria dizer que de vez em quando tinha de haver-se com Adolfo Bloch — que, honra seja feita, nunca lhe comeu um só negativo, como chegou a fazer com o de vários fotógrafos a seu serviço. Não que jamais tivesse sentido vontade, como me diz Alécio hoje, mas porque "os meus em geral eram meio indigestos".

☆☆☆

Alécio de volta ao Rio, depois de nove anos. Só mesmo a agonia de um grande amigo o faria voltar às origens. Aos 35 anos, ele sente que chegou finalmente ao limiar da síntese, depois da tese e da antítese. Já pode legalmente candidatar-se a Presidente da República de seu país interior, que proclamou recentemente em meio às nuvens, depois de séculos de monarquia absolutista, ao descobrir que, num mundo corrompido pelos que sempre têm razão, só a loucura é respeitada.

ALÉCIO DE ANDRADE

AS TRÊS GRAÇAS, MUSEU DO LOUVRE, PARIS

JEAN-PIERRE LELOIR

"Que Alécio é esse, tão amigo de poetas e romancistas?"

"Alécio e a volta às origens", *Jornal do Brasil*, Rio de Janeiro, 13.8.1973

Notas de Naruna de Andrade
&
Notas de Ana Maria de Bulhões-Carvalho sobre a correspondência de Antonio Bulhões

Cartas de Almir de Andrade

6 DE JANEIRO DE 1965

Roberto	irmão mais moço de Alécio
Nadir	tia de Alécio por parte materna
Noemi	mãe de Alécio
Julinho	Júlio Alvares de Assis, tio de Alécio, casado com Nadir
Andiara	irmã mais velha de Alécio
Naruna	irmã mais moça de Alécio
Lili	Maria Elisa Costa, arquiteta, filha de Lucio Costa

4 DE FEVEREIRO DE 1965

Macier	Emeric Marcier, pintor
José Olympio	editor
Adriano Gonzaga	personagem de um romance de Almir

20 DE MAIO DE 1965

Dinah	Dinah Silveira de Queiroz, escritora
"filha de Dinah"	Zelinda Lee
Violeta	esposa de Luiz Heitor
Luiz Heitor	Luiz Heitor Corrêa de Azevedo, musicólogo
Block	Adolpho Bloch, proprietário da Manchete
Zelinda	Zelinda Lee, amiga de Alécio

6 DE JUNHO DE 1965

Maria	Maria Idalina, irmã de Almir, tia de Alécio

29 DE SETEMBRO DE 1965

D. Clotilde	Clotilde Guimarães, fundadora e diretora da União das Operárias de Jesus

29 DE NOVEMBRO DE 1967

Caroline	Caroline Murat, companheira de Alécio na época

13 DE FEVEREIRO DE 1970

Contreiras	Hélio Contreiras, jornalista, correspondente do *Correio da Manhã* em Paris no final da década de 1960
Maria Amália	mãe de Almir, avó de Alécio

2 DE ABRIL DE 1970

Márcio	Márcio Alcântara de Assis, primo de Alécio por parte materna

24 DE DEZEMBRO DE 1971

Aloysio Teixeira	Aloysio Maria Teixeira, desembargador, amigo de infância de Almir

26 DE JULHO DE 1973

Brousse	Christiane Chaumont, então companheira de Alécio

13 DE JANEIRO DE 1976

Pedro	Pedro Pinheiro Guimarães, companheiro de Naruna

21 DE JUNHO DE 1985

Patricia	Patricia Newcomer, companheira de Alécio, mãe dos seus dois filhos
Florêncio	filho mais velho de Alécio

Cartas de Antonio Bulhões

1. As referências a nomes de pessoas nas cartas de Bulhões para Alécio referem-se a dois núcleos: um mais amplo, composto por escritores, artistas, compositores, pintores, autores da imensa relação de obras referidas nas trocas de correspondência, cuja identificação não é difícil de se obter hoje em dia em qualquer busca na internet; mas há um grupo mais restrito, do círculo íntimo de familiares e de amigos constantes.

2. A relação que se segue refere-se a este segundo núcleo, ainda que muitos nomes já tenham aparecido nas notas organizadas por Naruna de Andrade, irmã de Alécio. Por sua reincidência, não é necessário que sejam referidos em relação à data exata nas cartas. Serão listados em ordem alfabética e, por sua vez, agrupados segundo o círculo a que pertencem.

CÍRCULO FAMILIAR

Ana Lúcia	Ana Lúcia Barros Coelho, artista plástica e bibliotecária, que trabalhava na época com Bulhões. Foi sua quarta mulher. É citada no grupo que trabalhou na pesquisa do livro *Diário da cidade amada, Rio de Janeiro 1922.*
Ana Maria	Ana Maria de Bulhões-Carvalho, sobrinha e afilhada. Trabalhou como pesquisadora e responsável pela preparação dos originais do *Diário da cidade amada, Rio de Janeiro 1922.*
Dona Ernestina	Ernestina Passos de Bulhões Carvalho, mãe.
Gilda	Gilda Guimarães de Castro foi a terceira mulher de Bulhões, companheira de viagens, e é mencionada em várias cartas para Alécio.
Maria Paula	Filha de Bulhões, mencionada em cartas que se referem a viagens de estudo para a Alemanha e a Inglaterra.

Maria Sílvia	Maria Sílvia de Bulhões Carvalho, segunda mulher de Bulhões, mãe de Maria Paula.

GRUPO DE ARTISTAS NO JANTAR REFERIDO NA CARTA DE 14 DE SETEMBRO DE 1986

Beatrice Tanaka e Flavio-Shiró	Beatrice Tanaka é romena de nascimento e brasileira por opção, figurinista, cenógrafa, escritora e ilustradora. Casou-se em 1955 com o pintor brasileiro de origem japonesa Flavio-Shiró, passando a adotar o sobrenome do marido para assinar seus trabalhos. Shiró, além de renomado pintor, foi também cenógrafo.
Gilda e Ismael Cardim	Casal de intelectuais refinados, amantes da música e da pintura. Ismael é também bibliófilo, tradutor das obras de Strindberg escritas em francês. Grande amigo de Bulhões e de Alécio.
Gonçalo Ivo e a mulher	Gonçalo é arquiteto carioca, filho do poeta Lêdo Ivo. Em função do meio intelectual em que vivia o pai, muito cedo passou a conviver com artistas. Em Minas Gerais, teve aula com Marcier e com José Paulo Moreira da Fonseca, em épocas distintas; na faculdade, foi aluno de Abelardo Zaluar e tantos outros pintores da época.
José Maria e Elza	José Maria Dias da Cruz é pintor, filho de Rebelo. Elza é a segunda mulher de Marques Rebelo.
Katie Sherpenberg	É desenhista, gravadora e professora. Nascida Mildrid Catharina van Scherpenberg, em São Paulo, passou a infância na Inglaterra e veio com a família para o Brasil em 1946. Teve aulas de pintura com Caterina Baratelli, no Rio de Janeiro, entre 1958 e 1960, e, em 1961, quando viajou para a Europa, fez curso na Academia de Belas-Artes da Universidade de Munique, na Alemanha, sendo aluna do pintor expressionista Oskar Kokoschka.

CÍRCULO DE AMIGOS PRÓXIMOS DE BULHÕES

Beá	Beatriz Vieira de Rezende, amiga e colaboradora na pesquisa do *Diário da cidade amada, Rio de Janeiro 1922*.
Elza	Elza (Rebelo, como era conhecida entre amigos) era Elza Proença.
Gastão	Gastão Maciel, corretor de imóveis, amigo inseparável da família. Estava presente no jantar mencionado na carta de Bulhões a Alécio (14.9.1986).
Heitor	Heitor O'Dwyer de Macedo, psicanalista carioca que morava em Paris na época. Foi casado com Vera Barroso, também

	amiga de Bulhões e de Alécio.
José Antonio	José Antonio do Nascimento Brito, Josa, como é conhecido, neto da condessa Pereira Carneiro, a quem pertenceu por herança do marido o *Jornal do Brasil,* que conduziu de 1953 a 1983, quando morreu.
José Maria	José Maria Dias da Cruz, filho de Rebelo.
Patricia	Patricia Newcomer, companheira de Alécio, mãe de seus filhos Florencio, o mais velho, e Balthazar, cuja gravidez é mencionada nas cartas.
Pedro Paulo Senna Madureira	Editor. Trabalhou na Nova Fronteira e em outras editoras. Foi editor de Bulhões durante certo período.

Cartas de Ismael Cardim

31 DE OUTUBRO DE 1963

Carlinhos	José Carlos de Oliveira, escritor e cronista (*Jornal do Brasil*)
Peña	Carlos Penafiel, fotógrafo
Yonita	Ionita, companheira de Carlos Penafiel, mais tarde Ionita Guinle
Daniel	Daniel Tolipan
Marco Aurélio	Marco Aurélio Matos

30 DE DEZEMBRO DE 1964

Jacqueline	(?)
Paulo Franco	Paulo da Costa Franco, diplomata

6 DE JANEIRO DE 1965

Mao	pintor de origem vietnamita, amigo de Cardim e Alécio em Paris
Newton Carlos	jornalista
Zé	um dos garçons do Bar Zeppelin

29 DE JANEIRO DE 1965

"as irmãzinhas Barbosas"	Isabel e Cristina Jardim Barbosa
Cristina	Cristina Jardim Barbosa
Jean	Jean Boghici

25 DE JUNHO DE 1965

Emílio	mordomo e cozinheiro de Daniel Tolipan
Amílcar	Amilcar de Castro, escultor
"no Morais"	Sorveteria Morais ou "Casa das Crianças",

	famosa sorveteria de Ipanema nos anos 1950-1960, situada na rua Visconde de Pirajá, quase esquina com a rua Garcia d'Ávila
"Aurelius"	Marco Aurélio Matos
Paulo	Paulo da Costa Franco
Lacerda	Carlos Frederico Werneck de Lacerda

2 DE AGOSTO DE 1965

Ana Judith	Ana Judith Carvalho, socióloga, amiga de Alécio e Cardim
Maria Helena	(?)
Luciano Martins e Vera	Luciano Martins e Vera Pedrosa
Loio	Loio-Pérsio, pintor

14 DE JUNHO DE 1966

Duda	Duda Cavalcanti
Penan	Carlos Penafiel, fotógrafo
Thereza Montenegro	Teresa Montenegro, então companheira de Carlos Penafiel

7 DE FEVEREIRO DE 1968

Paul	Paul Propst (?), amigo suíço-alemão de Cardim
Block	Adolpho Bloch, proprietário de Manchete
Juscelino	Juscelino Kubitschek

3 DE DEZEMBRO DE 1973

Noemi	mãe de Alécio
Almir	pai de Alécio
Gilda	Gilda Landim, esposa de Ismael Cardim
Elza	Elza Proença, esposa de Marques Rebelo
"Naroona"	Naruna, irmã de Alécio

3 DE JANEIRO DE 1974

Adolpho	Adolpho Bloch

20 DE SETEMBRO DE 1977

Pedro	Pedro Pinheiro Guimarães, companheiro de Naruna
Zé Maria	José Maria Dias da Cruz, pintor, filho de Marques Rebelo
Racz	?
Michelle	Michèle Elsair, companheira de Alécio na época

13 DE SETEMBRO DE 1978

Bulhões	Antonio Bulhões

Cartas de Ismael Cardim *(cont.)*

3 DE JULHO DE 1981

"o teu libro"	*Paris ou la vocation de l'image / París - Ritmos de una ciudad / Paris - Essence of an Image / Paris - Bilder eines poetischen Alltag,* fotografias de Alécio de Andrade, texto de Julio Cortázar, RotoVision, Genebra, 1981

6 DE JULHO DE 1981

Elsa	Elza Proença, esposa de Marques Rebelo

28 DE SETEMBRO DE 1984

Leilah	Leilah Landim Assunção, antropóloga, filha de Gilda Cardim
Patricia	Patricia Newcomer, companheira de Alécio, mãe de seus filhos
Shiró	Flavio-Shiró, pintor
"livro sobre os cachorros"	*Chiens, Cachorros, Dogs,* fotografias de Alécio de Andrade, texto de Marie Nimier, Somogy éditions d'Art, Paris, 2017

16 DE ABRIL DE 1985

Serkin	Rudolf Serkin, pianista
Raquel	Rachel Gutiérrez, tradutora e escritora, amiga de Alécio
Gilda	Gilda Landim, esposa de Ismael Cardim
Almir	pai de Alécio
Noemi	mãe de Alécio
Florencio	filho mais velho de Alécio

18 DE SETEMBRO DE 1987

Balthazar	filho mais moço de Alécio
"livro novo"	*Enfances,* fotografias de Alécio de Andrade, texto de Françoise Dolto, Éditions du Seuil, Paris, 1986

3 DE FEVEREIRO DE 1998

Adrian	Adrian Harding, poeta, amigo de Alécio
"livro do Louvre"	*Le Louvre et ses visiteurs / O Louvre e seus visitantes / The Louvre and Its Visitors,* fotografias de Alécio de Andrade, prefácio de Edgar Morin, texto de Adrian Harding, Éditions Le Passage, Paris, 2009

Cartas de Marco Aurélio Matos

18 DE JANEIRO DE 1965

Cardim	Ismael Cardim
Albano	?
Daniel	Daniel Tolipan

26 DE FEVEREIRO DE 1965

"Zeppa"	Bar Zeppelin
Albanico	?
Hélio Pé	Hélio Pellegrino, psicanalista e escritor
Amilcar	Amilcar de Castro, escultor
Drummond	Carlos Drummond de Andrade
Schmidt	Augusto Frederico Schmidt

1 DE SETEMBRO DE 1966

"Divan" Ribeiro	Ivan Ribeiro, psicanalista
Ana Judith	Ana Judith Carvalho, socióloga, amiga de Alécio
Clare	Clare Isabella Paine, psicanalista, amiga de Alécio

29 DE JUNHO DE 1967

Caroline	Caroline Murat, companheira de Alécio na época

3 DE OUTUBRO DE 1968

Marcier	Emeric Marcier, pintor

9 DE MAIO DE 1979

Cida	Maria Aparecida Rudge Rodrigues, psicanalista, esposa de Marco Aurélio Matos
Raquel	Rachel Gutiérrez, tradutora e escritora, amiga de Alécio

14 DE ABRIL DE 1986

Gerschmann	Rubens Gerchman, pintor
Florencio	filho mais velho de Alécio

10 DE NOVEMBRO DE 1986

Florence	Florencio, filho mais velho de Alécio
Carlos Ribeiro	Carlos Costa Ribeiro, amigo de Alécio, com quem começou a fazer fotografia

Cartas de Marques Rebelo

1 DE JANEIRO DE 1965

Clare	Clare Isabella Paine, psicanalista, amiga de Alécio

7 DE NOVEMBRO DE 1966

Bulhões	Antonio Bulhões
Almir	pai de Alécio

10 DE ABRIL DE 1967

Paulo	Paulo da Costa Franco ?
José Maria	José Maria Dias da Cruz, pintor, filho de Marques Rebelo
Maria Cecília	Maria Cecília Dias da Cruz, filha de Marques Rebelo

7 DE FEVEREIRO DE 1968

José Maria	José Maria Dias da Cruz, pintor, filho de Marques Rebelo

Cartas de Otto Lara Resende

5 DE MARÇO DE 1970

Bruno	filho mais moço de Otto Lara Resende
André	filho mais velho de Otto Lara Resende
Cristiana	filha mais velha de Otto Lara Resende
"as Helenas"	Helena Uchôa Pinheiro, esposa de Otto Lara Resende, e Heleninha (Helena Cristina), filha mais moça de Otto Lara Resende

13 DE ABRIL DE 1988

Dines	Alberto Dines, jornalista e escritor

28 DE ABRIL DE 1989

FS	Fernando Sabino
Marco Aur	Marco Aurélio Matos

Notas biográficas redigidas por Sergio Flaksman

Alécio de Andrade
Nascido no Rio de Janeiro em 1938, ainda muito jovem interrompeu o curso de direito para dedicar-se à fotografia e à produção poética. Realizou sua primeira exposição individual em 1964, mesmo ano em que se transferiu para Paris. Trabalhou para revistas e em inúmeros projetos, tornando-se o primeiro fotógrafo brasileiro a ingressar na prestigiosa agência Magnum. Publicou ainda vários livros de fotografias, em colaboração com autores como Julio Cortázar e a psicanalista Françoise Dolto. Faleceu em Paris (2003), mas seu antológico ensaio fotográfico sobre os visitantes do Museu do Louvre ainda deu ensejo à edição póstuma, em 2009, do livro *Le Louvre et ses visiteurs*, com prefácio de Edgar Morin.

Almir de Andrade
(1911-1991), professor e ensaísta, natural do Rio de Janeiro. Homem de vastos interesses, escreveu ensaios sobre psicologia e filosofia, matérias que também lecionava, antes de fundar e dirigir a revista *Cultura Política* nos anos 1940. Na década seguinte, ocupou cargos de importância na administração pública federal, sem jamais abandonar a atividade intelectual intensa. Sua obra mais importante talvez seja o tratado filosófico *As duas faces do tempo*, de 1971.

Carlos Drummond de Andrade
(1902-1987). Nascido em Itabira (MG), publicou seus primeiros poemas em Belo Horizonte ainda na década de 1920. Começou a trabalhar como jornalista antes de iniciar uma carreira na administração pública, que o levou a uma longa gestão como chefe de gabinete do Ministério da Educação e Saúde, e se encerrou em 1962, na diretoria do Instituto do Patrimônio Histórico e Artístico Nacional. Também renomado cronista e tradutor, é consagrado como um dos maiores poetas brasileiros do século XX.

Antonio Bulhões
[Antonio Fernando de Bulhões Carvalho] (1925-2009). Filho de Ildefonso Brant de Bulhões Carvalho e de Ernestina Passos de Bulhões Carvalho, neta de Francisco Pereira Passos, o prefeito do Rio de Janeiro apelidado de "Bota-abaixo", responsável pela modernização da cidade, em cuja memória Bulhões escreveu e publicou seu último livro (3 vols.): *Diário da cidade amada, Rio de Janeiro 1922*. Conhecido como refinado bibliófilo e dono de vasto círculo de amizades, Bulhões destacou-se como advogado e jurista, sem jamais descuidar do amor à literatura, que marcou sua vida inteira.

Ismael Cardim
(1929-1999), advogado, ensaísta e tradutor brasileiro. Dedicou-se ainda à lexicografia, tendo sido redator da *Grande enciclopédia Delta-Larousse* e colaborador de Antonio Houaiss na elaboração do *Dicionário Webster's Inglês-Português* (1982).

Roberto Alvim Corrêa
(1901-1983), intelectual brasileiro nascido na Bélgica. Radicado em Paris no final dos anos 1920, fundou na capital francesa uma editora de que se desfaz antes de se transferir para o Rio de Janeiro quando eclodiu a Segunda Guerra Mundial. A partir de então, dedicou-se ao ensino, até tornar-se catedrático de literatura francesa na então Universidade do Brasil, e publicou diários e ensaios.

Marco Aurélio Matos
(1920-1992), jornalista, crítico e poeta brasileiro. Formado em direito, publicou livros de poemas e críticas literárias, desenvolvendo uma carreira jornalística em paralelo à de advogado. Natural de Minas Gerais, integrava o conhecido grupo de intelectuais mineiros também integrado por Fernando Sabino, Paulo Mendes Campos e Otto Lara Resende.

Marques Rebelo
pseudônimo de Eddy Dias da Cruz (1907-1973), natural do Rio de Janeiro. Tornou-se jornalista e escritor após abandonar os estudos de medicina, tendo destacado-se como cronista e autor de romances, como *A estrela sobe* (1938). Casou-se em segundas núpcias, em 1940 ou 1941, com **Elza Proença** (1918-1998), que permaneceu com o escritor, a quem inclusive secretariava, até a sua morte.

Otto Lara Resende
(1922-1992). Nascido em Minas Gerais, transferiu-se para o Rio com a família no final dos anos 1930, e ali conheceu seus companheiros do "grupo mineiro": Fernando Sabino, Paulo Mendes Campos e Hélio Pellegrino. Jornalista desde a década de 1940, desenvolveu carreira de grande brilho nas redações de muitos dos jornais e revistas mais importantes do país. Cronista habitual, publicou ainda vários livros de contos e memórias.

Fernando Sabino
(1923-2004), escritor brasileiro, natural de Belo Horizonte, expoente do famoso "grupo mineiro", integrado ainda por Paulo Mendes Campos, Hélio Pellegrino e Otto Lara Resende. Transferiu-se na década de 1940 para o Rio de Janeiro, onde se formou em direito ao mesmo tempo em que prosseguia a carreira jornalística iniciada na juventude. Lançou seu primeiro romance, *O encontro marcado*, em 1956, obtendo grande sucesso e dando início a longa e fértil carreira literária. Ao longo de várias décadas, produziu crônicas regulares para vários jornais e revistas brasileiros.

Concepção e coordenação editorial
Patricia Newcomer

Colaboração editorial
Antonio Bulhões e Ana Maria de Bulhôes-Carvalho

Coordenação editorial
Sergio Burgi e Samuel Titan Jr.

Produção editorial
Denise Pádua e Flávio Cintra do Amaral

Projeto gráfico
Studio Fernando Gutiérrez, Londres

Fotografias
TOROSLAB, Paris

Digitalização e tratamento de imagens
Christophe Pete, JANVIER, Paris

Digitalização das cartas e artigos
Pierre-Yves Butzbach, Paris

Agradecimentos
Noemi Alcântara Bomfim de Andrade,
Naruna de Andrade, Gilda Cardim, aos herdeiros
dos autores e, em particular, a Antonio Bulhões

Créditos fotográficos
Alécio de Andrade: p. 10, 44, 58, 172, 268,
272, 310, 316, 332, 342. Gilles Peress: p. 3

Este livro foi composto na fonte Georgia.
Impresso em papel Olin Regular Natural White 150 g (miolo),
Olin Rough High White 100 g (guardas) e tecido forrado
Natuur Halflinnen 2040 (capa)

C314
Cartas de Almir de Andrade, Carlos Drummond de Andrade, Antonio Bulhões,
Ismael Cardim, Roberto Alvim Corrêa, Marco Aurélio Matos, Elza Proença,
Marques Rebelo, Otto Lara Resende, Fernando Sabino a Alécio de Andrade
/ organizado por Patricia Newcomer. – São Paulo: IMS, 2018. 360 p. il.

ISBN 978-85-8346-047-3

CDD 869.96
1. Correspondência.
2. Andrade, Alécio de.
3. Fotógrafos – Brasil. I. Andrade, Almir de. II. Andrade, Carlos Drummond de. III. Bulhões, Antonio. IV. Cardim, Ismael. V. Corrêa, Roberto Alvim. VI. Matos, Marco Aurélio. VII. Proença, Elza. VIII. Rebelo, Marques. IX. Resende, Otto Lara. X. Sabino, Fernando. XI. Newcomer, Patricia (organizadora).

Pré-impressão e impressão
Brizzolis arte en gráficas, Madrid

Encadernação
Ramos SA, Madrid

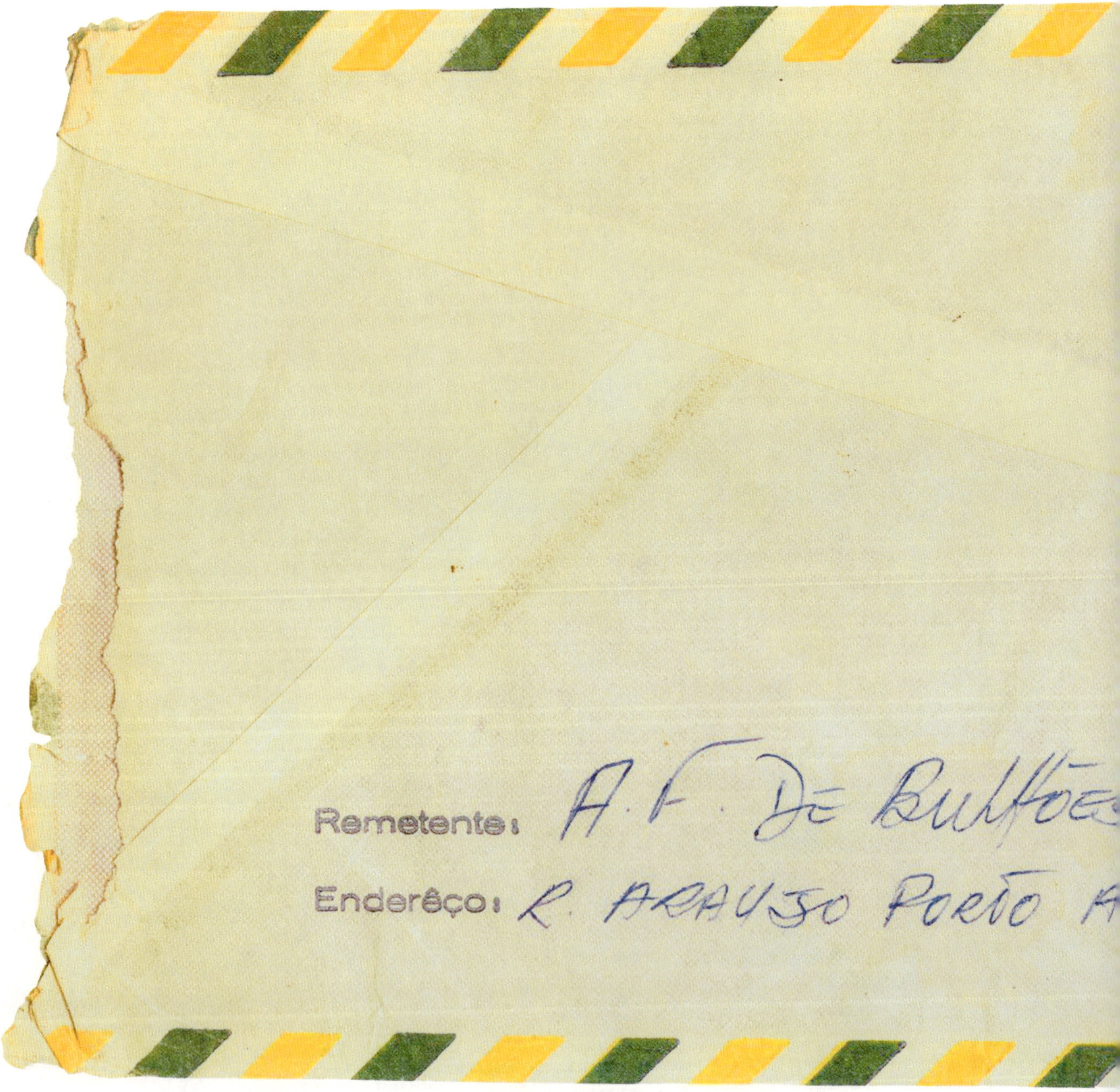
Remetente: A. F. De Bulhões
Endereço: R. ARAUJO PORTO A